この本の特色としくみ

本書は，中学で学ぶ社会の内容を３段階のレベルに分けた，ハイレベルな問題集です。各単元は，Step A（標準問題）とStep B（応用問題）の順になっていて，内容のまとまりごとにStep C（難関レベル問題）があります。また，巻頭には「地理・歴史の復習」を，本文には「公民の学習」を，巻末には「テーマ別問題」「総合実力テスト」を設けているため，今まで学習してきた内容の復習と実戦的な入試対策にも役立ちます。

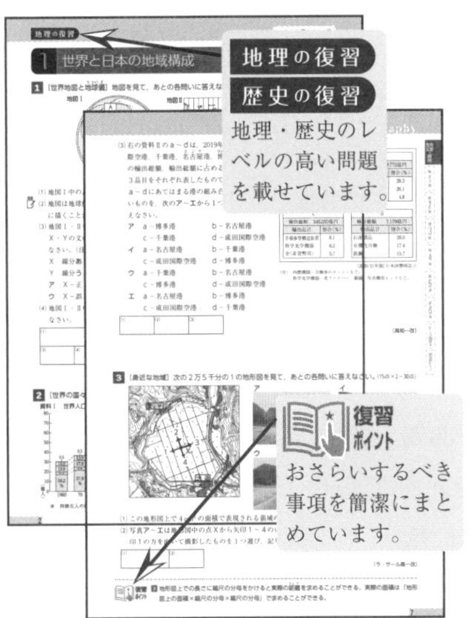

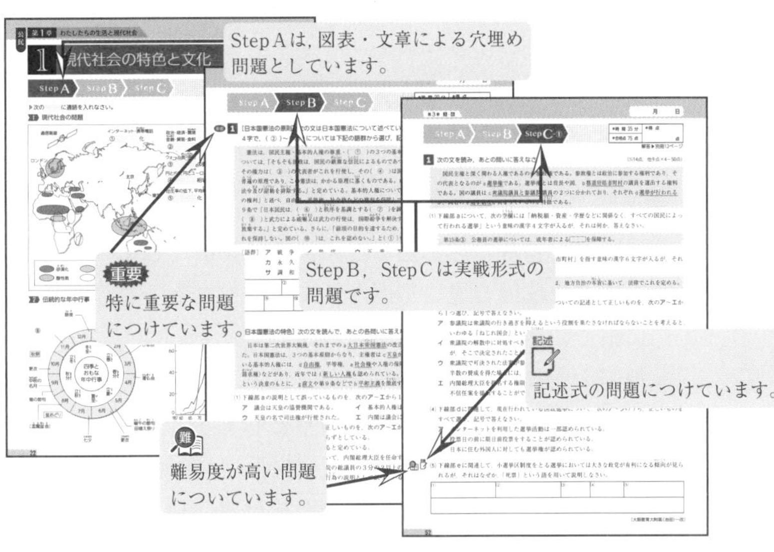

CONTENTS 目次

本書に関する最新情報は，小社ホームページにある**本書の「サポート情報」**をご覧ください。（開設していない場合もございます。）
なお，この本の内容についての責任は小社にあり，内容に関するご質問は直接小社におよせください。

1 世界と日本の地域構成

●時間 20 分　●合格点 70 点　●得点　　点

解答▶別冊1ページ

1 ［世界地図と地球儀］ 地図を見て，あとの各問いに答えなさい。（9点×4－36点）

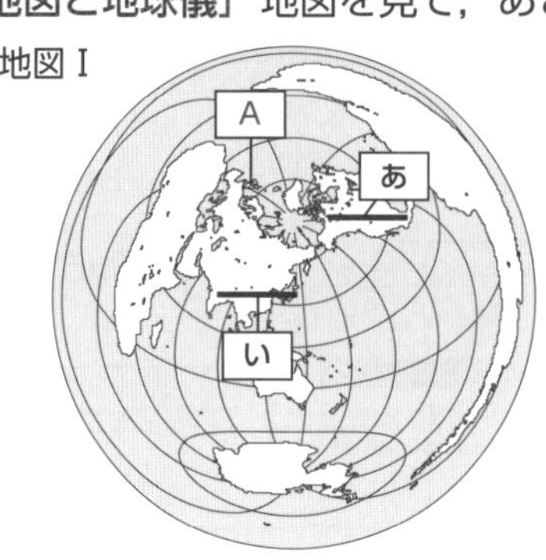

(1) 地図Ⅰ中のAの国を通る，世界の標準時を決めるための経線の名前を答えなさい。

記述 (2) 地図は地球儀と違い平面なので，すべてを正確に描くことはできない。地図Ⅰでは，何を正確に描くことができているか，説明しなさい。

(3) 地図Ⅰ・Ⅱ中の線分**あ**～**え**は，すべて1cmで長さが同じである。線分**あ**～**え**について，次のX・Yの文の正誤の組み合わせとして正しいものを，あとの**ア**～**エ**から1つ選び，記号で答えなさい。（注：紙面の編集上，地図Ⅰは70%に縮小してあります。）

X　線分**あ**と線分**い**の実際の距離は等しい。

Y　線分**う**と線分**え**の実際の距離は等しい。

ア　X－正　Y－正　　**イ**　X－正　Y－誤

ウ　X－誤　Y－正　　**エ**　X－誤　Y－誤

(4) 地図Ⅰ・Ⅱ中の線分**あ**～**え**の中で，実際の最短距離を表している直線を1つ選び，記号で答えなさい。

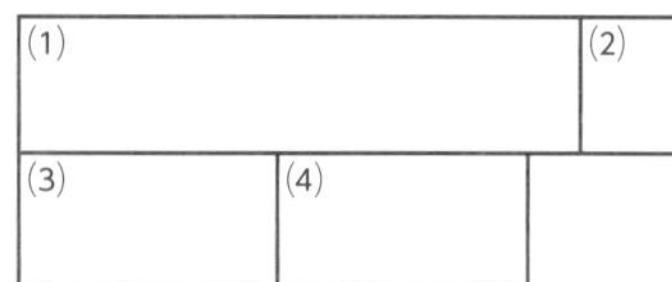

〔函館ラ・サール高－改〕

2 ［世界の国々と地域区分］ 資料を見て，あとの問いに答えなさい。（5点×8－40点）

資料Ⅰ　世界人口の地域別割合

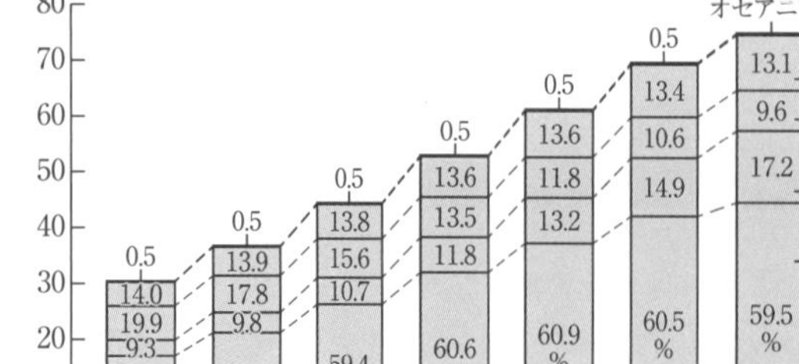

（2020/21年版「世界国勢図会」）

※　四捨五入の関係で，合計が100%にならない場合がある。

資料Ⅱ　人口の多い国

国　名	人口(千人)
中　国	1,439,324
インド	1,380,004
D	331,003
インドネシア	273,524
パキスタン	220,892
ブラジル	212,559
E	206,140
バングラデシュ	164,689
F	145,934
メキシコ	128,933

（2020年）（2020/21年版「世界国勢図会」）

歴史地理の復習 第1章 第2章 第3章 第4章 第5章 第6章 テーマ別問題 総合実力テスト

(1) 資料Ⅰは世界人口の地域別割合の推移を示したもので，資料Ⅰ中のA・B・Cはそれぞれ，アフリカ・南北アメリカ・ヨーロッパのいずれかを表している。AとCの地域を答えなさい。

(2) 資料Ⅱを見て，次の問いに答えなさい。

①Dの国の名前を答えなさい。

②Eはアフリカで最も人口が多い国である。この国の名前を答えなさい。また，この国の輸出総額に占(し)める割合が最も大きい品目を次から1つ選び，記号で答えなさい。

ア 鉄鉱石　**イ** 白金　**ウ** 石炭　**エ** 原油

③EU加盟国には，人口1億人以上の国がない。EU加盟国の中で，人口・工業生産額ともに最も多い国の名前を答えなさい。

④Fは世界で最も領土の広い国である。この国の名前を答えなさい。また，この国と日本が抱える領土問題を何というか，答えなさい。

(1)	A	C	(2)	①
②	国名	記号	③	
④	国名	領土問題		

〔開成高—改〕

3 [日本のすがた] 地図を見て，あとの各問いに答えなさい。 (6点×4—24点)

(1) 地図中の———→印で示した[A]海流は，暖流であり，黒潮とも呼ばれる。Aにあてはまる海流の名を答えなさい。

(2) 右下の表は，2017年における，地図中の**ア**～**エ**のそれぞれの県の，産業別の就業者数の割合を表したものであり，表中のa～dは，それぞれ**ア**～**エ**のいずれかにあたる。cにあたる県を**ア**～**エ**から1つ選び，その記号と県名を答えなさい。

(3) 排他的経済水域(はいたてきけいざいすいいき)とは，沿岸の国が水産資源や鉱産資源を管理する権利をもつ水域のことである。排他的経済水域にあたる範囲(はんい)を，「領海」「海岸」「200海里」の3つの言葉を用い，「～範囲。」の文末に合わせて簡単に書きなさい。

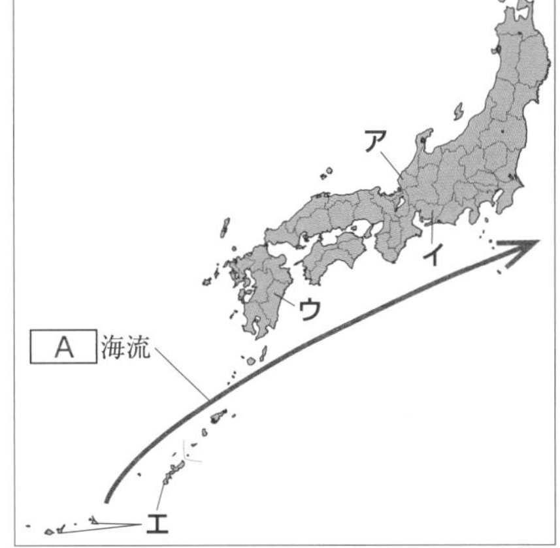

県＼産業	第1次産業	第2次産業	第3次産業
a	2.1	32.7	65.3
b	3.5	31.4	65.1
c	4.0	15.4	80.7
d	10.4	21.1	68.6

※四捨五入の都合で合計が100%とならない場合がある。
(単位：%)　(2020年版「データでみる県勢」)

(1)	(2)	記号	県名　県
(3) 範囲。			

〔愛媛—改〕

復習ポイント
1 さまざまな地図の種類と，その特徴(とくちょう)を理解しよう。
2 世界人口の約6割がアジアに住んでいる。人口の多い国についても確認しておこう。

月　　日

2 世界の諸地域

●時 間 20 分　●合格点 70 点　●得 点　　点

解答▶別冊 1 ページ

1 ［アジア・アメリカ・オセアニア］地図を見て，あとの各問いに答えなさい。（8点×7－56点）

	1人あたりの国民総所得（単位はドル，2018年）	日本との貿易額の順位（2018年）
ア	63,704	2位
イ	8,785	26位
ウ	56,396	5位
エ	9,496	1位
オ	6,925	6位

（2020年版「データブック オブ・ザ・ワールド」など）

(1) 右上の表中**ア**～**オ**は，それぞれA～Eの国のいずれかの1人あたりの国民総所得，日本との貿易額（輸出入の合計額）の順位を表している。A国とC国にあてはまるものを，表中**ア**～**オ**から1つずつ選び，記号で答えなさい。

(2) A～Eの国のうち，砂糖，とうもろこしの輸出量（2017年）が世界1位である国の正しい組み合わせを次の**ア**～**エ**から1つ選び，記号で答えなさい。

ア　砂糖－C　とうもろこし－E
イ　砂糖－E　とうもろこし－D
ウ　砂糖－C　とうもろこし－D
エ　砂糖－D　とうもろこし－E

(3) A～Eの国の生活や歴史について説明した文として誤っているものを次の**ア**～**エ**から1つ選び，記号で答えなさい。

ア　A国は，周辺の国々がヨーロッパ諸国の植民地になっていた時代も独立国であった。
イ　B国では，50をこえるさまざまな少数民族が生活している。
ウ　C国はかつて，ヨーロッパ系以外の移民受け入れを制限していた。
エ　D国に居住するヒスパニックの母国語は，E国の公用語と同じである。

(4) C国を含（ふく）むオセアニア州について説明した次の文の①・②にあてはまる語句を答えなさい。

オセアニア州の島々は，火山島と（　①　）の2つに区分できる。オセアニア州の国々の国旗には，（　②　）を取り入れたデザインが入っているものがいくつかあるが，これは南半球の国であることを象徴（しょうちょう）している。

(5) E国について説明した文として誤っているものを次の**ア**～**エ**から1つ選び，記号で答えなさい。

ア　ここで行われるカーニバルは，もともとヨーロッパの宗教行事である。
イ　肉類と一緒（いっしょ）に長時間煮込（にこ）んだ豆料理は，伝統的な料理である。
ウ　アマゾン川の漁業は，水位の低い時期に盛んに行われる。
エ　アマゾン川の流域に広がる熱帯雨林は，パンパと呼ばれている。

〔広島大附高一改〕

(1)	A	C	(2)	(3)	(4)	①	②	(5)

2 ［ヨーロッパ・アメリカ］地図と資料を見て，あとの各問いに答えなさい。 （7点×5－35点）

A

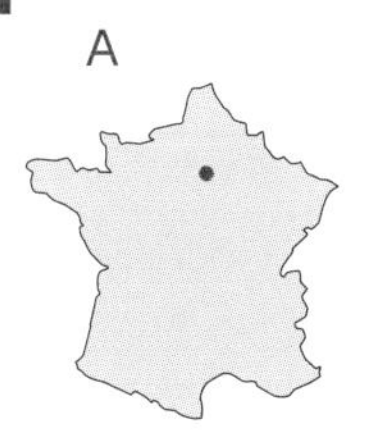

B

C

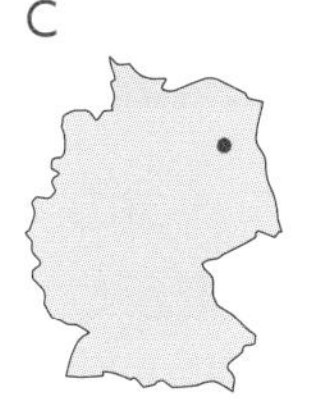

D

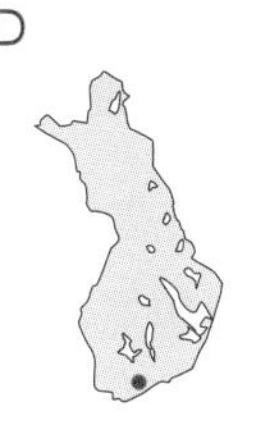

E

(1) 地図A～Eはいずれもヨーロッパにある国の国土（本土のみ）を表している。BとDの国名を答えなさい。なお，●は首都の位置を表している。

(2) 地図A～Eの国について説明した文として誤っているものを次の**ア**～**オ**から２つ選び，記号で答えなさい。

ア　A～Eのうち，日本よりも人口の多い国は１つもない。

イ　A～Eのうち，ラテン系言語が使われている国はAとBである。

ウ　AとBの国境はピレネー山脈で，AとCの国境はドナウ川である。

エ　BとC，DとEはそれぞれ陸地で接している。

オ　本初子午線が通る国は，AとBである。

(3) 右の**ア**～**ウ**の図は，人口・面積・国内総生産の３つの指標について，アメリカ合衆国・EUの大きさを日本を１とした指標で表したものである。このうち，人口と面積を表したものはどれか，それぞれ**ア**～**ウ**から選び，記号で答えなさい。

ア
(2018年）日本 1
EU 10.9
アメリカ合衆国 26.0

イ

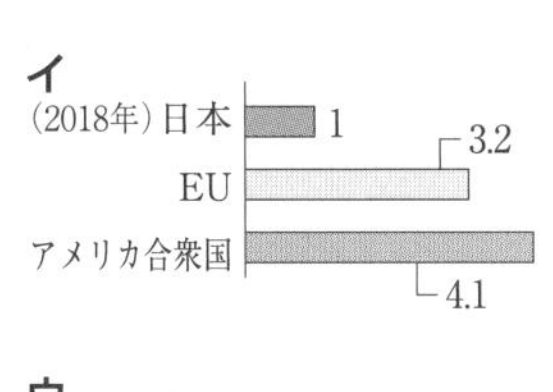

ウ

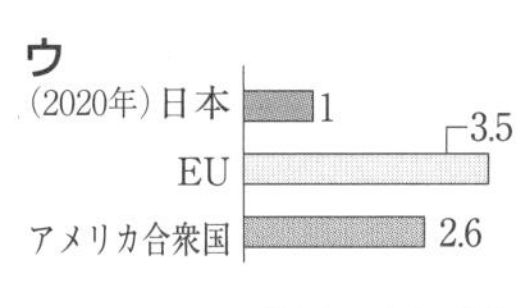

※　EUはイギリスを除く27か国の数値。（2020/21年版「世界国勢図会」）

(1)	B	D	(2)	
(3)	人口	面積		

〔広島大附高―改〕

3 ［アフリカ］アフリカの自然や生活について述べた文として正しいものを次のア～エから１つ選び，記号で答えなさい。 （9点）

ア　北半球側ではサハラ砂漠（さばく）など乾燥（かんそう）地域が多いが，南半球側に乾燥地域は見られない。

イ　乾燥地域では，雨が少なく高い気温のもとでも過ごしやすいように，木や草でつくられた窓が大きく風通しの良い家が多い。

ウ　東部には高原や火山が連なる地域がある。また赤道付近でも頂上に万年雪をのせた高山がある。

エ　熱帯地域では，多種類の常緑広葉樹がおいしげる密林が広がり，さまざまな作物が育つため，アフリカの中でも経済的に豊かな国が多い。

〔弘学館高―改〕

1 中国は農業が盛んで米の生産量は世界一だが，人口が多いため，輸出量は世界一ではない。

2 ヨーロッパ北西部ではゲルマン系，南部はラテン系，東部はスラブ系言語が使用されている。

地域調査，日本の地域的特色と地域区分

●時 間 20 分　●合格点 70 点　●得 点　点

解答▶別冊 2 ページ

1 ［日本の産業・人口］ 右の表は，次のア～コの指標について，上位５位までの都道府県を示したものである。表中Ｂ，Ｃ，Ｇ，Ｉ，Ｊにあてはまる指標として適切なものをア～コからそれぞれ選び，記号で答えなさい。（5点×5－25点）

	1位	2位	3位	4位	5位
A	北海道	新潟	秋田	宮城	福島
B	北海道	埼玉	兵庫	愛知	神奈川
C	宮崎	鹿児島	岩手	北海道	沖縄
D	千葉	神奈川	大阪	岡山	北海道
E	東京	大阪	京都	愛知	宮城
F	和歌山	山梨	愛媛	山形	青森
G	愛知	静岡	神奈川	群馬	広島
H	高知	東京	神奈川	埼玉	大阪
I	宮崎	神奈川	高知	愛知	鹿児島
J	沖縄	島根	宮崎	鹿児島	熊本

（2020年版「データでみる県勢」）

ア　昼夜間人口比率
イ　合計特殊（とくしゅ）出生率
ウ　石油製品・石炭製品出荷額等
エ　輸送用機械器具出荷額等
オ　食料品製造業出荷額等　　**カ**　田の面積
キ　耕地面積当たり農業総産出額　　**ク**　農業総産出額に占（し）める野菜の割合
ケ　農業総産出額に占める畜産（ちくさん）の割合　　**コ**　農業総産出額に占める果実の割合

B	C	G	I	J

〔お茶の水女子大附高一改〕

2 ［日本の諸地域］ 次の地図を見て，あとの各問いに答えなさい。（15点×3－45点）

(1) 下の資料Ⅰは，地図中の□印Ｘで示した地点にある八丁原（はっちょうばる）発電所である。この発電所では，くじゅう連山の火山のエネルギーを利用した発電が行われている。この発電所で行われている発電方法を何というか。次の**ア**～**エ**から１つ選び，記号で答えなさい。

資料Ⅰ

ア　水力発電　　**イ**　火力発電　　**ウ**　地熱発電　　**エ**　風力発電

(2) 次の**ア**～**エ**のグラフは，それぞれ地図中の●印あ～えで示したいずれかの都市における気温と降水量を表したものである。地図中の●印あで示した都市の気温と降水量を表したグラフを，次の**ア**～**エ**から１つ選び，記号で答えなさい。

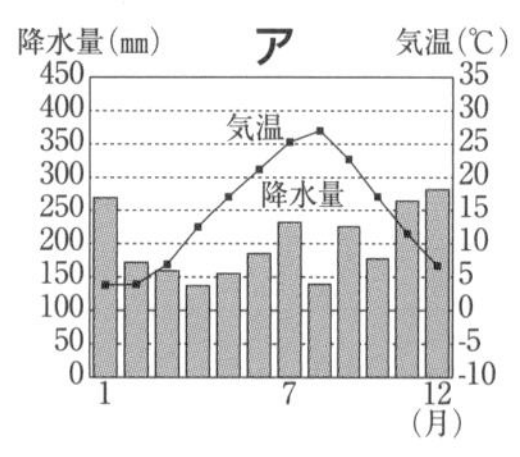

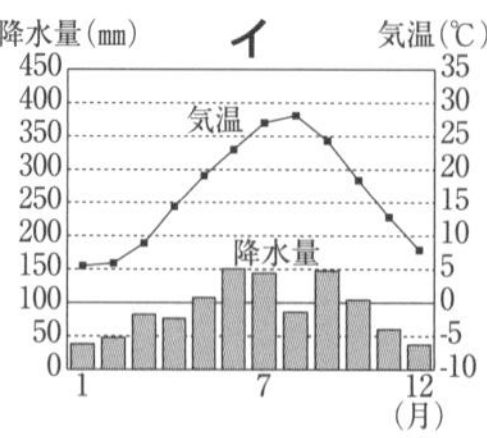

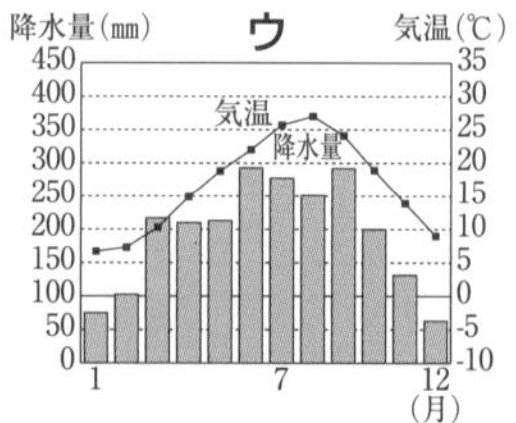

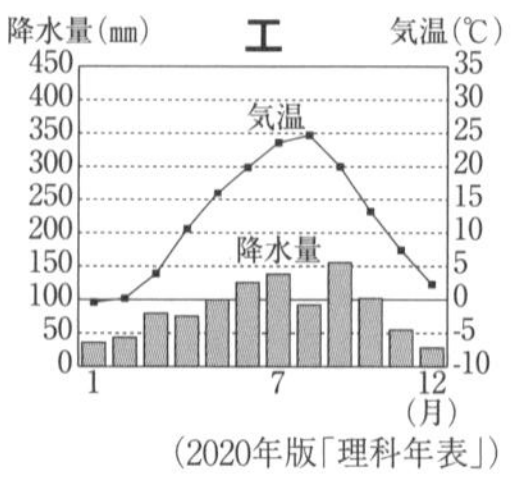

（2020年版「理科年表」）

(3) 右の資料Ⅱのa～dは，2019年における成田(なりた)国際空港，千葉港，名古屋(なごや)港，博多(はかた)港のいずれかの輸出総額，輸出総額に占(し)める割合の高い上位3品目をそれぞれ表したものである。資料中のa～dにあてはまる港の組み合わせとして正しいものを，次の**ア**～**エ**から1つ選び，記号で答えなさい。

ア　a－博多港　b－名古屋港　c－千葉港　d－成田国際空港
イ　a－名古屋港　b－千葉港　c－成田国際空港　d－博多港
ウ　a－千葉港　b－名古屋港　c－博多港　d－成田国際空港
エ　a－名古屋港　b－博多港　c－成田国際空港　d－千葉港

資料Ⅱ

a	
輸出総額　123,067億円	
輸出品目	割合(%)
自動車	26.3
自動車部品	16.7
内燃機関	4.3

b	
輸出総額　29,772億円	
輸出品目	割合(%)
集積回路	28.3
自動車	26.1
タイヤ・チューブ	4.8

c	
輸出総額　105,255億円	
輸出品目	割合(%)
半導体等製造装置	8.1
科学光学機器	6.2
金(非貨幣用)	5.7

d	
輸出総額　7,179億円	
輸出品目	割合(%)
石油製品	28.0
有機化合物	17.4
鉄鋼	15.7

(2020/21年版「日本国勢図会」)

(注)　内燃機関…自動車のエンジンなど。
科学光学機器…光ファイバー，眼鏡，写真機用レンズなど。

(1)	(2)	(3)

〔高知一改〕

3 ［身近な地域］次の2万5千分の1の地形図を見て，あとの各問いに答えなさい。(15点×2－30点)

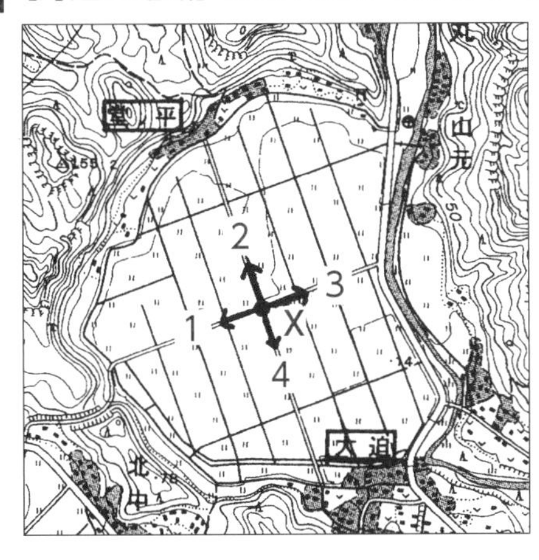

ア

イ

ウ

エ

(1) この地形図上で4 cm^2 の面積で表現される領域の実際の面積は何 ha か答えなさい。

(2) 写真**ア**～**エ**は地形図中の点Xから矢印1～4のいずれかの方を向いて撮影(さつえい)したものである。矢印1の方を向いて撮影したものを1つ選び，記号で答えなさい。

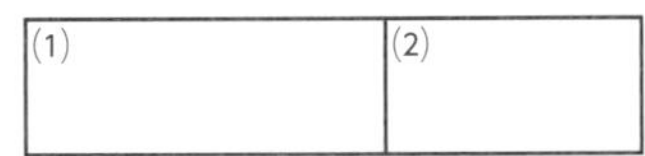

(1)	(2)

〔ラ・サール高一改〕

復習ポイント **3** 地形図上での長さに縮尺の分母をかけると実際の距離(きょり)を求めることができる。実際の面積は「地形図上の面積×縮尺の分母×縮尺の分母」で求めることができる。

月　　日

4 日本の諸地域 ①

●時 間 20 分　●合格点 70 点　●得 点　　点

解答▶別冊 2 ページ

1 ［九州地方］資料を見て，あとの各問いに答えなさい。（6点×8－48点）

資料Ⅰ

	面積 (km^2) (2018年)	人口 (万人) (2018年)	65歳以上人口割合 (%) (2018年)
あ	2,281	145	21.6
い	4,131	134	32.0
う	4,987	511	27.6

（2020年版「データでみる県勢」）

資料Ⅲ

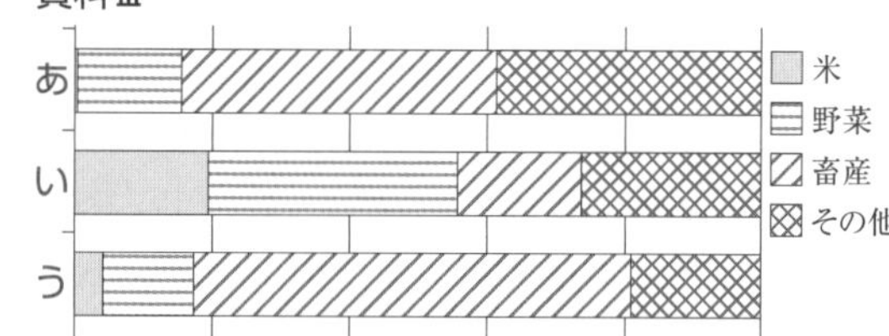

（2020年版「データでみる県勢」）

資料Ⅱ

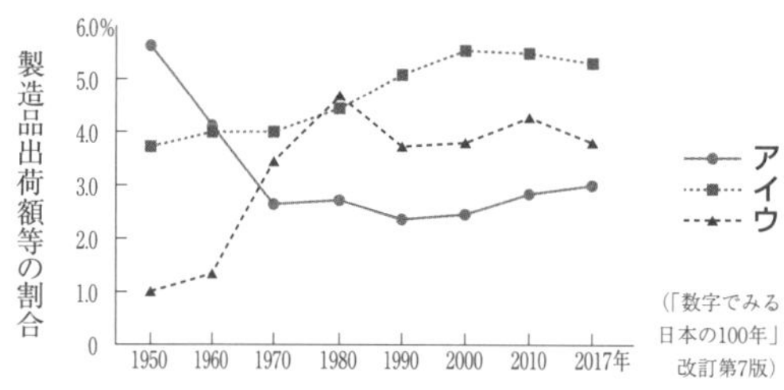

（「数字でみる日本の100年」改訂第7版）

地図Ⅰ

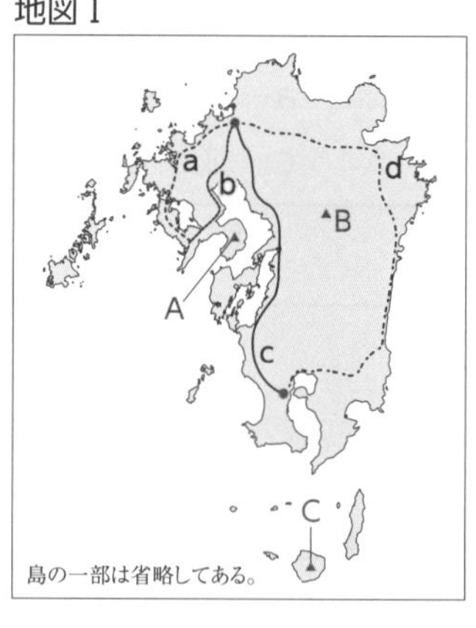

(1) 資料Ⅰは，福岡県，長崎県，沖縄県の面積，人口，65歳以上人口割合を示したものである。福岡県と沖縄県の組み合わせとして正しいものを次の**ア**～**カ**から１つ選び，記号で答えなさい。

ア　福岡県－あ　沖縄県－い　　**イ**　福岡県－あ　沖縄県－う
ウ　福岡県－い　沖縄県－あ　　**エ**　福岡県－い　沖縄県－う
オ　福岡県－う　沖縄県－あ　　**カ**　福岡県－う　沖縄県－い

(2) 地図ⅠのA～Cの山について説明した文を次の**ア**～**ウ**からそれぞれ選び，記号で答えなさい。

ア　この山の主峰は1990年から噴火を開始し，1991年には火砕流を発生させ，ふもとの集落や農地に災害をもたらした。この火山活動による溶岩の噴出は1995年に停止したが，降り積もった火山灰は雨が降ると土石流となって流れ下り，ふもとの集落に多大な影響を与えた。

イ　この山は高さが1,936 m あり，九州地方の最高峰となっている。樹齢数千年の杉をはじめとする特殊な森林植生や亜熱帯から冷温帯におよぶさまざまな植生が垂直に分布するなど，貴重な自然環境が世界から高い評価を受けている。

ウ　この山は，世界最大級のカルデラを有している火山として知られている。カルデラ内には平地が広がっており，そこを中心に農業や観光業などを営みながら約５万人が生活している。

(3) 地図Ⅰのa～dのうち，現在運行されている九州新幹線のルートを選び，記号で答えなさい。

(4) 資料Ⅱは北九州，東海，京葉の各工業地域の製造品出荷額等の全国に占める割合の変遷を示したものである。北九州にあたるものを資料Ⅱ中の**ア**～**ウ**から１つ選び，記号で答えなさい。

(5) 資料Ⅲは2017年における福岡県，鹿児島県，沖縄県の農業産出額の割合を示したものである。福岡県と沖縄県の組み合わせとして正しいものを(1)の**ア**～**カ**から１つ選び，記号で答えなさい。

(6) 沖縄県の県庁所在地である那覇市の経度に最も近いものを次から１つ選び，記号で答えなさい。

ア　東経123度　**イ**　東経128度　**ウ**　東経133度　**エ**　東経138度

〔東京学芸大附高－改〕

(1)	(2) A	B	C	(3)	(4)	(5)	(6)

2 ［中国・四国地方］次の各問いに答えなさい。

（(3)9点，他8点×2−25点）

(1) 次の**ア**～**エ**のグラフは，仙台市，鳥取市，高松市，高知市の気温と降水量を表したものである。高松市のものを１つ選び，記号で答えなさい。

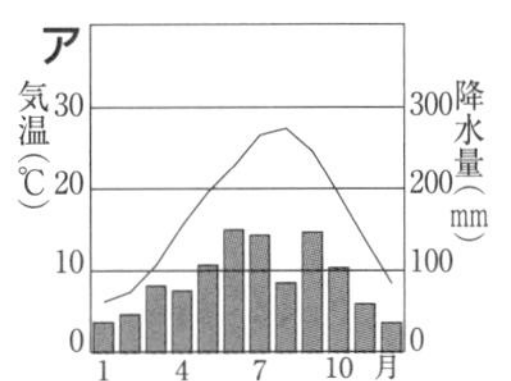

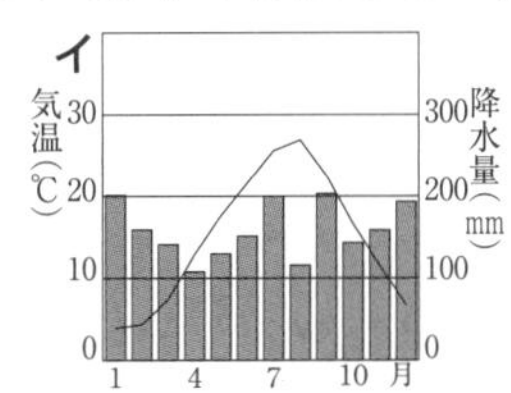

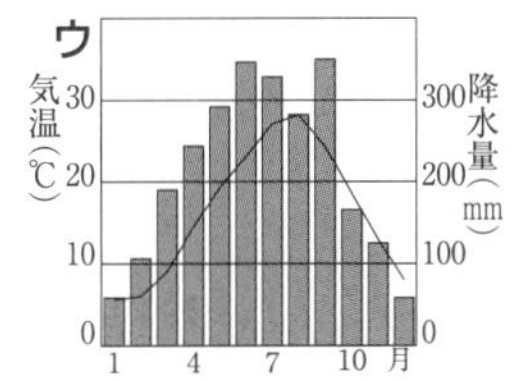

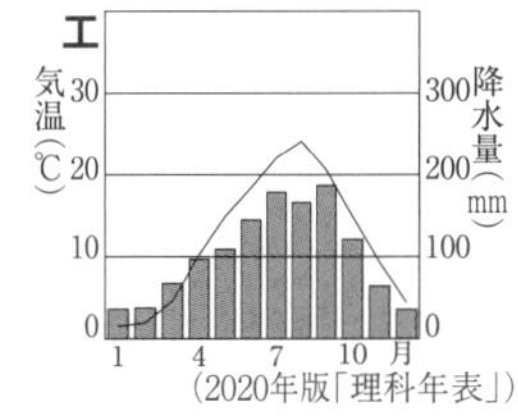

（2020年版「理科年表」）

(2) 瀬戸内地方の石油化学工業などで見られる，原料から製品までを一貫して生産する工場の集団を何というか，カタカナで答えなさい。

記述 (3) 香川県では，離島地域において人口の減少を防ぐため，地域の特徴を生かして観光客を増やしたり，特産品を活用した商品を開発したりするなどの取り組みをしている。このような取り組みがなぜ，人口の減少を防ぐことにつながると考えられるのか，簡単に説明しなさい。

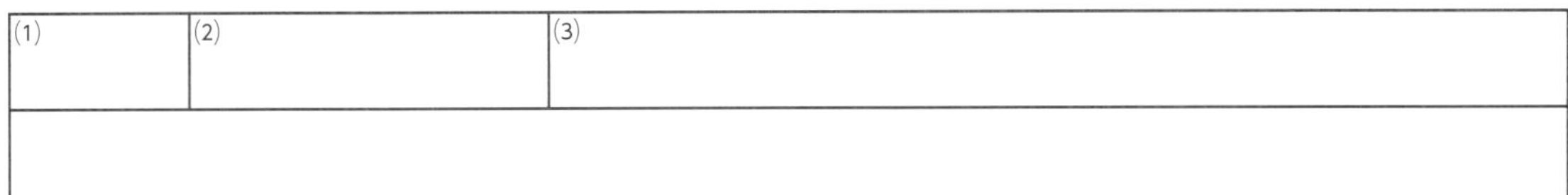

(1)	(2)	(3)

〔宮城―改〕

3 ［近畿地方］地図を見て，あとの各問いに答えなさい。

（(2)②11点，他8点×2−27点）

(1) 地図中の地点Pは，北緯35度，東経135度の位置を示している。地球儀上で，この地点から１番遠く，ちょうど反対側にあたる地点の緯度と経度の組み合わせとして，正しいものを，次の**ア**～**エ**から１つ選び，記号で答えなさい。

ア　北緯35度，西経45度　　**イ**　北緯35度，西経135度
ウ　南緯35度，西経45度　　**エ**　南緯35度，西経135度

(2) 地図中の県A～Dについて，次の問いに答えなさい。

①県A～Dのうち，県名と県庁所在地名が異なる県の組み合わせとして正しいものを，次の**ア**～**カ**から１つ選び，記号で答えなさい。

ア　AとB　　**イ**　AとC　　**ウ**　AとD
エ　BとC　　**オ**　BとD　　**カ**　CとD

府県名	A	B	C	D	大阪府	京都府	兵庫県
昼の人口（千人）	1,364	1,785	1,228	946	9,224	2,656	5,294
夜の人口（千人）	1,413	1,816	1,364	964	8,839	2,610	5,535

（2015年）　（2020年版「データでみる県勢」）

記述 ②右の表は，県A～Dと，大阪府，京都府，兵庫県における昼の人口と夜の人口を示したものである。大阪府において，昼の人口が夜の人口を大きく上回っているのはなぜか。その理由を「居住」，「通勤や通学」の２つの語句を用いて書きなさい。

(1)	(2) ①	②

〔新潟―改〕

復習ポイント
2 中国・四国地方は瀬戸内地域に人口が集中し，産業も盛ん。山陰や南四国では過疎化が深刻。
3 (1) 1番遠い点は，地球の中心をはさみ，対称な位置にある。

5 日本の諸地域 ②

●時 間 20 分　●合格点 70 点　●得 点　点

解答▶別冊 3 ページ

1 [関東地方] 次の各問いに答えなさい。 (6点×8−48点)

(1) 次の文章の(①)〜(④)にあてはまることばを答えなさい。

関東平野には火山灰が降り積もった(①)と呼ばれる土に覆(おお)われた台地が点在し，水はけが良く，野菜・草花などの畑作が盛んである。特に東京などの大消費地向けに鮮度(せんど)の高い農作物を生産する(②)農業が発達している。近年は東京から離(はな)れた遠い地域でも高速道路や保冷車の普及(ふきゅう)により，新鮮な農作物を出荷(しゅっか)する(③)園芸も発達している。なかでも嬬恋(つまごい)村では，夏でも涼(すず)しい気候を生かし，高原野菜を生産する(④)栽培(さいばい)が行われている。

(2) 右のグラフは群馬・千葉・東京のいずれかの製造品出荷額等割合を示している。群馬と千葉にあたるものをそれぞれ記号で答えなさい。

(3) 東京の都心やその周辺では，昼間人口が増加し，夜間人口が減少する現象が起きる。東京とは逆に夜間人口が昼間人口よりも多い都市を次のア〜エから選び，記号で答えなさい。

ア 仙台(せんだい)市　**イ** さいたま市　**ウ** 名古屋(なごや)市　**エ** 福岡市

ア	輸送用機械 20.1%	印刷 10.3	電気機械 9.6	食料品 9.2	情報通信機械 7.3	その他 43.5
イ	輸送用機械 40.4%	食料品 9.2	化学 7.1	プラスチック製品 6.1	金属製品 5.0	その他 32.2
ウ	石油・石炭製品 20.8%	化学 19.1	鉄鋼 13.8	食料品 12.7	金属製品 5.3	その他 28.3

(2017年)　(2020年版「データでみる県勢」)

(4) 成田(なりた)国際空港で扱(あつか)う輸入品として適当でないものを次のア〜オから1つ選び，記号で答えなさい。

ア 集積回路　**イ** さけ　**ウ** 医薬品　**エ** 鉄鉱石　**オ** 切り花

(1)	①	②	③	④
(2)	群馬	千葉	(3)	(4)

〔西大和学園高・愛光高—改〕

2 [東北地方] 次の東北６県とその県内にある主要都市(県庁所在都市およびそれよりも人口の多い都市)についてのデータを示した表を見て，あとの各問いに答えなさい。 (7点×2−14点)

	面積(km²)	人口(人)	米(億円)	畜産(億円)	接する県(**キ**〜**コ**は東北地方以外の県)
ア 県	9,646	1,262,861	513	915	**イ**・**オ**
ア—1市	825	284,531	45	5	
イ 県	15,275	1,240,742	561	1,670	**ア**・**エ**・**オ**
イ—1市	886	290,136	36	104	
ウ 県	13,784	1,863,732	747	495	**エ**・**カ**・**キ**・**ク**・**ケ**・**コ**
ウ—1市	768	279,307	26	14	**エ**・**カ**
ウ—2市	1,232	324,246	48	19	**キ**
ウ—3市	757	324,109	101	31	
エ 県	7,282	2,315,577	771	777	**イ**・**ウ**・**オ**・**カ**
エ—1市	786	1,062,585	40	15	**カ**
オ 県	11,638	981,016	1,007	366	**ア**・**イ**・**エ**・**カ**
オ—1市	906	309,654	83	14	
カ 県	9,323	1,090,247	850	367	**ウ**・**エ**・**オ**・**コ**
カ—1市	381	246,904	118	9	**エ**

(主要都市の「米」・「畜産」の統計年次は2006年，県の「米」・「畜産」の統計表は2017年，他は2018年)　(2020年版「データでみる県勢」など)

(1) 岩手県にあたるものを１つ選び，記号で答えなさい。
(2) 表中**ウ**－１市にあたる都市名を答えなさい。

(1)	(2)

〔大阪星光学院高一改〕

3 ［北海道地方］右の地図を見て，あとの各問いに答えなさい。

（(3)10点，他7点×2−24点）

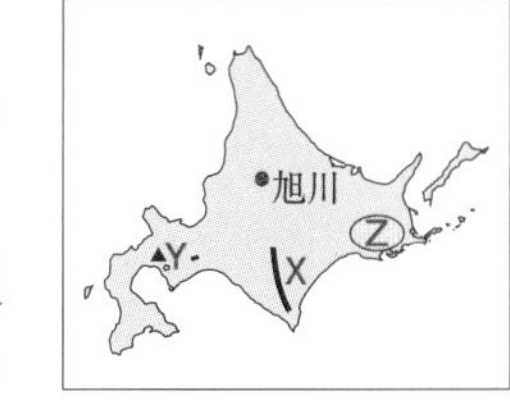

(1) 地図中のＸの山脈名を答えなさい。
(2) 地図中のＹの火山は2000年に噴火(ふんか)したが，そのとき災害を予想し，防災情報をまとめた地図が役に立った。このような地図を何というかカタカナで答えなさい。

記述 (3) 北海道は日本有数の米の生産地であり，旭川(あさひかわ)付近でも稲作(いなさく)が盛んに行われているが，旭川よりも南部に位置しているにも関わらず，地図中Ｚの台地では稲作が行われず，酪農(らくのう)が盛んである。地図中のＺで稲作が行われない理由を【火山・夏】の２語を必ず使って説明しなさい。

(1)	(2)	(3)

〔青雲高一改〕

4 ［中部地方］次の地図と表を見て，あとの各問いに答えなさい。

（7点×2−14点）

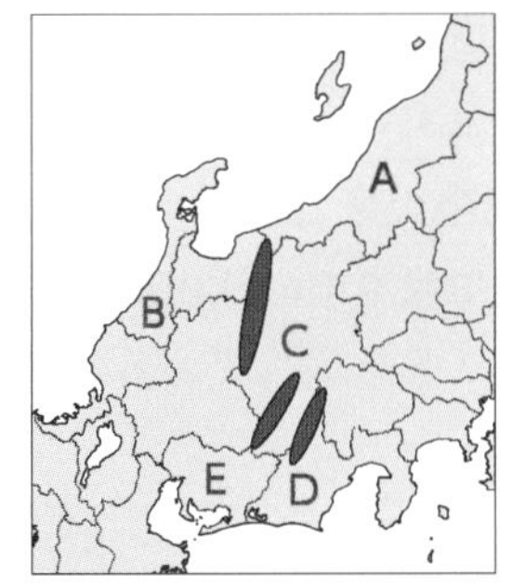

Ａ～Ｅ県の米，野菜，果実，花きの農業産出額（2017年）

	米（億円）	野菜（億円）	果実（億円）	花き（億円）
ア	1,417	352	79	74
イ	198	727	302	166
ウ	286	103	34	7
エ	472	840	625	141
オ	301	1,193	197	557

（2020年版「データでみる県勢」）

(1) 上の地図中に⬬で示した「日本の屋根」とも呼ばれる，標高3,000m前後の３つの山脈をまとめて何というか，その名称を答えなさい。
(2) 上の表は，図中のＡ～Ｅ県の米，野菜，果実，花(か)きの農業産出額をあらわしている。Ｃ県にあてはまるものを，表中の**ア**～**オ**の中から１つ選び，記号で答えなさい。

＊花き…鑑賞(かんしょう)用に栽培(さいばい)された草花のこと。

(1)	(2)

〔福島一改〕

復習ポイント
1 グラフや表を見る問題は，数値の目立っているところに注目する。
4 各県の産業の特色を整理しよう。

6 原始・古代の歴史

●時間 20分　●合格点 75点　●得点　点

解答▶別冊3ページ

1 [日本と中国の外交史] 次のA～Dの文章は，日本と中国の関係や東アジア情勢を述べたものである。これらの文を読んで，あとの各問いに答えなさい。 (10点×5－50点)

A 中国のある歴史書には，a 中国の皇帝(こうてい)がある国からの使者に印綬(いんじゅ)を授けたことが記されている。この印綬は，江戸時代に福岡県の志賀島(しかのしま)で発見された金印(きんいん)だと考えられている。

B 中国のある歴史書には，讃(さん)・珍(ちん)・済(せい)・興(こう)・b 武(ぶ)の５人の倭王(わおう)があいついで中国の南朝に朝貢(ちょうこう)したことが記されている。５人の王はこれによって，朝鮮(ちょうせん)での政治・軍事上の立場を有利にすることをめざした。

C 中国のある歴史書には，倭の王である多利思比孤(たりしひこ)が c ある中国王朝に使いを送ったことが記されている。倭からの国書は中国皇帝の不興をかったが，翌年，皇帝は返礼の使者を倭に遣(つか)わした。そして，倭はその使者が中国に帰国するときに d 留学生や学問僧を同行させた。

D 朝廷(ちょうてい)は中国の王朝に使節を送り，この使節とともに最澄(さいちょう)・空海(くうかい)らの僧侶(そうりょ)も中国に渡(わた)った。しかし，派遣(はけん)先の王朝が衰(おとろ)えるなかで，遣唐大使に任命された人物が e 使節の派遣停止を進言し，まもなくその王朝は滅亡(めつぼう)した。

(1) 下線部aと同じ世紀の出来事として最も適切なものを次の**ア**～**エ**から１つ選び，記号で答えなさい。

ア　孔子(こうし)が儒教(じゅきょう)の教えを説いた。

イ　パレスチナでイエスが，神を信じる者はすべて救われると説いた。

ウ　朝鮮半島から日本へ仏教が伝来した。

エ　ムハンマドがメッカに現れ，イスラム教の教えを説いた。

記述 (2) 下線部bには雄略(ゆうりゃく)天皇をあてる説が有力である。雄略天皇と同一人物とされる「ワカタケル」の名が記された鉄剣(てっけん)や鉄刀(てっとう)が，埼玉県の稲荷山古墳(いなりやまこふん)や熊本県の江田船山(えたふなやま)古墳から出土している。このことは，雄略天皇の統治について，どのようなことを示していると考えられるか。20字以内で書きなさい。

(3) 下線部cの都はどこに置かれたか。その現在の都市名を漢字で答えなさい。また，その場所を地図中の**ア**～**エ**から１つ選び，記号で答えなさい。

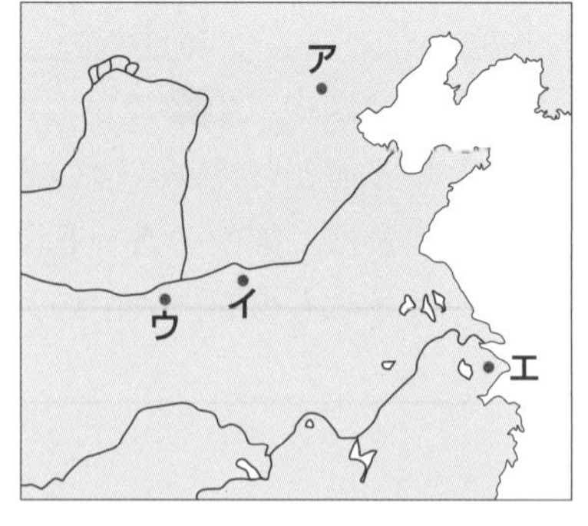

(4) 下線部dのうち高向玄理(たかむこのくろまろ)と旻(みん)は，帰国後にある国政改革で中心的な役割を果たした。この国政改革について述べた文として正しいものを次の**ア**～**エ**から１つ選び，記号で答えなさい。

ア　氏(うじ)に対して政治的地位を示す姓(かばね)を与(あた)えて統制するようにした。

イ　才能や功績に応じて個人に官位を与えて人材の登用を図った。

ウ　豪族(ごうぞく)が人民や土地を支配する体制をやめて，天皇を中心とする国家をつくろうとした。

エ　律令(りつりょう)を定め，天皇中心の中央集権的な国家のしくみを整備した。

(5) 下線部eのころから，約150年間続いた日本文化について述べたX・Yの正誤の組み合わせとして正しいものをあとの**ア**～**エ**から１つ選び，記号で答えなさい。

X　中国との交流が完全に途絶えたため，純日本的な文化がつくられた。

Y　『古事記』や『日本書紀』が，仮名文字を用いて記された。

ア　X－正　Y－正　　**イ**　X－正　Y－誤

ウ　X－誤　Y－正　　**エ**　X－誤　Y－誤

(1)	(2)			
(3) 都市名	記号	(4)	(5)	

〔渋谷教育学園幕張高・京都教育大附高－改〕

2 ［奈良時代・平安時代］次の文を読んで，各問いに答えなさい。

（(2)10点，他8×5－50点）

a <u>奈良時代</u>，仏教は国家を守り，政治を安定させる力があると考えられていた。そのため［　　］天皇は，国ごとに国分寺と国分尼寺をつくり，奈良には大仏をまつる東大寺を建てた。b <u>桓武天皇は，784年に都を長岡京に移し，794年には平安京に移して，政治の改革に乗り出した</u>。以後の約400年間を平安時代という。9世紀初めには，朝廷の支配が東北に及ぶようになり，c <u>新しい仏教</u>が日本に伝わった。藤原氏は，他の貴族を退けて摂関政治を行うようになり，11世紀前半のd <u>藤原道長</u>・頼通のときに全盛となった。

(1) 下線部aについて，奈良時代の政治・社会について述べた文として正しくないものを次の**ア**～**エ**から1つ選び，記号で答えなさい。

ア　地方を国・郡に分け，国には地方の豪族を国司に，郡には都の貴族を郡司として派遣した。

イ　6歳以上の男女に口分田を割り当て，死亡すると回収する班田収授法を行った。

ウ　農民は，租・庸・調という税のほか，雑徭や防人などの労役や兵役も負担させられた。

エ　743年に墾田永年私財法が出された結果，貴族や寺社などが逃亡した農民などを使って開墾を進め，私有地である荘園を広げていった。

記述 (2) 下線部bについて，平城京から長岡京や平安京に都を移した理由を説明しなさい。

(3) 下線部cについて，①最澄と②空海が建てた寺院と開いた宗派を次の**ア**～**カ**からそれぞれ選び，記号で答えなさい。

ア　天台宗　**イ**　浄土真宗　**ウ**　真言宗　**エ**　平等院　**オ**　金剛峯寺　**カ**　延暦寺

(4) 下線部dについて，藤原道長が詠んだ歌として正しいものを次の**ア**～**エ**から1つ選びなさい。

ア　春すぎて　夏来にけらし白妙の　衣ほすてふ天の香久山

イ　願はくは　花の下にて春死なむ　そのきさらぎの望月のころ

ウ　白河の　清きに魚のすみかねて　もとの濁りの田沼こひしき

エ　この世をば　我が世とぞ思ふ　望月の　欠けたることもなしと思へば

(5) ［　　］にあてはまる語句を答えなさい。

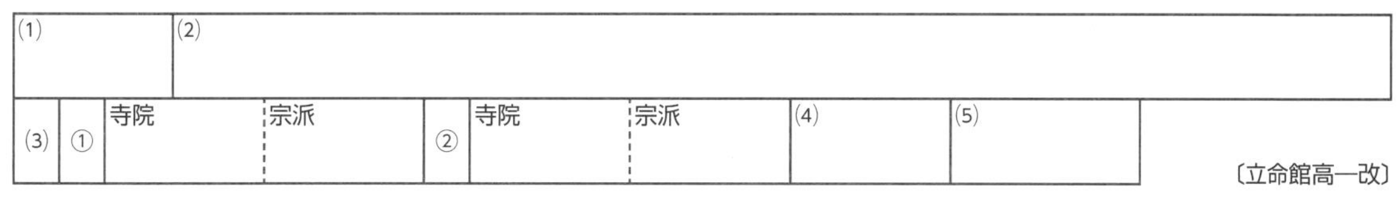

(1)	(2)					
(3) ① 寺院	宗派	② 寺院	宗派	(4)	(5)	

〔立命館高－改〕

復習ポイント

1 中国の歴史書から読み取れる日本のようすを整理しよう。A～Cの歴史書以外に「魏志」倭人伝が頻出である。

2 それぞれの時代の仏教と文化の特色を時代背景とともに整理しよう。

7 中世の歴史

●時間 20分　●合格点 70点　●得点　　点

解答▶別冊 4 ページ

1 [武士の発生と武家政権] 次の文を読んで，あとの各問いに答えなさい。 (10点×6－60点)

A 10世紀に入り，朝廷から地方の支配をまかされるようになった国司のなかには，現地に住みついて武士団をつくるものも現れた。939年には，a 伊予(愛媛県)のもと国司が海賊を率いて乱を起こし，都の貴族を驚かせた。のちに，武士は軍事力として朝廷に利用されるようになるが，その中で強い力をもったのは b 源氏と平氏であった。

B 1185年，源頼朝は各地に地頭を置くことを朝廷に認めさせたが，その範囲は限られていた。承久の乱後，後鳥羽上皇に味方した公家や武士の領地を取り上げて，東国の御家人を地頭に任命し，幕府の勢力は西国にも広がった。こうした状況に合わせて，c 鎌倉幕府の3代執権北条泰時は幕府の体制を整えていった。鎌倉幕府は d 12世紀末から14世紀前半まで続いた。

C e 中国の宋に渡った道元と栄西が，座禅によって自分の力でさとりを開くという禅宗を伝え，鎌倉幕府は臨済宗を保護し，中国から高僧を招いたが，f 中国の元による日本侵攻もあって，大陸との交流は一時停滞した。

(1) 下線部aについて，「伊予のもと国司」の名前を漢字で答えなさい。

(2) 下線部bについて，源氏と平氏について述べたX・Yの正誤の組み合わせとして正しいものをあとの**ア**～**エ**から1つ選び，記号で答えなさい。

X　源氏によって京を追われた平氏は，壇ノ浦において源義経や源義仲らによって滅ぼされた。

Y　平清盛は，源義朝とともに後白河天皇に協力した結果，平治の乱で勝利をおさめた。

ア　X－正　Y－正　　**イ**　X－正　Y－誤

ウ　X－誤　Y－正　　**エ**　X－誤　Y－誤

(3) 下線部cについて，3代執権北条泰時が行った政策を次の**ア**～**エ**から1つ選び，記号で答えなさい。

ア　御成敗式目を定めて，御家人に対する裁判の基準を明らかにした。

イ　荘園の年貢の半分を，守護が兵糧米として取り立てることを認めた。

ウ　京都に六波羅探題を設けて，朝廷の監視や西国御家人の支配にあたらせた。

エ　徳政令を出して，御家人が御家人以外の人に売った土地を，元の持ち主に取り戻させた。

(4) 下線部dについて，この時期に起こった出来事について正しくないものを次の**ア**～**エ**から1つ選び，記号で答えなさい。

ア　ドイツではルターがローマ教会を批判し，新たな宗派を形成した。

イ　キリスト教徒による十字軍の遠征が終了した。

ウ　イタリア人のマルコ＝ポーロが『世界の記述』で日本を「黄金の国ジパング」と紹介した。

エ　藤原定家らによって，『新古今和歌集』が編集された。

(5) 下線部eについて，日宋貿易の説明として正しくないものを次の**ア**～**エ**から1つ選び，記号で答えなさい。

ア　日本から砂金や刀剣などが輸出された。　**イ**　正式な貿易船には朱印状が与えられた。

ウ　中国から宋銭が大量に輸入された。　**エ**　平清盛が大輪田泊を整備し，船を入港させた。

(6) 下線部fについて，この出来事について説明した文として正しいものを次の**ア**～**エ**から2つ選び，記号で答えなさい。

ア 文永の役・弘安の役と呼ばれ，日本軍は元の集団戦法に苦戦した。
イ 前九年合戦・後三年合戦と呼ばれ，石塁を築いて元を降伏させた。
ウ 楠木正成らの奮戦する姿が『蒙古襲来絵詞』に残されている。
エ 元の皇帝フビライは２度の敗北後も日本遠征を行おうとした。

(1)	(2)	(3)	(4)	(5)	(6)	

〔帝塚山高・清風高一改〕

2 **［室町幕府］** 次の文を読んで，あとの各問いに答えなさい。（8点×5－40点）

室町幕府の将軍は，1401年に使者を派遣して国交を開き，その際に「a 日本国王源道義」と呼ばれ，日本国王として待遇された。このときの朝貢の目的は b 日明貿易であげることのできる利益であったと考えられている。c このころから，日本の国内産業は急速に発達した。1467年に起きた d 応仁の乱は京の都を焼け野原にし，下剋上の風潮が広がった。

(1) 下線部 a が指し示す人物の名を答えなさい。

(2) 下線部 b について述べた次の文のX・Yにあてはまる語句を答えなさい。

日明貿易では，武装した商人である（　X　）の船と正式な貿易船を見分けるため，右のような（　Y　）が証明書として使用されることとなった。

(3) 下線部 c について述べた文として正しくないものを次の**ア**～**エ**から１つ選び，記号で答えなさい。

ア 主に流通していたのは，永楽通宝などの明銭であった。
イ 運送業者である馬借は，しばしば一揆のきっかけをつくった。
ウ 稲を収穫したあとに麦を栽培する二毛作が全国的に普及した。
エ 琉球王国から薩摩に伝来した綿の栽培が全国各地に広まった。

(4) 下線部 d について，応仁の乱の後，戦国時代が始まるが，この時期に起こった出来事について述べた文として正しいものを次の**ア**～**エ**から１つ選び，記号で答えなさい。

ア 長期化した戦乱などによって守護大名の権威も低下し，山城国では一向一揆が守護大名を追放し，約100年間の自治を行った。
イ 日本風の水墨画を大成した観阿弥など，多くの文化人が戦乱を避けて地方へと逃れ，結果として都の文化が地方へと広がることとなった。
ウ 京都では町衆と呼ばれる有力な商工業者が自治組織を作って祇園祭を再興し，堺・博多でも有力商人が自治を行うなど，自治都市が各地に成立した。
エ 甲斐（山梨県）の武田信玄と駿河（静岡県）の今川義元が川中島で何度も戦いをくりかえすなど，各地で戦国大名が領土の拡大をねらって戦いを続けた。

(1)	(2) X	Y	(3)	(4)

〔青雲高・近畿大附高・洛南高一改〕

復習ポイント

1 鎌倉時代に起きた，承久の乱と元寇の内容と，その戦乱が鎌倉幕府に与えた影響を対比して整理しよう。

2 室町時代の産業の発達と民衆の成長をまとめよう。

8 近世の歴史

●時間20分　●合格点70点　●得点　　点

解答▶別冊4ページ

1 [江戸時代] 右の年表を見て，あとの各問いに答えなさい。　(8点×8−64点)

年号	出来事
1549	ザビエルがキリスト教を伝える
	《A》
1600	関ヶ原の戦いが起こる
	《B》
1641	オランダ商館を出島に移す
1701	赤穂事件が起こる……X
1787	寛政の改革が始まる……Y
	《C》
1841	天保の改革が始まる

(1) 年表中《A》の時期について述べた文として正しいものを次の**ア**～**エ**から1つ選び，記号で答えなさい。

ア　織田信長は，桶狭間の戦いで武田氏を破って勢力を拡大した後，安土城を築き，楽市・楽座令を出した。

イ　九州のキリシタン大名たちは，慶長遣欧使節として4人の少年をローマ教皇のもとへ送り出した。

ウ　豊臣秀吉が大軍を朝鮮半島に送り込んだのに対し，朝鮮は李成桂率いる水軍などで抵抗した。

エ　太閤検地によって複雑な荘園制度は完全になくなり，1つの土地には1人の耕作人という制度が生まれた。

(2) 年表中《B》の時期について述べた文として正しくないものを次の**ア**～**エ**から1つ選び，記号で答えなさい。

ア　江戸幕府は将軍の代替わりごとに朝鮮に使節の来日を求め，朝鮮は日本の情勢を探る目的もあって朝鮮通信使を派遣した。

イ　会津藩の交易に不満をもったアイヌの人々は，コシャマインを指導者にして立ち上がったが敗北した。

ウ　島原・天草一揆後，キリスト教対策として1639年に幕府はポルトガル船の来日を禁じた。

エ　薩摩藩は1609年に幕府の許可を得て琉球を征服し，奄美諸島までを直接支配した。

(3) 年表中のXについて，次の問いに答えなさい。

①この時期に将軍だった人物と，この時期に生まれた文化の名称の組み合わせとして正しいものを次の**ア**～**エ**から1つ選び，記号で答えなさい。

ア　徳川家光・元禄文化　　**イ**　徳川家光・化政文化

ウ　徳川綱吉・元禄文化　　**エ**　徳川綱吉・化政文化

②この時期の美術作品として正しいものを次の**ア**～**エ**から1つ選び，記号で答えなさい。

ア

イ

ウ

エ

③この時期の政治について述べた文として正しくないものを次から選び，記号で答えなさい。

ア　貨幣を改鋳し，質の悪い貨幣を発行して財政を補った。

イ　キリスト教に関係なければ，漢訳の洋書の輸入を許した。

ウ　湯島の聖堂に孔子をまつり，儒学を盛んにした。

エ　生類憐みの令を発して，動物を愛護することを命じた。

(4) 年表中のＹについて述べた文として正しくないものを次から１つ選び，記号で答えなさい。

ア　田沼意次の政治の後，徳川吉宗の孫であった松平定信が政治改革を行った。

イ　武士の政治を引き締めるため，幕府の学問所では朱子学以外の講義を禁じた。

ウ　ぜいたくを取り締まるため，出版物を統制し，人気作家を処罰した。

エ　江戸や大阪周辺の土地を直轄領とし，その地域の大名や旗本の領地を他に移そうとした。

(5) 年表中《Ｃ》の期間について，次の問いに答えなさい。

①《Ｃ》の期間に起きた出来事について述べた次の**ア**～**ウ**の文を年代順に並べなさい。

ア　幕府が異国船打払令を出して，中国・オランダ以外の外国船を撃退するように命じた。

イ　ロシアのラクスマンが日本人をともなって根室に来航した。

ウ　アメリカのモリソン号が浦賀に来航したが，砲撃を受けて退去した。

②この時期に幕府の命令を受けて，樺太が島であることを発見した人物の名を答えなさい。

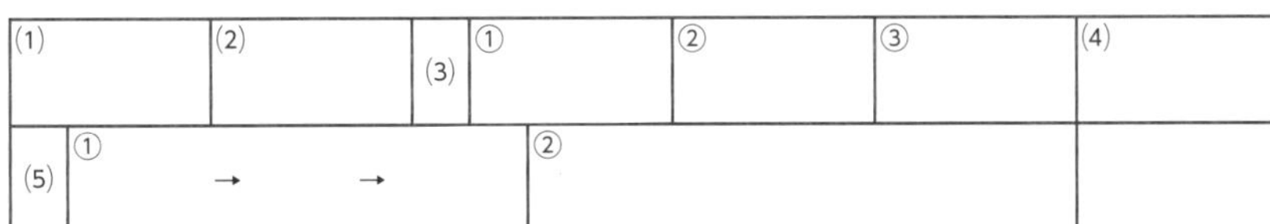

〔広島大附高・プール学院高一改〕

2　[近世の経済]　次の文を読んで，あとの各問いに答えなさい。　(9点×4＝36点)

ａ<u>戦国時代</u>を終わらせ，天下統一をなしとげた豊臣秀吉は自らの支配の安定のために，刀狩とともに検地を行った。その際，秀吉はｂ<u>土地の価値を貨幣によってではなく，米の収穫量に換算した数値によって評価</u>していった。江戸幕府もその方針を採用し，検地帳に登録された農民に対し，米などの収穫物を年貢として納めさせ，土木工事に労働力を提供させた。ｃ<u>武士階級は，支配下に置いた農民が貨幣経済に巻き込まれて没落することを阻止しつつ，同時にそこから確実な税を徴収することで自らの支配体制を維持していこうとした</u>のである。

(1) 下線部ａと同時期の出来事として正しいものを次の**ア**～**エ**から１つ選び，記号で答えなさい。

ア　イギリスでピューリタン革命が成功した。　**イ**　フランスで人権宣言が出された。

ウ　コロンブスの一行が世界一周に成功した。　**エ**　ドイツでルターが宗教改革を始めた。

(2) 下線部ｂのように，田畑や屋敷地を米の収穫量で表す制度を漢字２字で答えなさい。

(3) 下線部ｃについて，次の問いに答えなさい。

①大名が年貢米や特産物を販売するために，大阪や江戸に設置した施設を何といいますか。

②農民が貨幣への依存を強めるようになった理由を次から１つ選び，記号で答えなさい。

ア　農民は，商品作物をつくるため，多くの肥料や農具を買わなければならなかったから。

イ　二毛作や，草や木の灰を用いた肥料が普及し始め，農業生産力が高まったから。

ウ　田沼意次が株仲間を解散させたことにより，自由な商取引が認められたから。

〔土佐高一改〕

復習ポイント

1　江戸時代の三大改革(享保の改革・寛政の改革・天保の改革)と田沼意次の政治の特色を整理しよう。

2　豊臣秀吉の太閤検地によって土地制度が大きく変わったことを理解しよう。

9 近代の歴史①

●時間 20 分　●合格点 70 点　●得点　点

解答▶別冊 5 ページ

1 [明治維新] 次の文を読んで，あとの各問いに答えなさい。（6点×6－36点）

旧幕府勢力を排除した明治新政府は a 廃藩置県により地方の行政制度を一新すると，中央の政府のしくみも整え，近代化を強力に推し進めるようになった。政府は「富国強兵」をめざし，徴兵制度を整えるとともに b 殖産興業にも力を入れた。しかし，その結果，c 体制の内容や急激な変化に反発する勢力も現れた。こうした状況に対して政府は強硬な態度で弾圧したり，規制を緩めるなどして秩序の安定に努めた。その後も，江戸幕府が結んだ d 不平等条約の改正に尽力し，e 憲法の制定や国会の開設を実施して近代国家としての体制を整備していった。

記述 (1) 下線部 a について，廃藩置県を実施することにより，政府が近代化をより強力に推し進められるようになったのはなぜか，説明しなさい。

(2) 下線部 b について，政府が殖産興業のために群馬県に建設した，生糸をつくるための官営模範工場の名を答えなさい。

(3) 下線部 c について，明治政府の政策に反対した人々について述べた次の X・Y の文の正誤の組み合わせとして正しいものをあとの**ア**～**エ**から 1 つ選び，記号で答えなさい。

X　家禄(俸禄)などの特権が廃止されて，不満をもつ士族が多かった。

Y　板垣退助らは国会の開設を求めて自由民権運動を始めた。

ア　X－正　Y－正　　**イ**　X－正　Y－誤

ウ　X－誤　Y－正　　**エ**　X－誤　Y－誤

(4) 下線部 d について，次の問いに答えなさい。

①条約改正を有利に進めようと，井上馨外務大臣は欧化政策をすすめた。右の図のような舞踏会を開くためにつくられた建築物を何というか。

②井上馨外務大臣が外国に提案した改正案の内容について述べた次の X・Y の文の正誤の組み合わせとして正しいものをあとの**ア**～**エ**から 1 つ選び，記号で答えなさい。

X　外国人を大審院で裁く場合にかぎって，半数以上の外国人裁判官を任命する。

Y　外国人に日本国内での居住・旅行・営業の自由を与え，内地を開放する。

ア　X－正　Y－正　　**イ**　X－正　Y－誤　　**ウ**　X－誤　Y－正　　**エ**　X－誤　Y－誤

(5) 下線部 e について，大日本帝国憲法について説明した文として正しいものを次の**ア**～**エ**から 1 つ選び，記号で答えなさい。

ア　陸海軍は天皇の直属としたが，宣戦や講和，条約を締結する権限は内閣にあった。

イ　貴族院と衆議院の議員は，国民の制限選挙によって選ばれた。

ウ　法律の許す範囲内で，国民には言論や出版，集会・結社・信仰の自由が認められた。

エ　納税・勤労・教育が国民の三大義務とされた。

(1)					
(2)	(3)	(4)	①	②	(5)

〔お茶の水女子大附高・清風高・洛南高・京都教育大附高―改〕

2 **[明治・大正時代の戦争]** 次の年表を見て，あとの各問いに答えなさい。 (8点×8－64点)

日本の動き		世界の動き	
1894年	a 日清戦争	1894年	朝鮮で［ X ］戦争が起こる
1895年	下関条約・b 三国干渉		
		1899年（1900年）	中国で［ Y ］事件が起こる
1904年	日露戦争		
c 1905年	ポーツマス条約		
		1914年	d 第一次世界大戦が始まる
		1920年	e 国際連盟が設立される

(1) 下線部aについて，この戦争を説明した文として正しいものを次の**ア**～**エ**から1つ選び，記号で答えなさい。

ア この戦争の直前に，イギリスとの間で治外法権の撤廃に成功した。
イ この戦争で日本は韓国を保護国とし，韓国統監府を設置した。
ウ この戦争を批判する「君死にたまふことなかれ」という詩を，歌人の与謝野晶子が雑誌に発表した。
エ この戦争で得た多額の賠償金の大部分を使って，八幡製鉄所がつくられた。

(2) 下線部bによって日本が清に返還した地域を右の地図中の**ア**～**エ**から1つ選び，記号で答えなさい。

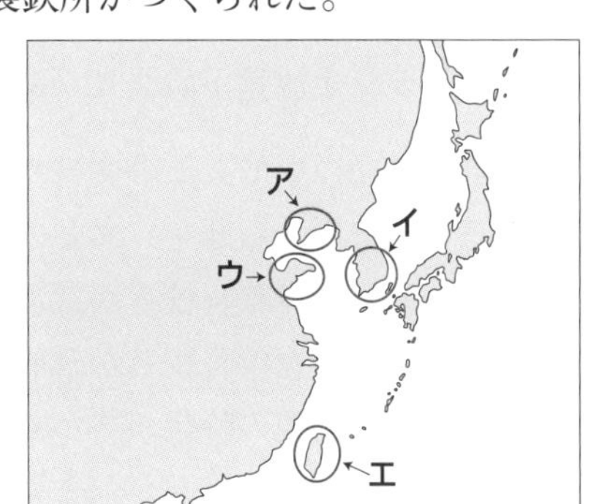

記述 (3) 下線部cについて，この年に東京では日比谷焼き打ち事件が起きた。この事件が起きた理由を説明しなさい。

(4) 下線部dについて，次の問いに答えなさい。

①日本がこの戦争に参戦するうえで名目とした国際的な取り決めを何というか，漢字4字で答えなさい。

②第一次世界大戦から大戦後の出来事を説明した文として正しくないものを次の**ア**～**エ**から1つ選び，記号で答えなさい。

ア ロシア革命に干渉するため，シベリア出兵を行った。
イ 大戦後，アメリカやイギリスと協調して軍縮を進めた。
ウ 日本初の社会主義政党である社会民主党が結成された。
エ 農村では小作料の引き下げを要求する小作争議が多発した。

(5) 下線部eについて，国際連盟は初の国際平和機構として設立された。1920年から1926年まで，国際連盟の事務局次長を務めた日本人教育者の名を漢字で答えなさい。

(6) 年表中のX・Yにあてはまる語句をそれぞれ漢字で答えなさい。

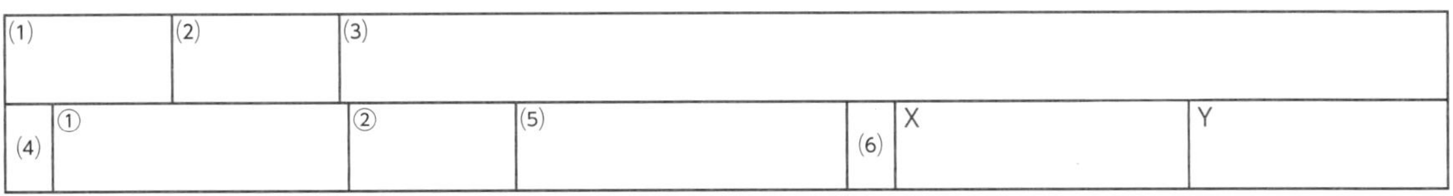

〔立命館高・福岡大附属大濠高・東海高－改〕

1 明治政府が近代国家となるためにどのような政策を行ったのか，年代順に整理しておこう。
2 日清戦争と日露戦争について，その原因や規模，条約の内容などを対比させる形で整理し，混同しないようにしよう。

10 近代の歴史②，現代の歴史

●時間 20分　●合格点 70点　●得点　点

解答▶別冊5ページ

1 ［大正・昭和戦前の社会情勢］次の資料を見て，あとの各問いに答えなさい。（10点×4－40点）

A

B

下士官兵ニ告グ
一、今カラデモ遲クナイカラ原隊ヘ歸レ
二、抵抗スル者ハ全部逆賊デアルカラ射殺スル
三、オ前達ノ父母兄弟ハ國賊トナルノデ皆泣イテオルゾ
二月二十九日　戒厳司令部

C

(1) 資料Aは，大正時代に起きた米騒動のようすを表している。この時代の日本国内のようすとして正しいものを次の**ア**～**エ**から1つ選び，記号で答えなさい。

ア　藩閥を倒し，憲法にもとづく政治を求める護憲運動が高まりを見せ，桂太郎内閣が成立した。
イ　好景気が続き，第一次世界大戦後も輸出が増加するなど，財閥を中心に経済が成長した。
ウ　ロシア革命や欧米の労働運動の影響を受け，小作争議や社会主義運動などが活発化した。
エ　ラジオ放送が始まり，関東大震災では，正確な情報を人々に伝えるために役立った。

(2) 資料Bについて，この文書や，この文書が出された後の政治や社会を説明した次の文a～dの正しい組み合わせを，あとの**ア**～**エ**から1つ選び，記号で答えなさい。

a　海軍の青年将校らが総理大臣を暗殺した事件のときのものである。
b　陸軍の青年将校らが政府高官を暗殺した事件のときのものである。
c　政党内閣の時代が終わり，軍人出身者の内閣が増えた。
d　軍国主義の風潮が強まり，日中戦争が始まった。

ア　a・c　**イ**　a・d　**ウ**　b・c　**エ**　b・d

(3) 資料Cは日独伊三国同盟の成立のようすを表している。これについて，次の問いに答えなさい。

①1930～40年代のドイツについて述べた文として正しいものを次の**ア**～**エ**から1つ選び，記号で答えなさい。

ア　国際的に孤立していたため，世界恐慌の影響をあまり受けなかった。
イ　ナチスを率いるビスマルクが政権を握ると，憲法を改正し，独裁政治を進めた。
ウ　連合国軍によりベルリンが占領されると，ポツダム宣言を受諾し，降伏した。
エ　冷たい戦争といわれる緊張状態の下，政治・経済体制の異なる2つの国に分裂した。

②1930年代の東アジアの状況について述べた文として正しいものを次の**ア**～**エ**から1つ選び，記号で答えなさい。

ア　日本は鉄道爆破事件を口実に満州全土を占領すると，「満州国」を成立させた。
イ　国民党の指導者となった孫文は，国民に抗日民族統一戦線の結成を訴えた。
ウ　北京での学生デモを口実に，日本軍は北京とその周辺を占領した。
エ　植民地下にあった朝鮮では，独立を求める三・一独立運動が全国に広がった。

(1)	(2)	(3) ①	(3) ②

〔西大和学園高・京都教育大附高一改〕

2 ［戦後の日本と世界］次の年表を見て，あとの各問いに答えなさい。（10点×6－60点）

年代	出来事
1945年	a 連合国軍最高司令官総司令部による改革が始まる
1950年	b 朝鮮戦争が起こる
1951年	サンフランシスコ平和条約及び（ c ）を締結する ↕A
1973年	石油危機が起こる
1991年	湾岸戦争が起こる
	↕B
2013年	環太平洋戦略的経済連携協定交渉会合に参加する

(1) 下線部aについて，この改革を説明した文として正しくないものを次の**ア**～**エ**から１つ選び，記号で答えなさい。

ア 戦争中に重要な地位にあった人々を公職から追放した。

イ 日本国憲法制定より前に，満20歳以上のすべての男女に選挙権を与えた。

ウ 地主の土地を政府が買い上げ，小作人に安く売り渡す地租改正を行った。

エ 労働者の団結権を認める，労働組合法を制定した。

記述 (2) 下線部bについて，朝鮮戦争は日本経済が立ち直るきっかけとなった。その理由を簡単に説明しなさい。

(3) 年表中のcにあてはまる，アメリカ軍が日本に駐留し，軍事基地を使用することを認める条約の名を答えなさい。

(4) 年表中のAの期間について，次の問いに答えなさい。

①好景気が長く続いた，年表中のAの期間を何といいますか。

②年表中のAの期間に起きた出来事について述べた文として正しくないものを次の**ア**～**エ**から１つ選び，記号で答えなさい。

ア 経済成長優先の政策が見直され，公害対策基本法が制定された。

イ 国際連合に加盟することが認められたことによって，ソ連との国交回復も実現した。

ウ 日韓基本条約が結ばれ，韓国との国交が正常化した。

エ 東海道新幹線が開通し，アジアで初めてのオリンピックが東京で開催された。

(5) 年表中のBの期間に世界で起こった次の出来事を，古い順番に並べ替えなさい。

ア リーマンショックをきっかけに世界金融危機が起こった。

イ イラク戦争が起こった。

ウ アメリカで同時多発テロが起こった。

エ ヨーロッパでEUが発足した。

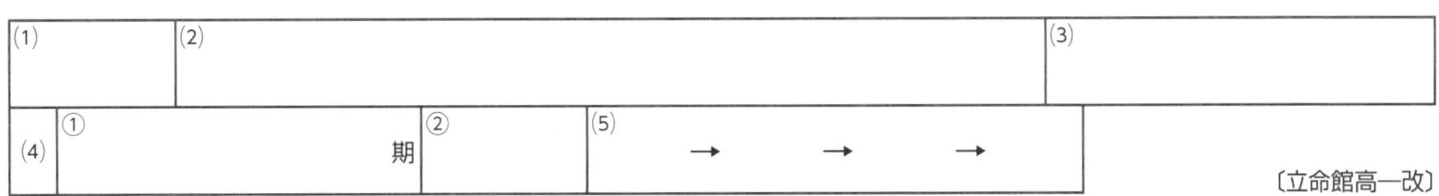

(1)	(2)	(3)

(4)	① 期	②	(5) → → →

〔立命館高一改〕

1 世界恐慌の対策を国別にまとめておくとともに，満州事変から第二次世界大戦終結までの日本と世界の出来事を並行して，年代順に整理しておこう。

2 GHQの占領政策と日本の独立回復後の各国との国交回復をまとめよう。

1 現代社会の特色と文化

Step A　Step B　Step C

解答▶別冊6ページ

▶次の　　　に適語を入れなさい。

1 現代社会の問題

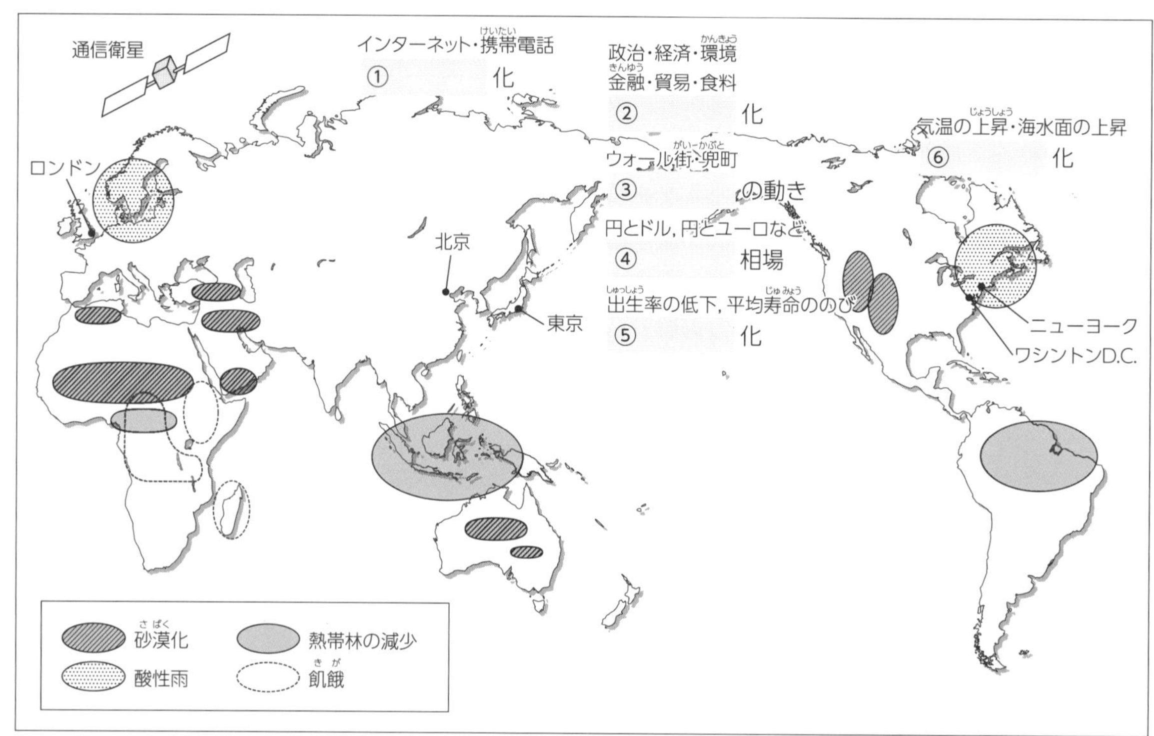

2 伝統的な年中行事

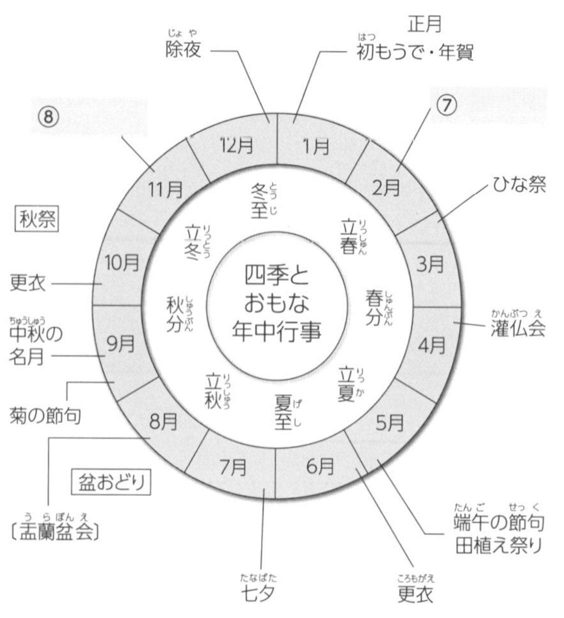

3 家庭電化製品などの普及率

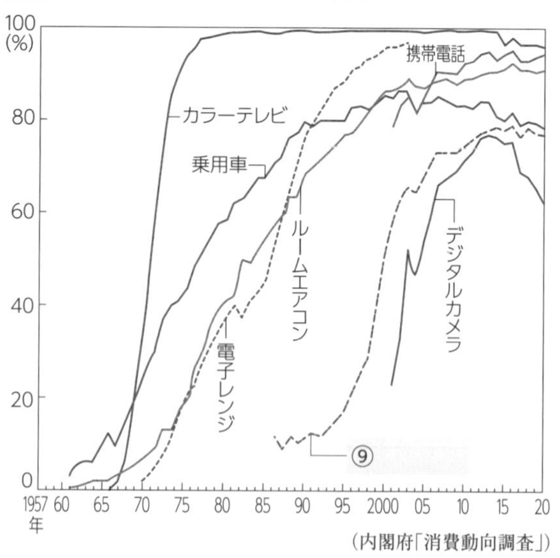

（内閣府「消費動向調査」）

▶次の[　　]に適語を書きなさい。

4 グローバル化の時代

① **グローバル化**…たくさんの人やもの，お金，情報などが[⑩　　　　]を越えて移動することで，世界の一体化が進んでいる。

② **国際競争の加速**…国内で生産された商品と外国から輸入された商品との間で，価格や品質の面で[⑪　　　　]がおこる⇨それぞれの国が競争力のある得意な産業に力を入れるようになり，国際[⑫　　　　]が進む。

③ **食の国際化**…近年の日本は，外国からの食料品の輸入が増えたことで，食料[⑬　　　　]が大きく低下している。

④ **国際問題の発生**…地球[⑭　　　　]化などの環境問題の深刻化，新型コロナウイルスによる肺炎や新型インフルエンザなどの[⑮　　　　]症の発生と拡大，豊かな国々と貧しい国々との間の経済[⑯　　　　]の広がりなど⇨将来の世代の幸福と現在の世代の幸福が両立できる「[⑰　　　　]可能な社会」の実現が望まれる。

⑩ ______
⑪ ______
⑫ ______
⑬ ______
⑭ ______
⑮ ______
⑯ ______
⑰ ______

5 情報化の進展

① **情報化とは**…社会において情報の果たす役割が大きくなること。新聞やテレビなどの[⑱　　　　]により特に多くの情報が伝えられる。近年はコンピュータや[⑲　　　　]などの情報通信技術(ICT)の発達により，世界中の人々との間で瞬時に情報の入手・共有・発信が可能に。

② **日常生活の変化**…[⑲]・ショッピングの普及により買い物が容易に。クレジットカードや電子マネーなどの普及により，現金をやりとりせずに買い物ができるように⇨[⑳　　　　]化の進行。

③ **情報化社会の注意点**…正しい情報や自分に必要な情報を適切に選択し，有効に活用することができる力である情報(メディア)[㉑　　　　]を身につけることが必要。個人情報の保護や情報モラルの確立も課題。

⑱ ______
⑲ ______
⑳ ______
㉑ ______

6 少子高齢社会

① **少子高齢化**…合計特殊[㉒　　　　]の低下による少子化と，医療技術の進歩と平均[㉓　　　　]の伸びにともなう高齢化が同時に進行。医療保険や年金などの[㉔　　　　]制度の整備が大きな課題となる。

㉒ ______
㉓ ______
㉔ ______

7 文化の役割

① **文化の種類**…言語・学問・芸術・宗教などの精神的文化と，道具や機械，社会資本などの物質的文化がある。[㉕　　　　]期の日本では物質的文化が急速に発達し，1960年前後には「三種の神器」と呼ばれた電気冷蔵庫，電気洗濯機，[㉖　　　　]が，1970年代には[㉗　　　　]と呼ばれたカラーテレビ，自動車，クーラー(エアコン)が全国の家庭に普及した。

② **伝統文化**…節句などの[㉘　　　　]行事，衣食住や冠婚葬祭，作法などの生活文化は，わたしたちの暮らしにも大きな影響を与えている。

③ **多文化の[㉙　　　　]**…グローバル化の進行⇨国籍や民族，宗教などの異なる人々が，たがいの文化を尊重し合うことが大切である。

㉕ ______
㉖ ______
㉗ ______
㉘ ______
㉙ ______

Step A　Step B　Step C

●時 間 20 分	●得 点
●合格点 75 点	点

解答▶別冊 7 ページ

1 [現代社会] 現代社会と暮らしについて，あとの各問いに答えなさい。 (5点×6－30点)

(1) わたしたちは，現在と将来の世代のさまざまなニーズを満たすような社会を形成しなければならない。そのような社会は「(　　　)可能な社会」と呼ばれ，その実現のためには「(　　　)可能な開発」が必要とされる。(　　　)に共通してあてはまる語句を，漢字２字で答えなさい。

(2) 現代における，日本の四季と主な年中行事をまとめた右の表の(a)～(d)にあてはまるものを，次のア～エからそれぞれ１つずつ選び，記号で答えなさい。

1月	正月 (a)	7月	(c)
2月	節分　立春	8月	立秋　お盆(盂蘭盆会)
3月	(b) 彼岸	9月	十五夜　月見　彼岸
4月	花祭り(灌仏会)	10月	秋祭り
5月	端午の節句	11月	立冬 (d)
6月	夏至	12月	冬至　大掃除　除夜

ア 七五三　**イ** 菊の節句
ウ 初もうで　**エ** 七夕
オ 桃の節句(ひな祭り)

(3) 現代の情報社会において，情報通信端末を利用できる者とできない者との格差を何というか。次のア～エから１つ選び，記号で答えなさい。

ア メディアリテラシー　**イ** デジタル・ディバイド
ウ ICT　**エ** グローバル化

(1)	(2)	a	b	c	d	(3)

〔沖縄・高田高－改〕

2 [現代社会] 情報通信と情報化社会について，次の問いに答えなさい。 (10点×3－30点)

(1) 次の資料は，情報通信に関する調査結果をもとに，主なメディアの年代別平均利用時間をまとめたものと，年代別に情報源としての重要度をまとめたものである。２つの資料を用いた発表として内容が適当なものを，あとのア～エからすべて選び，記号で答えなさい。

資料１　主なメディアの平均利用時間
(平日１日　2018年)　(単位：分)

年代	テレビ	インターネット	新聞
10代	71.8	167.5	0.3
20代	105.9	149.8	1.2
30代	124.4	110.7	3.0
40代	150.3	119.7	4.8
50代	176.9	104.3	12.9
60代	248.7	60.9	23.1

※テレビに録画視聴時間は含まない。　(総務省)

資料２　主なメディアの情報源としての重要度(2018年)

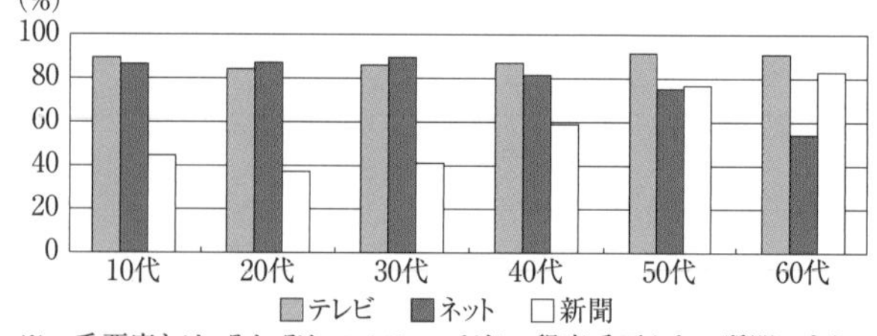

※　重要度とは，それぞれのメディアがどの程度重要かとの質問のうち，「非常に重要」「ある程度重要」と回答したものを重要度として合計したもの。　(総務省)

ア すべての年代で，主なメディアの平均利用時間は，テレビと新聞を合計した時間より，インターネットの時間の方が長い。

イ 20代は，ほかのすべての年代よりもインターネットの平均利用時間が長く，情報源としての重要度もインターネットについては他のすべての年代よりも高い。

ウ 新聞の平均利用時間は，年代が高いほど長く，30代以上のそれぞれの年代で新聞の情報源としての重要度はインターネットよりも高い。

エ 10代は，他のすべての年代よりもテレビの平均利用時間が短いが，10代の中での情報源としての重要度はテレビが最も高い。

(2) 情報化社会を生きる上で大切なことについて述べた内容として，適当でないものを次の**ア**～**エ**から１つ選び，記号で答えなさい。

ア インターネットから情報を入手するときには，情報源が正確かどうかを確認する。

イ 情報を発信するときには，自らの個人情報の取り扱(あつか)いに十分注意する。

ウ テレビ番組の情報はすべて中立的で正確なので，信頼して利用する。

エ 発信した情報が，自らの意図と異なる受け止め方をされる場合があることを認識する。

重要 (3) マスメディアやインターネットの情報は，世論に大きな影響(えいきょう)を与(あた)える。そのためわたしたちは，「情報を無批判に受け入れるのではなく，何がより客観的であり真実であるかを判断し活用できる能力」を養う必要があるが，この能力を何というか。カタカナで答えなさい。

(1)	(2)	(3)

〔岡山・鳥取〕

3 **[世界との結びつき] 若菜さんたちは，天ぷらうどんに使われるえびについて調べ，話し合うとともに，えびの輸入先であるベトナムの経済や貿易についても調べた。これに関する次の資料を見て，あとの問いに答えなさい。** (20点×2－40点)

資料１ 日本におけるえびの国内漁獲量と国別輸入量(2019年)

国内漁獲量		13,200
輸入量	インド	38,162
	ベトナム	30,962
	インドネシア	23,678
	アルゼンチン	16,216
	その他	50,061

(単位はｔ) (農林水産省資料)

話し合い

愛花さん：天ぷらうどんの材料を調べてみると，えびについては，国内漁獲(ぎょかく)量より輸入量がずいぶん多いことがわかるね。

誠さん　：そうだね。海外から輸入したもののほうが国内で生産したものより安い場合もあるよね。

若菜さん：貿易をとおして，世界の国々はどのように結びついているのかな。調べてみよう。

記述 (1) 若菜さんたちは，貿易をとおして世界が結びつきを強めていることと，国際分業が行われていることがわかった。国際分業とはどのようなことか，書きなさい。

記述 (2) 若菜さんは資料３を見て，ベトナムの輸出額と輸出品目が1995年から2018年において変化したことに気づいた。変化した理由について，資料２の内容をふまえて「グローバル化」という語を用いて説明しなさい。 〔滋賀一改〕

資料２ ベトナムの経済をめぐる動き

1986年	市場経済のしくみを導入
1995年	ASEANに加盟する
1998年	APECに正式に参加する
2009年	日本と経済連携協定を結ぶ

資料３ ベトナムの輸出額と輸出品の割合

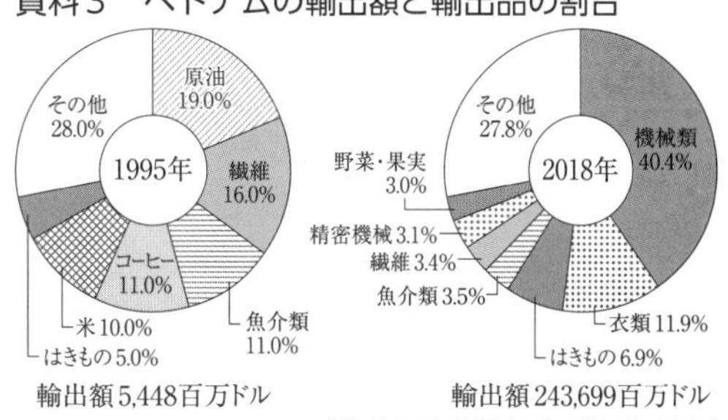

(2020/21年版「世界国勢図会」など)

(1)
(2)

月　日

2 個人と社会生活

Step A　Step B　Step C

解答▶別冊7ページ

▶次の　　に適語や数字を入れなさい。

1 トラブルの解決に必要なもの

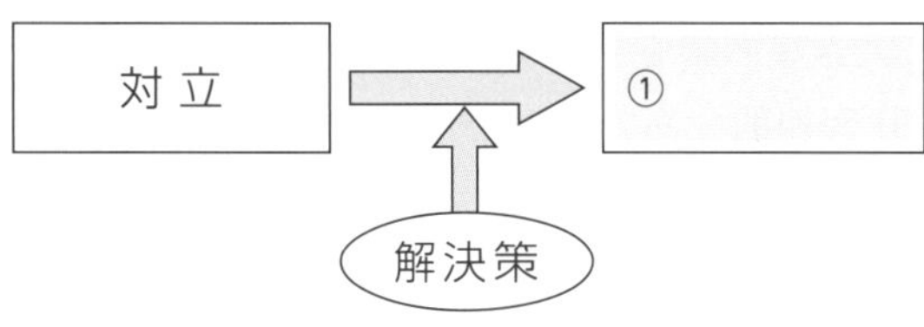

② …お金や労力，時間などが無駄なく使われているか。

③ …手続きの公正さ，機会や結果の公正さが確保されているか。

2 家族類型別世帯数の推移

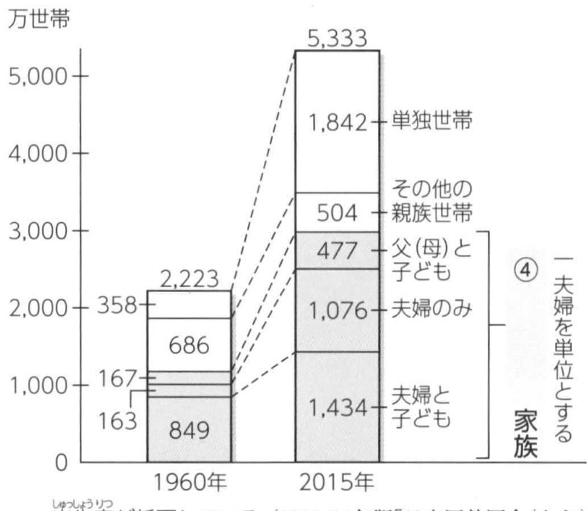

出生率が低下している（2020/21年版「日本国勢図会」など）

3 親等図と親族の範囲

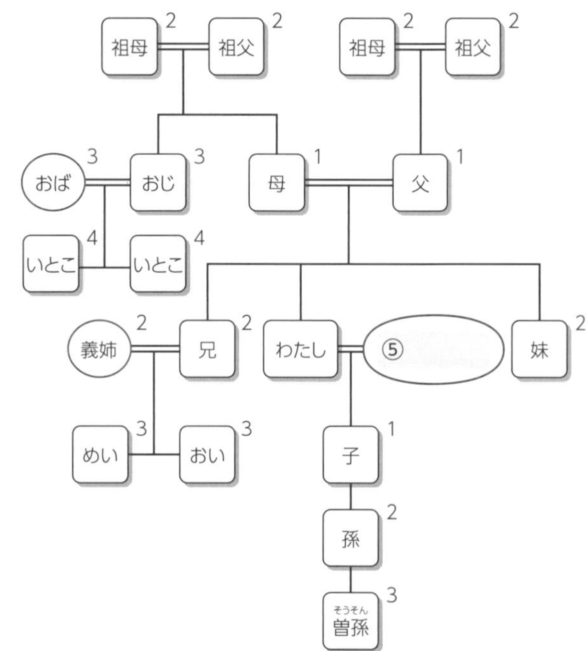

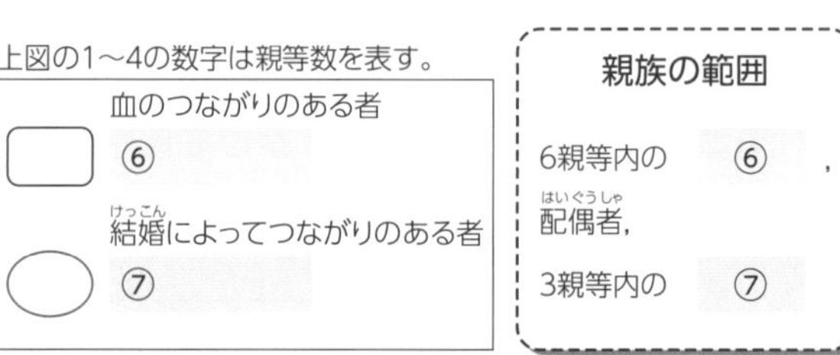

4 相続の戦前・戦後の比較

● 戦前の民法（旧民法）による相続

長子相続

⇨ ⑧　　のみが相続

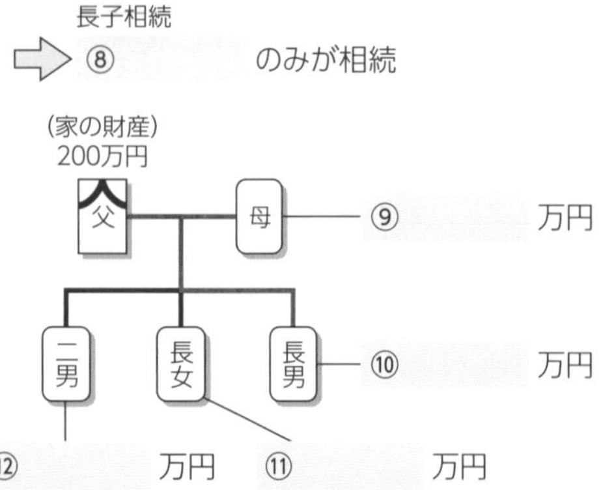

● 戦後の民法（新民法）による相続

一般の相続（法定相続分）

⇨ 母が ⑬　　分の1，

均分相続

残りは子どもが ⑭　　に分ける

法律に適合した書式

⇨ ⑲　　による相続もある

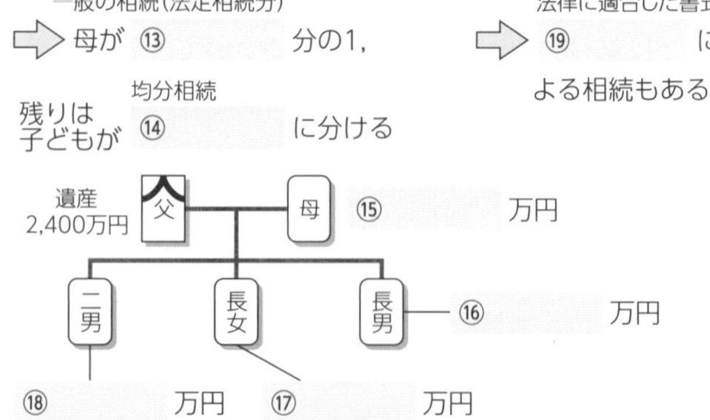

▶次の[　　]に適語を書きなさい。

5 社会生活ときまり

❶ **きまり**…集団には[⑳　　　　]生活を営むためにきまりがある。きまりには道徳や慣習，目的をもって定められた[㉑　　　　]がある。

❷ **社会生活**…異なった個性の人々が生活するため，[㉒　　　　]が発生することがある。その際，解決策を求める。

❸ **解決策の作成・決定**…みんなが納得できる解決策が必要。納得の判断基準は，無駄(むだ)を省くという[㉓　　　　]と，手続きや機会がみんなに平等であるかという[㉔　　　　]の観点が重要。全会一致や[㉕　　　　]で決定するが，[㉖　　　　]の尊重が大切。

6 家族生活

❶ **家族形態の多様化**…親と子ども，あるいは夫婦(ふうふ)だけの[㉗　　　　]が全世帯の約6割を占(し)めるようになる。近年は一人暮らしの[㉘　　　　]世帯の割合が増加している。

❷ **家族をめぐる問題**…[㉙　　　　]世帯の増加により，保育・学童施設(しせつ)の整備が課題となる。[㉚　　　　]の数が増え，[㉚]だけの世帯も増加していることから，[㉛　　　　]保険など社会保障制度のいっそうの充実が求められている→地域社会の役割も大切。

7 個人の尊厳と両性の平等

❶ **日本国憲法第24条**…[㉜　　　　]の尊厳と両性の本質的[㉝　　　　]の規定。

❷ **日本国憲法にもとづく新民法**…夫婦は[㉞　　　　]の権利をもち，たがいに協力しあうことを規定。

❸ **新民法での遺産の相続**…[㉟　　　　]が相続でき，また，子どもも性別にかかわりなく，等しく相続できる[㊱　　　　]相続。

❹ **子どもの養育や家族の介護**…夫婦どちらでも取得できる[㊲　　　　]休業法を1995年に制定。

❺ **結婚後の姓(せい)**…夫婦がそれまでの姓を名のる[㊳　　　　]を検討中。

❻ **男女の差別的取り扱(あつか)いの禁止**…職場での差別を禁止する[㊴　　　　]法を1985年に制定，その後の改正で，違反企業(いはんきぎょう)名の公表や，セクハラ防止義務なども追加された。

❼ **男女の区別なく能力を生かせる社会づくり**…男女[㊵　　　　]社会基本法を1999年に施行。

8 親族の範囲(はんい)と成人年齢

❶ **親族の範囲**…6親等内の血族，[㊶　　　　]，3親等内の[㊷　　　　]。

❷ **成人年齢(ねんれい)**…かつては20歳(さい)以上であったが，2018年の民法改正により2020年から[㊸　　　　]以上に。結婚(けっこん)できる年齢も，かつては男が18歳以上，女が16歳以上であったが，男女とも[㊹　　　　]以上とされた。

⑳ ______
㉑ ______
㉒ ______
㉓ ______
㉔ ______
㉕ ______
㉖ ______
㉗ ______
㉘ ______
㉙ ______
㉚ ______
㉛ ______
㉜ ______
㉝ ______
㉞ ______
㉟ ______
㊱ ______
㊲ ______
㊳ ______
㊴ ______
㊵ ______
㊶ ______
㊷ ______
㊸ ______
㊹ ______

月　日

Step A　Step B　Step C

●時間 20分	●得点
●合格点 75点	点

解答▶別冊7ページ

重要 **1** [家族生活] 次の文を読んで，あとの各問いに答えなさい。 (6点×7－42点)

「人間は社会的動物である」といわれている。人間は社会集団の中で生きているという意味である。最も基礎的な社会集団はa家族である。家族が生活している場を家庭という。家庭は男女の結婚によって成立する。今日の家庭は，夫婦と未婚の子どもで構成されている(　①　)家族が過半数をこえている。日本では，近代社会に入っても封建的家族制度が引きつがれた。(　②　)年に発布された大日本帝国憲法や，1898年に制定された民法のもとで，(　③　)の人格より(　④　)の維持が重視され，その責任者としての家長の支配する家族制度が国家にとって望ましいものとされた。

(　⑤　)年に施行された日本国憲法には，家族に関する法律は，「(③)の尊厳と両性の本質的平等に立脚して，制定されなければならない」(第24条)とあり，これにもとづいて民法も改正された。

戸籍も，かつては家長(戸主)を中心に(④)単位につくられていたが，新しい民法のもとでは夫婦とその子どもたちを単位として構成されている。また，財産相続や扶養に関するきまりも改められた。家族の間の争いもしばしば起こるが，その場合，当事者どうしで解決できないときには専門の立場から相談にのり，解決の方法を示す機関として(　⑥　)裁判所が設けられている。

(1) 文中の(　①　)～(　⑥　)にあてはまる語句や数字を答えなさい。

(2) 下線部aについて，現在の法律に照らして内容が正しいものを，次の**ア**～**エ**から1つ選び，記号で答えなさい。

ア　夫婦は結婚後，夫か妻のどちらの姓を名のってもよい。
イ　父親のみが親権者であり，成年に達しない子は父親の親権に服する。
ウ　子は，戸主が指定した場所に，その居所を定めなければならない。
エ　妻が財産をもつことは認められていない。

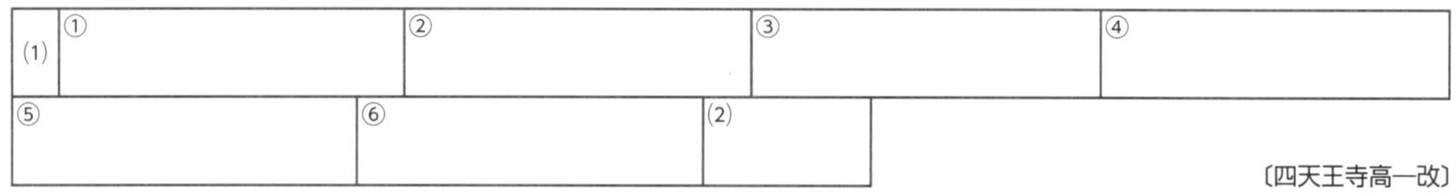

(1)	①	②	③	④
⑤	⑥	(2)		

〔四天王寺高一改〕

2 [女性の労働力率] 次の各問いに答えなさい。 (7点×2－14点)

(1) 次の文の□にあてはまる語句を書きなさい。

日本では，1999年に，社会のあらゆる活動に男女が対等に参画し，責任を負う社会の形成をめざす□法が制定された。

(2) 右のグラフの**ア**～**ウ**は，日本，アメリカ，スウェーデンのいずれかの国の，2018年における女性の年齢階層別人口に占める労働力人口の割合(女性の労働力率)を示したものである。日本にあてはまるものを1つ選び，記号で答えなさい。

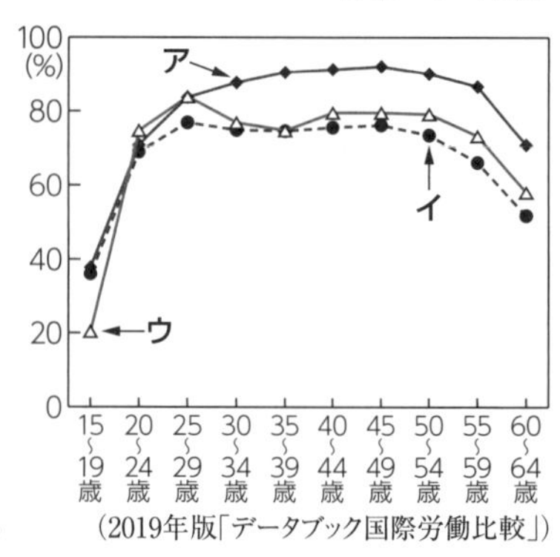

(2019年版「データブック国際労働比較」)

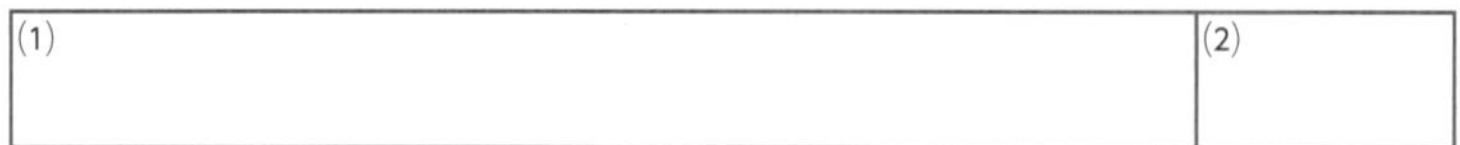

(1)	(2)

〔北海道一改〕

述 **3** [家族の形態] 家族の形について，図１と図２から読みとれる変化を書きなさい。 (10点)

図１　家族類型別世帯の割合

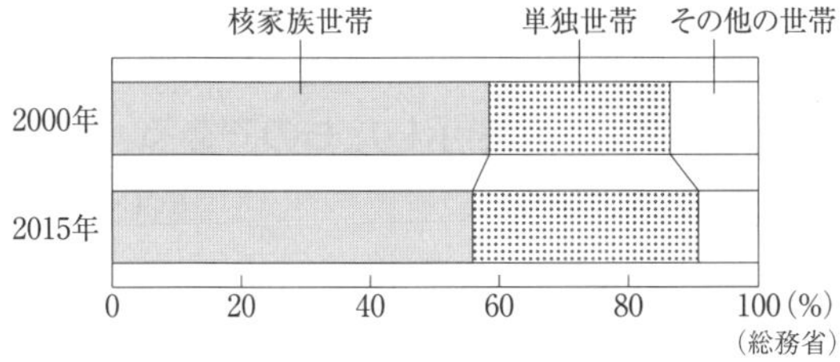

核家族世帯　単独世帯　その他の世帯

2000年

2015年

0　20　40　60　80　100(%)

(総務省)

図２　単独世帯数の推移

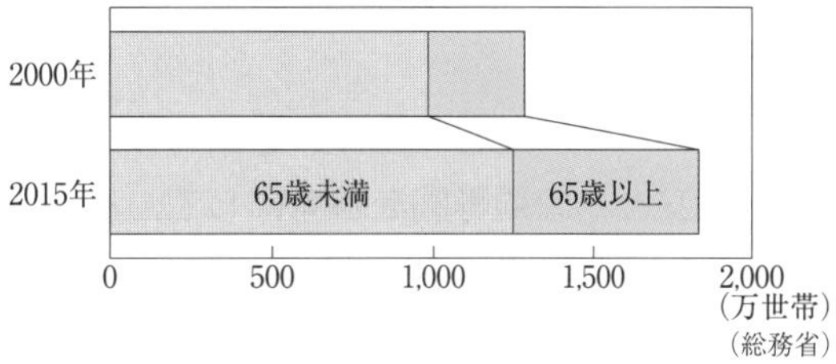

2000年

2015年　65歳未満　65歳以上

0　500　1,000　1,500　2,000 (万世帯)

(総務省)

〔秋　田〕

4 [対立と合意] 現代社会をとらえる見方や考え方について学習したことをまとめた下の図を見て，次の問いに答えなさい。 (8点×3−24点)

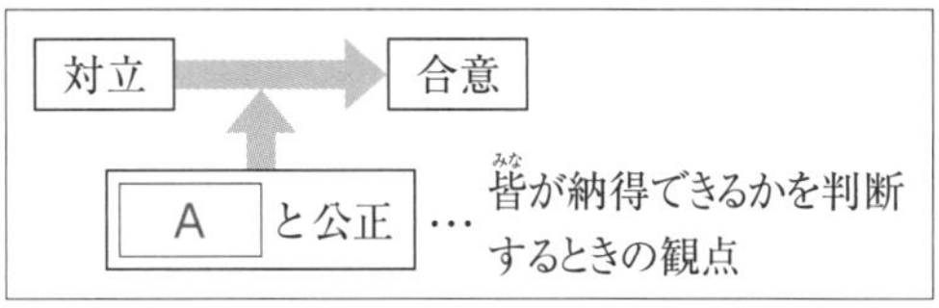

(1) 図中の［ A ］にあてはまる語句を次のア〜エから１つ選び，記号で答えなさい。

ア 調　整　　**イ** 効　率

ウ 効　果　　**エ** 妥(だ)　協(きょう)

(2) 図に関連して，次の文は採決の方法についてまとめたものである。文中の(　①　)(　②　)にあてはまる語句を答えなさい。

時間をかけて話し合っても意見が一致(いっち)しないことがある。この場合には，より多くの人が賛成する意見を採用する方法として(　①　)がよく用いられる。この方法を用いる際には，たがいの異なる意見をよく聞き，結論を出す前に(　②　)を尊重することが大切である。

(1)	(2)	①	②

〔山梨一改〕

述 **5** [決定の仕方] 次の文は，遠足の行き先についての話し合いのようすを進一さんがまとめたものである。進一さんが文中にあるような提案を行った理由について，簡潔に述べなさい。(10点)

わたしのクラスでは，35人全員による一人一票の投票で，遠足の行き先を決定することにしました。投票に際して，内容や展示物について全員で検討し，行き先の候補を水族館，博物館，美術館の３つに絞(しぼ)りました。このような手続きは，以前，奉仕(ほうし)活動の内容を「ペットボトルの回収」に決定したときにも行われました。そのときの投票結果は結果１に，遠足の行き先を決定するための投票の結果は結果２に示しています。結果２から遠足の行き先を水族館に決定しようとしたとき，クラスの多くの人から以前に奉仕活動の内容を決めたときと，今回の遠足の行き先を決めようとすることには，異なる点があるという意見が出ました。わたしも同じ意見をもっていたので，「水族館と博物館の２つに絞った上で，もう一度投票を行ってはどうか」と提案しました。

結果１

奉仕活動の内容	人数(人)
ペットボトルの回収	19
幼児への本の読み聞かせ	12
街頭での募金	4

結果２

遠足の行き先	人数(人)
水族館	15
博物館	14
美術館	6

〔宮城一改〕

月　日

Step A　Step B　Step C

●時 間 30 分	●得 点
●合格点 70 点	点

解答▶別冊 8 ページ

1 次の文は，誠(まこと)君の家に，いとこの勇士(ゆうじ)君が遊びにきたときの会話を示したものである。この会話文と右の親等図を参考にして，あとの問いに答えなさい。（8点×7－56点）

祖父 ― 祖母
おじ ― おば　　父 ― 母
勇士(いとこ)　　太郎(兄)　誠(本人)

母　：あら，いらっしゃい。勇士君，久しぶりだね。たしか仕事でアメリカに行ってたのよね。

勇士：お久しぶりです。そうなんです。今，商社でエネルギー関係の仕事をしています。a アメリカのエネルギー業界は大きく変動している最中で，勉強になりました。

祖父：勇士，忙(いそが)しそうだな。わたしも若いころは忙しかったよ。働き始めたのは1965年で，日本が(　①　)期と呼ばれていた時代だ。わたしが勤めていた時代もどんどん成長し，b 自分の生活も豊かになって，充実していたなあ。それで…。

太郎：おじいちゃん，昔話はそれぐらいにして，せっかくだから勇士さんの話を聞こうよ。僕(ぼく)は大学３年生で，もうすぐ就職活動を始めるんだけど，勇士さんは就職活動で苦労した？

勇士：そうだな，僕は2010年に就職したんだけど，２年前に(　②　)ショックがあってね。すごく苦労したよ。就職できなかった友達もたくさんいた。でも，今は景気が上向いているから大丈夫じゃないかな。

父　：そうか，勇士君も苦労したのか。わたしは1995年に就職したんだけど，ちょうど(　③　)経済崩壊(ほうかい)の直後で，就職難の時代だったよ。太郎は，どんな職業に就きたいんだ？

太郎：今のコンビニの仕事がおもしろくてね。だから流通業や小売業を希望している。

勇士：誠君は，高校生だよね。将来，どんな職業に就きたい？

誠　：うーん，今のところ特にないんだよね。勇士さん，お勧めの仕事ってない？ c いとこなんだから教えてよ。

勇士：これからは，何が成長し，何が衰退(すいたい)するか，まったくわからない時代だと思うよ。そんなときに大事なのは，その時々に自分の頭で考えることだと思う。だから，しっかりと勉強して，世の中を広く見るようにしてみたらどうかな。

母　：じゃあ，そろそろご飯にしましょうか。勇士君も食べていってね。

勇士：はい，では，お言葉に甘(あま)えます。うちは d 両親と僕の３人なので，この家のように，大人数でにぎやかにご飯を食べる経験が少ないんです。今日みたいな機会は，本当にうれしいです。

(1) 文中の(　①　)～(　③　)にあてはまる語句を，それぞれ答えなさい。

(2) 下線部 a に関連して，近年アメリカで実用化された資源で，頁岩(けつがん)と呼ばれる硬(かた)い岩の層に閉じ込められた状態の天然ガスのことを何と呼ぶか。カタカナで答えなさい。

(3) 下線部 b に関連して，この時期には，３Ｃと呼ばれる生活用品も普及(ふきゅう)した。次の**ア**～**オ**のうち，３Ｃにあてはまらないものをすべて選び，記号で答えなさい。

ア クーラー　**イ** 冷蔵庫　**ウ** 自動車　**エ** カラーテレビ　**オ** コンピュータ

(4) 下線部 c に関連して，「いとこ」は何親等にあたるか。右上の親等図を参考にして，数字で答えなさい。

(5) 下線部 d に関連して，このような家族は何と呼ばれるか，答えなさい。

(1)	①	②	③	(2)
(3)		(4) 親等	(5)	

〔愛光高―改〕

2 次の文を読んで，あとの問いに答えなさい。 (8点×3―24点)

わたしたちの生活の中には，a 学校や地域など身近なところにきまりがある。きまりには，法律や条例などもある。その法律は，選挙によって選ばれた国会議員で構成される国会で制定される。さらに，最高法規として日本国憲法がある。これらの b きまりは，わたしたちの生活に深く関わっている。

記述 (1) 下線部 a に関して，クラスの話し合いでは，十分に議論したあと多数決により集団の意思決定をすることがある。このとき，多数決で結論を出すにあたって配慮(はいりょ)すべきことについて，「少数」という語を使って，簡潔に書きなさい。

(2) 下線部 b に関して，きまりの意義について述べた次の文中の(　①　)，(　②　)にあてはまる語句を，あとの**ア**～**エ**から１つずつ選び，記号で答えなさい。

わたしたちは，家庭や学校などのさまざまな集団に所属しながら生活している。そして，そのような集団に所属するわたしたちは，ひとりひとり個性があり，多様な考え方や価値観，また，(　①　)の違(ちが)いもある。そこで，人はきまりをつくり，それを守ることによって，それぞれの権利や利益を保障している。特に，日本国憲法や法律などの決まりは，社会生活を営む上での(　②　)にもなっている。

ア 規範(きはん)　**イ** 対立　**ウ** 利害　**エ** 効率

(1)		
(2)	①	②

〔長 野〕

記述 3 ゆたかさんの中学校では，体育祭の競技種目について，生徒会執行部が全校生徒にアンケート調査を実施(じっし)し，その結果を参考に決定することにした。次の資料Ⅰは，アンケート結果をクラスごとにまとめたもので，資料Ⅱは，その後の生徒会執行部の話し合いの様子である。資料Ⅱの(　①　)と(　②　)にはどのような理由が入るか，資料Ⅰから読みとれることにふれて，簡潔に書きなさい。 (10点×2―20点)

資料Ⅰ

競技種目＼生徒数	1年1組	1年2組	2年1組	2年2組	3年1組	3年2組
	30	30	30	30	30	30
玉入れ	5	13	15	15	7	15
長縄跳び	4	5	1	2	4	4
綱引き	21	12	14	13	19	11

資料Ⅱ

生徒会役員A：アンケートの結果を見て，みなさんはどう思いますか。
生徒会役員B：わたしは，玉入れがよいと思います。その理由は，(　①　)からです。
生徒会役員C：わたしは，綱引きの方がよいと思います。その理由は，(　②　)からです。

①
②

〔岩 手〕

3 人権の尊重と近代民主主義

Step A　Step B　Step C

解答▶別冊8ページ

▶次の　　　に適語や数字を入れなさい。

1 人権確立の歴史

年	国・組織	出来事
1215	イギリス	①　　　(大憲章)成立
1628	イギリス	権利の請願
1642	イギリス	②　　　革命
1688	イギリス	③　　　革命
1689	イギリス	④　　　発布
1690	イギリス	⑤　　　が『統治二論』発表
1748	フランス	⑥　　　が『法の精神』発表
1762	フランス	⑦　　　が『社会契約論』発表
⑧	アメリカ合衆国	独立宣言，バージニア権利章典発表
1788	アメリカ合衆国	合衆国憲法発布
1789	フランス	革命中に ⑨　　　発表
1848	フランス	二月革命
〃	ドイツ	⑩　　　，エンゲルスが『共産党宣言』発表
1863	アメリカ合衆国	⑪　　　大統領が奴隷解放宣言
1889	日本	大日本帝国憲法発布
1917	ソビエト連邦	ロシア革命
1919	⑫	ワイマール憲法発布
1925	日本	25歳以上の男子に選挙権 (⑬　　　法)，治安維持法
1939		第二次世界大戦(～1945年)
⑭	日本	日本国憲法公布
1948	国際連合	⑮　　　宣言発表
1966	国際連合	⑯　　　規約発表

2 基本的人権の分類

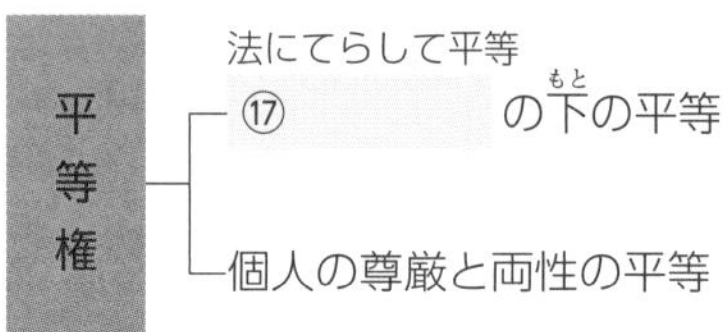

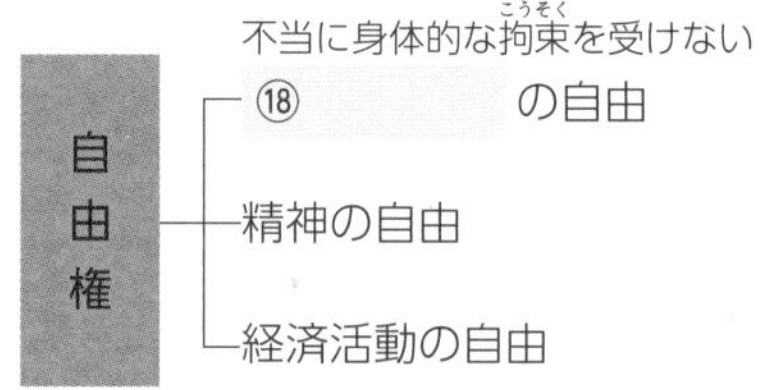

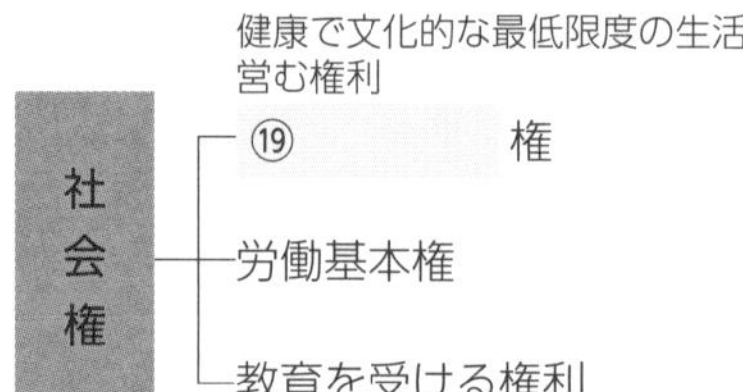

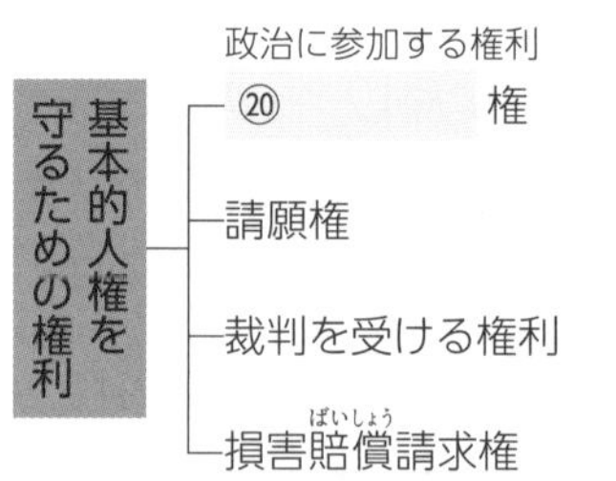

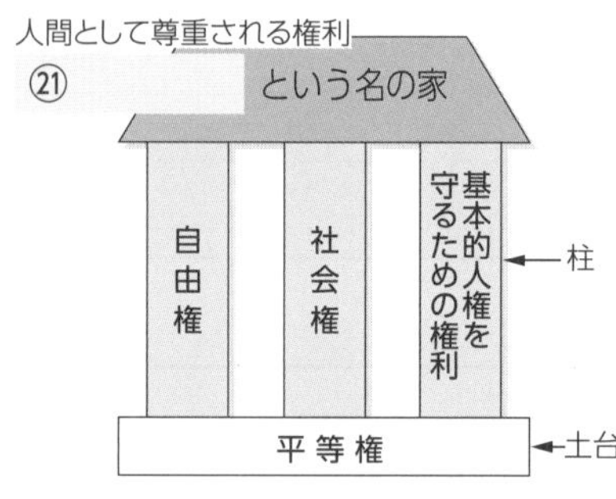

▶次の[　　]に適語を書きなさい。

3 啓蒙思想家と代表的作品

1 『統治二論(市民政府二論)』の著者……[㉒　　　　]は，イギリスの思想家で，国民の意思で政府は変えられる(抵抗権)と主張した。

2 『社会契約論』の著者…[㉓　　　　]は，フランスの思想家で，人民主権を主張した。

3 『法の精神』の著者…[㉔　　　　]は，フランスの思想家で，三権分立による権力の抑制と均衡を主張した。

4 『学問のすゝめ』の著者…[㉕　　　　]は，日本で近代的な民主主義思想を広めた。

5 『社会契約論』を翻訳し，天賦人権論を紹介する…[㉖　　　　]は，日本で自由民権運動に影響を与えた。

㉒
㉓
㉔
㉕
㉖

4 人権発達をうながした宣言・憲法

1 イギリスの[㉗　　　　]…「国王は王権によって，議会の承認なしに法律の効力や執行を停止できるといっているが，そのようなことは違法である」と，国王に議会と国民の権利を再確認させた。

2 フランス革命で出された宣言…第１条で「人は生まれながらに，自由で平等な権利をもつ」と発表された[㉘　　　　]。

3 [㉙　　　　]の独立宣言…「われわれは，自明の真理として，すべての人は平等につくられ，造物主によって一定の奪いがたい天賦の権利を付与され，その中に生命，自由及び幸福の追求の含まれることを信ずる……」。

4 初めて社会権の保障を規定させた憲法…1919年にドイツで制定された[㉚　　　　]。

5 1948年に国際連合の総会で採択…第１条で「すべての人は生まれながらに自由であって，その尊厳と権利については平等である」と示された[㉛　　　　]宣言。

㉗
㉘
㉙
㉚
㉛

5 基本的人権の内容

1 自由権…身体の自由，[㉜　　　　]の自由，[㉝　　　　]の自由の３つに分けられる。

2 [㉞　　　　]権…基本的人権の中心，土台となる権利。

3 [㉟　　　　]権…20世紀になって登場してきたとされる権利。その中心となるのは，すべての人々が「健康で文化的な最低限度の生活を営む権利」である[㊱　　　　]権。

4 その他の[㉟]権…勤労の権利，労働組合をつくる権利などを内容とする[㊲　　　　]権や教育を受ける権利。

5 基本的人権を守るための権利…国の政治に参加し，その政治を動かす権利の[㊳　　　　]権や公正な[㊴　　　　]を受ける権利，請求権なども含まれる。

㉜
㉝
㉞
㉟
㊱
㊲
㊳
㊴

Step A　Step B　Step C

●時 間 20 分	●得 点
●合格点 75 点	点

解答▶別冊 9 ページ

1 [人権の確立と尊重] 次の文を読んで，あとの各問いに答えなさい。（4点×10－40点）

a 人権尊重の考え方は，17世紀から18世紀にかけて，ヨーロッパにおいて当時の b 政治のあり方を批判することによって発展してきた。特に18世紀には，c「人は生まれながらにして，自由で平等な権利をもつ」と宣言され，のちに憲法として確立された。

20世紀になり，人間たるに値(あたい)する生活の保障や労働者の団結権など，d 社会権が確立された。こうして，基本的人権は，自由権的基本権から社会権的基本権に拡大されていった。

(1) 下線部 a について，1215年に，イギリスのジョン王が貴族の要求に応じて，貴族の権利を認めた文書を何というか，答えなさい。

(2) 次の文は，下線部 b に関連した思想家について述べたものである。それはだれか。あとの**ア**～**オ**から１つ選び，記号で答えなさい。

「人は生まれながらにして自由である。しかし，いたるところで鉄製の鎖(くさり)につながれている」と当時の政治を批判し，人権の確立と人民主権による民主制を説いた。

ア　ロック　　**イ**　モンテスキュー　　**ウ**　ルソー
エ　ナポレオン　　**オ**　リンカーン

(3) 下線部 c は，1789年にある国で宣言された内容の一部である。次の**ア**～**オ**からかかわりあいのあるできごとを１つ選び，記号で答えなさい。

ア　アメリカ独立戦争　　**イ**　南北戦争　　**ウ**　名誉(めいよ)革命
エ　ピューリタン革命　　**オ**　フランス革命

(4) 下線部 d について，1919年にドイツで，世界で初めて社会権を保障した憲法が制定された。この憲法の名称(めいしょう)を答えなさい。

(5) 次の人権に関する６つの文章のうち，あとのＡ～Ｅの文章であるものをそれぞれ１つ選び，記号で答えなさい。

ア
第151条　経済生活の秩序(ちつじょ)は，すべての人に人間たるに値する生活を保障することをめざす…

イ
われわれは以下のことを自明の真理であると信じる。すなわち，人間はみな平等につくられていること，…創造主によって与(あた)えられていること…

ウ
いかなる自由民も，正当な裁判または国の法律によらねば…逮捕(たいほ)または監禁(かんきん)され…またはその他の方法によって侵害(しんがい)されることはない。

エ
第１条　すべての人は生まれながらに自由であって，…たがいに同胞(どうほう)の精神をもって行動しなければならない。
第２条　すべての人は，人種，皮膚(ひふ)の色，性別…，

オ
第１条　人は生まれながら，自由で平等な権利をもつ。社会的な区別は，ただ公共の利益に関係のある場合にしか設けられてはならない。

カ
第１条　議会の同意なしに，国王の権限によって法律とその効力を…違法(いほう)である。
第２条　国王に請願(せいがん)…したことを理由に監禁や裁判にかけることは違法である。

A　フランス人権宣言　　B　権利(の)章典　　C　世界人権宣言
D　ワイマール憲法　　E　アメリカ独立宣言

(6) 次のX・Yの文の正誤の組み合わせとして正しいものを，あとの**ア〜エ**から1つ選び，記号で答えなさい。

X　イギリスでは17世紀に牢獄(ろうごく)を襲撃(しゅうげき)するなどの市民革命が起こり，国王とその后(きさき)が処刑(しょけい)された。

Y　アメリカでは18世紀の独立宣言の中で，政府が人々の自由や幸福追求の権利を妨(さまた)げているとき，人々は新たな政府を組織する権利を有することが主張された。

ア　X－正　Y－正　　**イ**　X－正　Y－誤　　**ウ**　X－誤　Y－正　　**エ**　X－誤　Y－誤

(1)		(2)	(3)	(4)	
(5) A	B	C	D	E	(6)

〔函館ラ・サール高〕

要 **2** ［人権とマスコミ，今日の問題］次の文を読んで，文中の(　①　)〜(　⑮　)にあてはまる語を答えなさい。　(4点×15－60点)

基本的人権の考え方は，イギリスの思想家で抵抗(ていこう)権を著書(　①　)で説いた(　②　)，フランスの思想家で三権分立を著書(　③　)で説いた(　④　)や，同じくフランスの思想家で人民主権を著書(　⑤　)で説いた(　⑥　)らにより展開され，(①)の影響(えいきょう)を受けた1776年の(　⑦　)宣言や，1789年の(　⑧　)宣言をへて確立された。当時は，国家の支配を排除(はいじょ)するための(　⑨　)権，そして平等権が権利の中心と考えられていた。

その後の産業革命により，(　⑩　)主義の発展が大量の労働者を生み出した結果，労働運動が盛んになり，そうした中で生存権や労働権などの(　⑪　)権が主張されるようになった。そして，この権利は1919年，ドイツの(　⑫　)憲法の中で成文化されるに至った。

第二次世界大戦後になると，民族や人種をこえて人権の尊重・遵守(じゅんしゅ)がうたわれ，1948年の第3回国際連合総会では(　⑬　)宣言が採択(さいたく)された。さらに1966年に成立した(　⑭　)では，(⑬)宣言が条約化され，法的拘束(こうそく)力をもつこととなった。

現代では新しい人権をめぐる問題も生まれている。たとえば，本来自分の意思表示をすみやかに行うために，表現の自由が保障され，そのためのじゅうぶんな知識・情報を知る権利も主張される。一方で，プライバシーに対する保護の必要性は，情報化社会の進展とともにいっそう高まり，とりわけマスコミの自重が強く求められている。また，パソコンなどでの情報をやりとりする(　⑮　)が普及(ふきゅう)した今日，他人を匿名(とくめい)で誹謗中傷(ひぼうちゅうしょう)する表現が見られ，対策が急がれる。

①	②	③	④
⑤	⑥	⑦	⑧
⑨	⑩	⑪	⑫
⑬	⑭	⑮	

 日本国憲法の基本原則

Step A　Step B　Step C

解答▶別冊 9 ページ

▶次の　　　に適語や数字を入れなさい。

1 法の種類

国内法（下記のほか，慣習法も法の一種である。）

国の最高法規
①
- 法律
  刑法・民法・商法など
- 命令
  政令（内閣）
  府令（内閣総理大臣）
  省令（各省大臣）
- 条例
  （地方公共団体が制定）

国際法
国家間による文書の合意
②　　　　・国際慣習法

2 日本国憲法と大日本帝国憲法の比較

	大日本帝国憲法	日本国憲法
発布	1889年2月11日	③　　　年11月3日公布
制定方法	欽定憲法（君主が制定）	民定憲法〔国民（国会）が制定〕
主権	④　　　主権	⑤　　　主権
天皇の地位	元首（日本の統治権をもつ）	⑥　　　（日本国民統合の⑥）
内閣	天皇を助ける輔弼機関	国会の信任にもとづく ⑦　　　制
国会	天皇に対する協賛機関	国民の代表者による国権の ⑧
	⑨　　　院と ⑩　　　院	⑪　　　院と ⑫　　　院
裁判所	天皇の名による裁判	国会・内閣から独立して司法権を行使
軍隊	天皇が統帥権をもち，内閣・国会から独立	⑬　　　主義（第9条により戦力の不保持）
国民の権利	国民は ⑭　　　と呼ばれ，法律で ⑮　　　が制限	⑯　　　の尊重・保障
改正	天皇が憲法改正の発議権をもつ	⑰　　　が発議し，⑱　　　を行い決定

3 日本国憲法の3つの基本原則

三原則	憲法の条文
国民主権	〈前　文〉 日本国民は，正当に選挙された国会における ⑲　　　を通じて行動し，（中略）ここに ⑳　　　が国民に存することを宣言し，この憲法を確定する。 〈第1条〉 天皇は，日本国の ㉑　　　であり（中略）この地位は，㉒　　　の存する日本国民の総意に基く。
基本的人権の尊重	〈第11条〉 国民は，すべての ㉓　　　の享有を妨げられない。 〈第97条〉 この憲法が日本国民に保障する ㉔　　　は，人類の多年にわたる自由獲得の努力の成果であつて，これらの権利は，（中略）現在及び将来の国民に対し，侵すことのできない永久の権利として信託されたものである。
平和主義	〈第9条〉 ①日本国民は，正義と秩序を基調とする国際平和を誠実に希求し，㉕　　　の発動たる ㉖　　　と，武力による威嚇又は武力の行使は，㉗　　　を解決する手段としては，永久にこれを ㉘　　　する。 ②前項の目的を達するため，陸海空軍その他の ㉙　　　は，これを保持しない。 国の ㉚　　　は，これを認めない。

▶次の[　　]に適語を書きなさい。

4 日本国憲法の基本原則，国民主権と平和主義

1 **主権者**…日本国憲法で国民主権の原則が規定され，大日本帝国憲法で主権者だった天皇は，日本国の[㉛　　　　]となる。

2 **日本の政治**…国民が選挙で選んだ国会議員によって進められる[㉜　　　　]民主制が原則である。

3 **核に対する国の方針**…日本は，核兵器を「もたず，つくらず，もちこませず」という[㉝　　　　]をとる。

4 **1954年につくられた[㉞　　　　]**…政府は「自衛のための必要最小限の実力」とし，憲法第９条にも違反しないとしている。

5 平 等 権

・**憲法第14条**…「すべて国民は，法の下に[㉟　　　　]であつて，人種，信条，性別，社会的身分又は門地により，政治的，経済的又は社会的関係において，差別されない。」と基本的人権のうち，[㉟]権を保障している。

6 自 由 権

1 **憲法第18条**…国民は奴隷のように拘束されないこと，第36条では，拷問や残虐な刑罰を受けないことなど[㊱　　　　]の自由を保障している。

2 **憲法第19条**…[㊲　　　　]・良心の自由，第20条で信教の自由，第21条で集会・結社の自由や[㊳　　　　]・出版の自由のような表現の自由など精神の自由を保障している。

3 **憲法第22条**…居住・移転・[㊴　　　　]選択の自由，第29条では財産権の不可侵を規定して，国民の経済活動の自由を保障している。

7 社 会 権

1 **新しい基本的人権**…1919年にドイツのワイマール憲法に規定されて以来，[㊵　　　　]権が世界の国々で認められるようになった。

2 **憲法での社会権の保障**…第25条の[㊶　　　　]権に表れ，「すべて国民は，健康で文化的な最低限度の生活を営む権利を有する」とある。

3 **憲法第26条**…能力に応じて等しく[㊷　　　　]を受ける権利。第27条の勤労の権利も社会権。

4 **政治に参加する権利**…[㊸　　　　]権には，選挙権・被選挙権・憲法改正の国民投票権などがある。また，政治に関する要望を国会などに出す[㊹　　　　]権がある。

5 **人権の侵害**…政府や裁判所に訴え出る[㊺　　　　]権がある。

8 新 し い 人 権

1 **憲法に規定のない新しい権利**…個人についての情報を守る[㊻　　　　]の権利や，良好な環境を求める[㊼　　　　]権の主張。

2 **情報公開法**…政府や地方公共団体に情報の公開を義務づける。国民の[㊽　　　　]権利を具体化するために，2001年から施行。

㉛ ____
㉜ ____
㉝ ____
㉞ ____
㉟ ____
㊱ ____
㊲ ____
㊳ ____
㊴ ____
㊵ ____
㊶ ____
㊷ ____
㊸ ____
㊹ ____
㊺ ____
㊻ ____
㊼ ____
㊽ ____

Step A　Step B　Step C

●時 間 20 分	●得 点
●合格点 75 点	点

解答▶別冊９ページ

重要 **1** ［日本国憲法の原則］ 次の文は日本国憲法について述べている。文中の（ ① ）については漢字４字で，（ ② ）～（ ⑩ ）については下記の語群から選び，記号で答えなさい。 (4点×10−40点)

憲法は，国民主権・基本的人権の尊重・（　①　）の３つの基本原則をうたっている。国民主権については，「そもそも国政は，国民の厳粛な信託によるものであつて，その（　②　）は国民に由来し，その権力は（　③　）の代表者がこれを行使し，その（　④　）は国民がこれを享受する。これは人類普遍の原理であり，この憲法は，かかる原理に基くものである。われらは，これに反する一切の憲法，法令及び詔勅を排除する。」と定めている。基本的人権については「侵すことのできない（　⑤　）の権利」と述べ，自由権・平等権・社会権などの権利を保障している。（ ① ）については，憲法第９条で「日本国民は，（　⑥　）と秩序を基調とする（　⑦　）を誠実に希求し，国権の発動たる（　⑧　）と武力による威嚇又は武力の行使は，国際紛争を解決する手段としては，（ ⑤ ）にこれを放棄する。」と定めている。さらに，「前項の目的を達するため，陸海空軍その他の（　⑨　）は，これを保持しない。国の（　⑩　）は，これを認めない。」と（ ① ）をうたっている。

〔語群〕

ア 戦争	**イ** 秩序	**ウ** 正義	**エ** 戦力	**オ** 国民
カ 永久	**キ** 権威	**ク** 福利	**ケ** 国権	**コ** 権力
サ 調和	**シ** 権力分立	**ス** 永遠	**セ** 国際平和	**ソ** 交戦権

①	②	③	④	⑤	⑥	⑦

⑧	⑨	⑩

〔東山高〕

2 ［日本国憲法の特色］ 次の文を読んで，あとの各問いに答えなさい。((1)～(7)5点×8，(8)4点×5−60点)

日本は第二次世界大戦後，それまでの a 大日本帝国憲法の改正によって，b 日本国憲法を制定した。日本国憲法は，３つの基本原則からなり，主権者は c 天皇から国民となり，憲法で保障されている基本的人権には，d 自由権，平等権，e 社会権や人権の保障を実現するための権利(参政権・請求権)などがあり，近年では f 新しい人権も認められている。そして，二度と戦争を起こさないという決意のもとに，g 前文や第９条などで h 平和主義を徹底することにした。

(1) 下線部 a の説明として誤っているものを，次の**ア**～**エ**から１つ選び，記号で答えなさい。

ア　議会は天皇の協賛機関である。　　**イ**　基本的人権は法律の範囲内でのみ保障された。

ウ　天皇の名で司法権が行使された。　　**エ**　内閣は議会に対して責任を負った。

(2) 下線部 b についての説明として正しいものを，次の**ア**～**エ**から１つ選び，記号で答えなさい。

ア　天皇は神聖にして侵すべからずとしている。

イ　公務員は全体の奉仕者であると定めている。

ウ　天皇が内閣の指名にもとづいて，内閣総理大臣を任命するとしている。

エ　憲法改正は，いずれかの議院の総議員の３分の２以上の賛成で発議される。

(3) 下線部 c について，天皇の国事行為の説明として誤っているものを，次の**ア**～**エ**から１つ選び，記号で答えなさい。

ア　内閣を召集する。　　**イ**　国会議員の総選挙の施行を公示する。
ウ　栄典を授与する。　　**エ**　外国の大使及び公使を接受する。

(4) 下線部dについて，次の各問いに答えなさい。

①次の日本国憲法の条文中の(　　)にあてはまる語句を答えなさい。

> 集会，結社及び言論，出版その他一切の(　　)の自由は，これを保障する。

②次の条文のうち，誤りを含むものを1つ選び，記号で答えなさい。

ア　いかなる教育団体も，国から特権を受け，又は政治上の権力を行使してはならない。
イ　検閲は，これをしてはならない。通信の秘密は，これを侵してはならない。
ウ　何人も，公共の福祉に反しない限り，居住，移転及び職業選択の自由を有する。
エ　何人も，いかなる奴隷的拘束も受けない。

(5) 下線部eについての説明として正しいものを，次の**ア**～**エ**から1つ選び，記号で答えなさい。

ア　健康で文化的な最低限度の生活を営む権利を有する，という幸福追求権を定めた。
イ　男女共同参画社会基本法が定められ，教育を受ける権利が保障されている。
ウ　国民は勤労の権利を有し，労働条件に関する基準は法律で定めることとしている。
エ　個人の尊厳と両性の本質的平等が，あらゆる面で尊重される。

(6) 下線部fの説明として誤っているものを，次の**ア**～**エ**から1つ選び，記号で答えなさい。

ア　人間らしい生活環境を求める権利として環境権が主張されるようになった。
イ　国などに対して，わたしたちの希望を述べる請願権が主張されるようになった。
ウ　自分の生き方を自分で決定するべきだという，自己決定権が主張されるようになった。
エ　国などがどのような活動をしているのかを知る権利が主張されるようになった。

(7) 下線部gについて，次の日本国憲法の前文中の(　A　)，(　B　)にあてはまる語句の組み合わせとして正しいものを，あとの**ア**～**カ**から1つ選び，記号で答えなさい。

> …(　A　)の行為によつて再び戦争の(　B　)が起こることのないやうにすることを決意し，ここに主権が国民に存することを宣言し，この憲法を確定する。…

ア　A－世界　B－惨禍　　**イ**　A－政府　B－惨禍　　**ウ**　A－人類　B－惨禍
エ　A－世界　B－犯罪　　**オ**　A－政府　B－犯罪　　**カ**　A－人類　B－犯罪

(8) 下線部hについて，第二次世界大戦後の日本の安全保障に関する次の**ア**～**オ**の文が正しければ○，誤っていれば×で答えなさい。

ア　日米両政府は，非核三原則が返還後の沖縄のアメリカ軍にも適用されると合意している。
イ　自衛隊の前身である保安隊は，朝鮮戦争の開始とともに創設された。
ウ　自衛隊はこれまで，PKO(国連平和維持活動)として海外に派遣されたことはない。
エ　沖縄の日本本土復帰後の今日も，在日アメリカ軍施設面積の約75%が沖縄県にある。
オ　日米安全保障条約を締結した年，日本は国際連合に加盟した。

(1)	(2)	(3)	(4) ①	(4) ②	(5)	(6)

(7)	(8) ア	イ	ウ	エ	オ

〔筑波大附高・高田高・清風南海高－改〕

月　日

Step A　Step B　Step C-①

●時間 30分	●得点
●合格点 70点	点

解答▶別冊10ページ

1 次の文を読んで，あとの各問いに答えなさい。　((4)13点，他7点×9−76点)

日本国憲法は，第13条で，「すべて国民は，（　①　）として尊重される。生命，自由及び幸福追求に対する国民の権利については，（　②　）に反しない限り，立法その他の国政の上で，最大の尊重を必要とする。」と表現している。

個人は，おたがいに（　③　）でなければならない。そのことを，第14条で，「すべて国民は，法の下に（③）であつて，人種，信条，a 性別，社会的身分又は門地により，政治的，経済的又は社会的関係において，差別されない。」と表現している。

基本的人権は，単に日本国憲法の原理であるだけでなく，世界的に普遍的な原理であると考えられている。世界では，特に国連において，その内容について議論されている。1948年に世界人権宣言が採択され，さらに1966年に人権保障の水準を規定した（　④　）規約が採択された。また人種差別撤廃条約，b 女子差別撤廃条約，（　⑤　）も採択された。

日本国憲法が公布されたのは，昭和（　⑥　）(1946)年11月3日であるが，そのときと現在で，状況が大きく異なったことの1つには，科学技術の進歩がある。その科学技術の進歩によって人権についてどのように考えるかという新たな課題が起こった。

特に最近では，生命科学の発展が顕著であり，それはc 医療の分野に応用され，一般の人々の関心も高い。そしてそのことは同時にまたd 技術的には可能だが，それは許されるのだろうかという課題を引き起こすことがある。

(1)（　①　）〜（　③　）に適切な語を入れなさい。

(2) 下線部aについて，男女の平等を，家庭生活を含めたより一層広い分野で具体化し，両者が協力するために1999年に制定された法律を何というか，答えなさい。

(3)（　④　）に入れるのに適切な語を漢字4字で答えなさい。

(4) 下線部bの条約の批准に対応させて日本国内で制定された法律は何か，答えなさい。

(5)（　⑤　）にあてはまる，子どもを権利の主体とし，思想良心の自由や集会の自由などを保障した条約名を何というか，答えなさい。

(6)（　⑥　）にあてはまる数字を答えなさい。

(7) 下線部cに関して，医療現場で，自分の処置方法を医師と十分に話し合い，納得したうえで治療を受けることを何というか，答えなさい。

(8) 下線部dに関連する事柄として，臓器移植についてドナーカードに記入しておくのは，何という考え方にもとづいているか。次のア〜オから1つ選び，記号で答えなさい。

ア 生存権　**イ** 自己決定権　**ウ** 社会権　**エ** プライバシーの権利　**オ** 知る権利

(1) ①	②	③	(2)
(3)	(4)	(5)	
(6)	(7)	(8)	

〔広島大附高一改〕

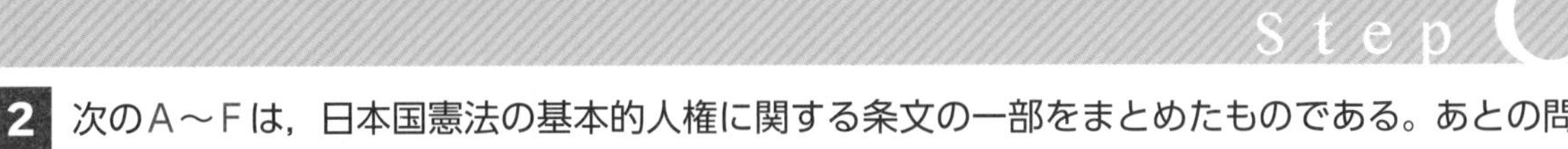

要 **2** 次のA～Fは，日本国憲法の基本的人権に関する条文の一部をまとめたものである。あとの問いに答えなさい。 (8点×3－24点)

A　何人(なんぴと)も，公共の福祉(ふくし)に反しない限り，居住，移転及(およ)び職業選択の自由を有する。(第22条)

B　勤労者の団結する権利及び団体交渉(こうしょう)その他の団体行動をする権利は，これを保障する。(第28条)

C　財産権は，これを侵(おか)してはならない。(第29条)

D　すべて国民は，健康で文化的な最低限度の生活を営む権利を有する。(第25条)

E　何人も，抑留(よくりゅう)又(また)は拘禁(こうきん)された後，無罪の裁判を受けたときは，法律の定めるところにより，国にその補償(ほしょう)を求めることができる。(第40条)

F　すべて国民は，法の下(もと)に平等であつて，人種，信条，性別，社会的身分又は門地(もんち)により，政治的，経済的又は社会的関係において，差別されない。(第14条)

難 (1) A～Fのうち，自由権，社会権に関係の深いものをそれぞれ２つ選んだときの組み合わせとして最も適切なものを，次の**ア～カ**から１つ選び，記号で答えなさい。

ア　自由権→A，C　社会権→B，D
イ　自由権→A，C　社会権→B，F
ウ　自由権→A，E　社会権→B，D
エ　自由権→A，E　社会権→D，F
オ　自由権→C，E　社会権→B，F
カ　自由権→C，E　社会権→D，F

難 (2) 次のⅠおよびⅡの文は，それぞれA～Fまでの基本的人権に関して争われた裁判について述べたものである。ⅠおよびⅡのそれぞれの文とA～Fにおいて関係の深い組み合わせとして最も適当なものを，下の**ア～カ**から１つ選び，記号で答えなさい。

Ⅰ　薬局開設の距離(きょり)制限を定めた法律は，憲法の保障する権利に反するとして争われた裁判の結果，改正された。

Ⅱ　衆議院議員総選挙における，各選挙区の議員一人あたりの有権者数が大きく異なるとして争われた。

ア　Ⅰ→A，Ⅱ→D　　**イ**　Ⅰ→A，Ⅱ→F
ウ　Ⅰ→C，Ⅱ→B　　**エ**　Ⅰ→C，Ⅱ→D
オ　Ⅰ→E，Ⅱ→B　　**カ**　Ⅰ→E，Ⅱ→F

(3) 次の文章は，基本的人権に関する日本国憲法の条文の内容について述べたものである。文章の(　　)にあてはまる最も適当な言葉を，漢字２字で書きなさい。

日本国憲法は，人が生まれながらにもつ自由や平等の権利を保障している。このような基本的人権は，「すべて国民は，(　　)として尊重される。」という第13条の規定などに基づいて保障されている。

(1)	(2)	(3)

〔愛知－改〕

Step A　Step B　Step C-②

●時 間 30 分	●得 点
●合格点 70 点	点

解答▶別冊10ページ

1 次の各問いに答えなさい。　(7点×7−49点)

(1) 人権侵害を防ぐためにつくられたさまざまな文書について誤っているものを，次の**ア**～**エ**から1つ選び，記号で答えなさい。

ア　権利章典は，国王は議会の同意なしに政治の重要事項を決める権限を行使できないとした。
イ　バージニア権利章典は，世界で初めて，すべての者に人間に値する生活を保障するとした。
ウ　アメリカ独立宣言は，「幸福追求の権利」を，人は生まれながらにもつと宣言した。
エ　フランス人権宣言は，「人は生まれながらに自由で平等である」とした。

(2) 平和主義に関連して，日米安全保障条約および日米安保体制に関する文として誤っているものを，次の**ア**～**エ**から1つ選び，記号で答えなさい。

ア　安保条約で，米軍は日本で軍事施設を使用できると定められている。
イ　安保条約で，日本領域で日米軍の一方が攻撃を受けた場合，共同で対処するとなっている。
ウ　日本における米軍基地のうち，面積にして50％近くが沖縄県に存在する。
エ　日本は「思いやり予算」として，在日米軍施設の光熱費などを負担している。

(3) 次のA～Cは，あとの**ア**～**ウ**のどの自由権の内容にあてはまるか，それぞれ1つ選び，記号で答えなさい。

A　安定した職に就いていたが，周囲の反対を押し切り転職した。
B　行政の不正を告発するために，新聞を発行し無料で配布した。
C　身に覚えのない罪で警察に拘束された際，弁護士を呼ぶことを要求した。

ア　精神の自由　　**イ**　身体の自由　　**ウ**　経済活動の自由

(4) 新しい人権について述べた文として正しいものを，次の**ア**～**エ**から1つ選び，記号で答えなさい。

ア　個人情報保護法により，行政機関のもつ個人情報の訂正などを求めることはできるが，民間企業はその対象ではない。
イ　食品の成分や建造物の耐震性の情報について知る権利は，近年，重要な権利であるとの国民的同意が得られたため，憲法上明記されるようになった。
ウ　表現の自由は憲法上明記されている重要な権利であるため，私生活上の秘密を本人の了解なく公表することは認められている。
エ　2009年の臓器移植法改正により，本人が15歳未満で意思が不明な場合でも，家族の承諾があれば臓器提供ができるようになった。

難 (5) 新しい人権の中の環境権の例にあてはまらないものを，次の**ア**～**エ**から1つ選び，記号で答えなさい。

ア　隣に高層ビルが建設され日当たりが悪くなったため，その回復を求めて訴訟を起こした。
イ　空港建設により騒音で寝不足となったため，その回復を求めて訴訟を起こした。
ウ　都市再開発により住んでいる家からの移転を求められ，不服だったので訴訟を起こした。
エ　高速道路建設計画があったが，健康被害を心配して建設差し止めの訴訟を起こした。

(1)	(2)	(3)	A	B	C	(4)	(5)

〔大阪教育大附高(池田)・東海高・函館ラ・サール高―改〕

要 **2** 次の文を読んで，あとの各問いに答えなさい。 （(1)〜(4)7点×5，(5)(6)8点×2ー51点）

基本的人権は，「人間が人間として生きていくために欠くことのできない権利」ということができるが，こうした権利が，人間が生まれながらにしてもち，何ものによっても侵(おか)されない権利として確立されるようになったのは，17〜18世紀の市民革命を通じてであった。しかし，具体的にどのような権利を基本的人権としてとらえていくかについては，時代によって異なっていた。

17世紀においては，当初イギリスでa生命・自由・財産などを守る権利としてとらえられ，18世紀以降，各国憲法で自由権や平等権を中心に確立されていった。しかし，その後の資本主義の発展にともない，貧富(ひんぷ)の差が拡大し，それまでの権利保障だけでは必ずしも，弱い立場の人たちが人間らしく生きていくことができなくなった。そのため，bこれらの人々が人間に値(あたい)する生活を確保するために労働基本権や生存権などの社会権が要求されるようになり，20世紀になると基本的人権の1つとして確立された。こうして社会権を含(ふく)めた基本的人権の保障は欧米(おうべい)諸国を中心に制度化されていったが，さらにc第二次世界大戦後は国際連合を中心に国際的な広がりを示していった。

日本においても，戦前のd大日本帝国(ていこく)憲法が国民の権利を天皇によって与(あた)えられた権利としていたのに対し，e戦後の日本国憲法は，国民の権利を，生まれながらにしてもち，侵すことのできない永久の権利として保障した。しかも，自由・平等といった権利だけでなく，社会権もすべて保障しており，現代的な憲法だといえる。

日本国憲法で保障されている権利は，自由権，平等権，f社会権とそれらを保障するための，参政権，請求(せいきゅう)権などに分類される。しかし，憲法制定後も社会はたえず変化しており，人間が人間として生きていくために必要な権利も変化していく。そうした中で，憲法には明記されていない，新しい人権の確立が主張されるようになった。

(1) 下線部aのような考え方を初めて述べたイギリスの思想家の名前とその著書名を次の**ア**〜**ク**から1つずつ選び，それぞれ記号で答えなさい。

ア ルソー　**イ** モンテスキュー　**ウ** ロック　**エ** アダム=スミス
オ 社会契約(けいやく)論　**カ** 統治二論　**キ** 国富論　**ク** 法の精神

(2) 下線部bに関して，世界で初めて社会権を定めた憲法の名を答えなさい。

(3) 下線部cに関して，1948年の国連総会で採択(さいたく)された，各国が守るべき人権の共通の基準を定めたものは何か，答えなさい。

(4) 下線部dに関して，この憲法下での国民の権利について述べた次の文のうち，正しいものを1つ選びなさい。なければ「×」を記入しなさい。

ア 生存権は保障していなかったが，労働基本権は保障していた。
イ 1925年の普通(ふつう)選挙法は，25歳(さい)以上の男女すべてに選挙権を与えていた。

(5) 下線部eに関して，生まれながらに人権をもつという考えを何というか，答えなさい。

(6) 下線部fに関して，次の文の中で社会権に属するのはどれか。**ア**〜**オ**から1つ選びなさい。

「憲法」は，われわれの基本的人権として，ア自分の思うことをいい，イ自分の好きな所に住み，ウ自分の好きな宗教を信じ，エ能力に応じて教育を受け，オ政治に参加する，などの権利を保障している。（「あたらしい憲法のはなし」）

(1)	思想家	著書名	(2)	(3)
(4)	(5)		(6)	

〔愛光高ー改〕

5 選挙と政党

Step A　Step B　Step C

解答▶別冊11ページ

▶次の　　に適語や数字を入れなさい。

1 衆議院議員の選挙権拡大の歴史

実施年	選挙資格	有権者数(万人)	全人口に対する比率(%)
1890年	制限選挙 直接国税15円以上納める25歳以上の ①	45.1	1.1
1902年	制限選挙 直接国税10円以上納める25歳以上の ①	98.3	2.2
1920年	制限選挙 直接国税３円以上納める25歳以上の ①	306.5	5.5
1928年	② 歳以上の男子	1,240.9	19.8
1946年	③ 歳以上の ④	3,703.5	48.7
2015年(改正)	⑤ 歳以上の ④	3,946.2	51.0

2 さまざまな選挙制度の長所と短所

選挙区制	おもな長所	おもな短所	実施しているおもな国
⑥ 選挙区 １区に１人の当選者	小党分立を防ぎ，政権が安定しやすい。	当選者以外に投票された，いわゆる ⑦ 票が多くなる。	アメリカ(下院) イギリス(下院) 日本(衆議院)
大選挙区 １区に２人以上の当選者	⑦ 票が少なくなり，少数党の支持者の意見が反映されやすい。	小党分立が生じて，政局が不安定になりやすい。	アメリカ(上院)
⑧ 代表制 得票数に応じて議席配分	得票数と議席数とが比例し，世論を正確に反映できる。	政党を選ぶので，無所属の候補者個人を選べない。(参議院選挙では，政党名かその政党に所属する候補者名を書いて投票。)	旧西ドイツ(連邦議会) 日本(衆議院・参議院)

4 国政選挙の投票率

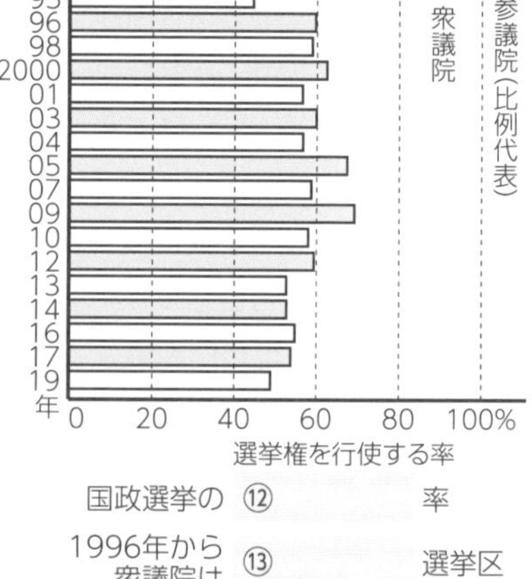

国政選挙の ⑫ 率

1996年から衆議院は ⑬ 選挙区比例代表並立制

5 １票の格差の不平等

1票の価値が ⑭ い選挙区	数字は有権者数
東京13区	478,730人
東京10区	478,179人
全国平均	366,743人
1票の価値が ⑮ い選挙区	
鳥取１区	234,957人
鳥取２区	237,285人

衆議院の選挙区の１票の格差(2019年)　(総務省)

3 日本の政党政治のしくみ

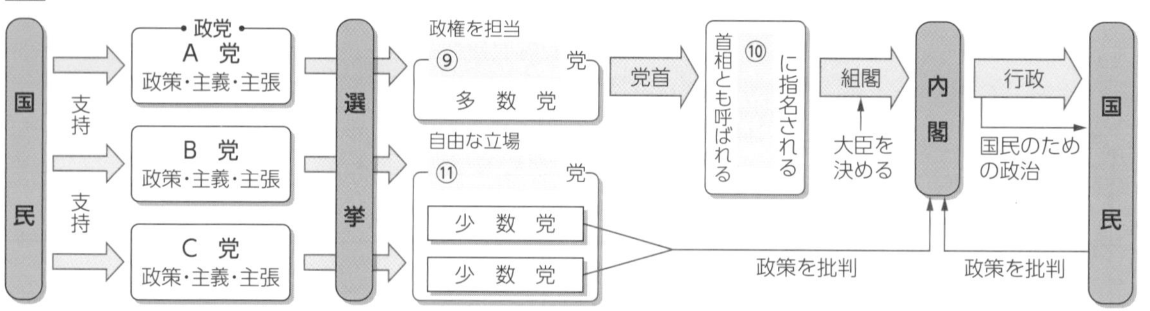

▶次の[　　]に適語や数字を書きなさい。

6 選挙権

1 **男子に限られていた選挙権**…第二次世界大戦以前の日本では，25歳以上の男子と限られていた[⑯　　　　]選挙だった。

2 **選挙権は18歳以上のすべての国民に**…1945年から成年男女による普通選挙になっている。2015年には選挙権が与えられる年齢が[⑰　　　　]歳以上となった。

7 選挙の原則

1 **選挙制度のきまり**…日本では[⑱　　　　]法で定められている。

2 **選挙の原則**…普通選挙の原則，平等選挙の原則，直接選挙の原則，無記名で投票する[⑲　　　　]の原則。

3 **選挙区による有権者数のちがい**…１票の[⑳　　　　]の差が大きくなりすぎて，平等の原則が守られていないという問題。

8 選挙制度

1 **小選挙区制**…１つの選挙区から[㉑　　　　]名の議員を選ぶ制度。落選者に投じられた[㉒　　　　]票が多くなる。[㉓　　　　]政党の候補者が当選しやすい。

2 **大選挙区制**…１つの選挙区から[㉔　　　　]名以上の議員を選ぶ制度。

3 [㉕　　　　]…政党の獲得票数に応じて議席を配分する選挙制度。日本では議席配分にドント式が採用されている。

4 **日本の衆議院議員選挙**…[㉖　　　　]比例代表並立制を採用。

5 **選挙を運営・管理する機関**…国には中央選挙管理会，地方公共団体には[㉗　　　　]がおかれている。

6 **[㉘　　　　]訪問の禁止**…日本の選挙運動では，運動員が有権者の家庭を訪問することを禁止している。

9 政党

1 **政　党**…意見や利害を同じくする人々がつくる政治団体。日本では国会で多数の議席をもつ政党を中心に[㉙　　　　]政治が行われている。

2 **内閣を組織する政党**…[㉚　　　　]。議院内閣制をとる日本では，国会で多数をしめる政党が内閣を組織する。

3 **単独内閣(政権)**…１つの[㉙]で組織された内閣。複数の[㉙]で組織された内閣を[㉛　　　　]内閣(政権)という。

4 **内閣に加わらない政党**…[㉜　　　　]と呼ばれ，内閣の行き過ぎをおさえたり，批判したりする役割をはたしている。

5 **選挙前の公約**…当選すればこのような政策を実現しますと，数字などではっきり約束することを[㉝　　　　]という。

6 **政党の運営資金**…政党は機関紙(誌)や書籍を発行して資金を得たり，個人やさまざまな団体から寄付を得たりして資金にあてている。この資金に関する法律を[㉞　　　　]規正法という。

⑯
⑰
⑱
⑲
⑳
㉑
㉒
㉓
㉔
㉕
㉖
㉗
㉘
㉙
㉚
㉛
㉜
㉝
㉞

月　日

Step A　Step B　Step C

●時間 25 分　●得点　点
●合格点 70 点

解答▶別冊11ページ

重要 **1** ［政治参加］次の文章を読み，各問いに答えなさい。（11点×4－44点）

日本国憲法では，①国民が政治に参加する権利を保障している。例えば，②選挙を通じて国会議員を選出することができる。国の政治では，多くの場合，議員は③政党を中心に活動しているため，政党の動向を確認することはわたしたちにとって重要なことといえる。わたしたちの暮らしがよりよくなるように，主権者である国民ひとりひとりが，④政治に対する意識をより一層高めていかなければならない。

(1) 下線部①に関して，現在の日本の選挙制度における基本原則についての説明として正しいものを，次の**ア**～**エ**から１つ選び，記号で答えなさい。

ア　普通選挙とは，性別，年齢，教育などを理由に選挙権が制限されないことをいう。
イ　平等選挙とは，選挙権をもつ国民１人につき１票が与えられていることをいう。
ウ　直接選挙とは，直接国税を年間300万円以上納付したものが立候補できることをいう。
エ　秘密選挙とは，不正防止のため開票作業の場所が秘密にされることをいう。

(2) 下線部②に関して，右の表は架空の選挙結果である。小選挙区のみで議員を選出している１区から５区までの各選挙区からなり，Ａ党からＣ党までの各政党の候補者の獲得票数を示している。各選挙区の立候補者は，Ａ党からＣ党までの各政党から１名ずつの計３名ずつであるとする。この表から判断できることとして正しいものを，あとの**ア**～**エ**から１つ選びなさい。

表

	Ａ党	Ｂ党	Ｃ党
１区	10万	5万	3万
２区	7万	5万	2万
３区	2万	25万	4万
４区	6万	7万	8万
５区	15万	10万	5万

ア　合計で最も多くの票を獲得した政党と，最も多くの議員が当選した政党は一致しない。
イ　Ｃ党の候補者は，だれも当選することができなかった。
ウ　当選した候補者以外の投票数が最も多いのは，３区である。
エ　最も多くの議員が当選したのは，Ｂ党である。

(3) 下線部③に関する説明として適当でないものを，次の**ア**～**エ**から１つ選びなさい。

ア　政党は，国民のさまざまな意見を集約し，国や地方公共団体の政治に国民の声を反映させる役割をもつ。
イ　政党は，政治の動きや政策を国民に知らせるだけでなく，議員になりうる，あるいは議員等のリーダーになりうる人材を育てることも行う。
ウ　与党とは，政権を担う政党のことを指し，野党とは，与党以外の政党で，与党の政策を監視・批判し，よりよい政治をすすめるように働きかける役割をもつ政党のことをいう。
エ　連立政権とは，複数の政党によって政権が担われることを指すが，日本では戦後ずっと連立政権によって政権運営がなされてきた。

(4) 下線部④に関して，このことにもとづいた将来の具体的な行動を考え，クラスで発表しようとしたときに，その内容として適当でないものを，次の**ア**～**エ**から１つ選びなさい。

ア　選挙の際には候補者の演説会を聞きに行ったり，マニフェストを確認したりするなどして，さまざまな観点から候補者を比較し，投票する候補者を選ぼうと思います。

イ 国の政治を監視するために内閣に設置されているオンブズマン(オンブズパーソン)制度を活用し，国の政治の問題点を指摘していこうと思います。

ウ マスメディアが行う報道について，情報を主体的・批判的に読み解く能力をもち，それにもとづいてしっかりとした自分の考えをもちたいと思います。

エ 情報公開法などにもとづく情報公開制度を活用し，国の行政機関が保有する情報を入手するなどして，国の政治が適正に行われているか調べようと思います。

(1)	(2)	(3)	(4)

〔国立高専―改〕

2 [選挙のしくみ] 選挙のしくみについて，次の各問いに答えなさい。 (11点×4―44点)

(1) 参議院議員選挙について述べた文として正しいものを，次の**ア**～**エ**から1つ選び，記号で答えなさい。

ア 選挙区選挙では，全国を121の小選挙区に分けている。

イ 選挙区選挙で落選した候補者が，比例代表選挙で復活当選できる。

ウ 比例代表選挙では，全国を11のブロックに分けている。

エ 比例代表選挙では，有権者は候補者名か政党名のいずれかを記入して投票する。

(2) 定数5の衆議院比例代表ブロックにおいて，右の表のような開票結果となった場合，B党およびD党からは何名の議員が選出されるか，人数をそれぞれ答えなさい。

政党	A党	B党	C党	D党	計(有効投票数)
得票数	60,000	57,000	28,800	21,000	166,800

(3) 衆議院議員選挙において，X党から右のような名簿が提出されたとするとき，小選挙区へ重複立候補している立候補者には，表中に選挙当日の結果と惜敗率を加えた。これを参考に，比例代表で当選する人物を選びなさい。ただし，投票の結果，X党からは3人が選ばれることになっているとする。

比例代表立候補者名簿		小選挙区の結果	惜敗率
1位	A氏		
2位	B氏	落選	85%
2位	C氏	当選	
4位	D氏	落選	55%
4位	E氏	落選	80%
4位	F氏	当選	
7位	G氏		

$$惜敗率(\%)=\frac{落選者の得票数}{当選者の得票数}\times 100$$

(1)	(2) B党	D党	(3)

〔青雲高・洛南高・帝塚山高―改〕

3 [日本の政党政治] 日本の政党政治について述べたものとして正しいものを，次のア～エから1つ選び，記号で答えなさい。 (12点)

ア 戦後，アメリカ合衆国の政治制度を参考にし，2大政党による競争が行われるようになった。

イ 戦後，長期間に渡って自由民主党による単独政権が続いた。

ウ 日本国憲法により，内閣総理大臣は与党の党首でなければならないと定めている。

エ 比例代表選挙で当選した国会議員は，国会の会期中に政党から離脱することが許されていない。

6 世論と政治

Step A　Step B　Step C

解答▶別冊12ページ

▶次の　　　に適語を入れなさい。

1 世論の形成

賛同する人に名前を書いてもらう
- ⑥　　　　運動

広く国民や国会に訴える
- ⑦　　　　・陳情(ちんじょう)
- デモや集会

要求・支持・批判

多くの国民のまとまった意見
①　　　　の形成

政党政治

国民

取材(情報収集)　取材(情報収集)

情報伝達

②　　　　②

情報の大量伝達(マス=コミュニケーション)

支持・批判(ひはん)　圧力・操作

新聞・雑誌・テレビ・ラジオなど
③

政治のはたらき

政府 ── ④　　　　党
議会で多数をしめた政党が政権を担当

政党
国民の多数の支持で政策を実現する

議会 ── ⑤　　　　民主主義
議会で法律を決め，政治を行う

2 国民の政治参加の方法

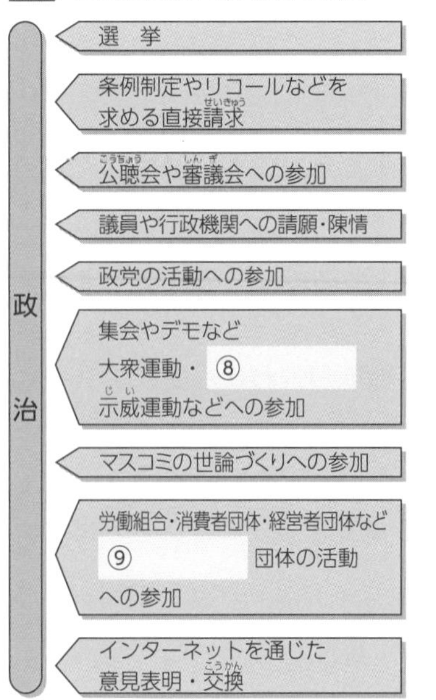

3 情報公開のしくみ

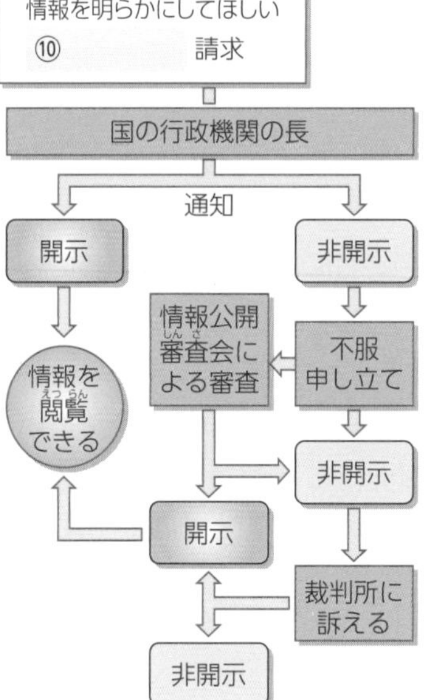

4 投票に役だつもの

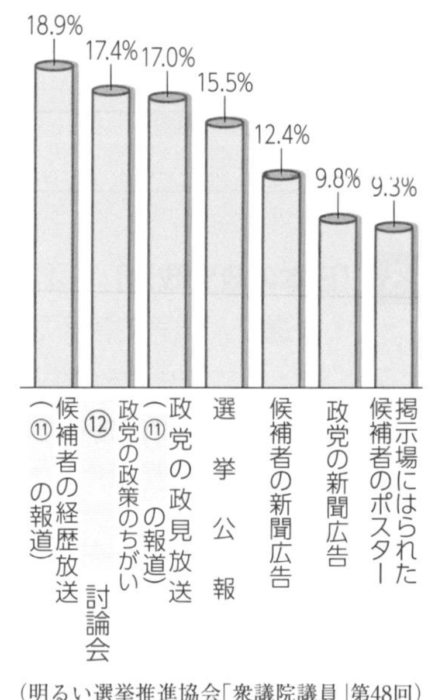

(明るい選挙推進協会「衆議院議員」第48回)

▶次の[　　]に適語を書きなさい。

5 政治を動かす世論

1 **国民の多くの人々の意見や要求**…[⑬　　　　]。
2 **「世論による政治」**…政府や政党は世論に主張を訴(うった)えたり，世論に耳をかたむけたりして政治を行おうとする→[⑭　　　　]主義となる。
3 **テレビ・新聞などのマスメディア**…世論の形成に大きな役割をはたすのは，マスメディアを通じて行う[⑮　　　　](大量伝達)である。
4 **世論[⑯　　　　]**…テレビや新聞が，政治や経済・生活などに関する国民の意見をアンケート調査することなどをいう。
5 **マスメディアの欠点**…事実を伝えるという重要なはたらきがあるが，送り手から受け手に事情(情報)を[⑰　　　　]的に伝えることが欠点。
6 **世論[⑱　　　　]**…政府や政党などは，[⑮]を使って，世論を自らに有利なようにリードしていくことがある。
7 **世論(住民の大多数の考え)による直接請求(せいきゅう)**…地方公共団体は直接請求などで行政が行われることが多いので，「地方自治は[⑲　　　　]の学校」といわれる。
8 **世論形成に役割をはたす団体**…労働組合や経営者団体・農業団体，また各種の職業ごとの団体などが，しばしば政治にはたらきかけを行うので，[⑳　　　　]と呼ばれる。

⑬ ____
⑭ ____
⑮ ____
⑯ ____
⑰ ____
⑱ ____
⑲ ____
⑳ ____

6 行政監察(かんさつ)制度

1 **住民の代理人**…行政に対する苦情の解決や，行政のあり方を調査し，勧告(かんこく)する権限をもった人々を[㉑　　　　]といい，スウェーデンではじめて設けられた。
2 **川崎(かわさき)市が日本で最初**…1990年，川崎市が日本で初めて[㉒　　　　]制度をとり入れた。

㉑ ____
㉒ ____

7 選挙の重要性

1 **選挙を棄権(きけん)する人が増えている**…政治参加の最も重要な機会が選挙である。近年では政治に関心がない，政治的[㉓　　　　]の人が増えている。
2 **投票時間の延長**…指定された時刻に投票に行けない人のために，開始時間を早め，終了時間も遅(おく)らせて，[㉔　　　　]率の向上に努めている。(原則は午前７時から午後８時まで)
3 **選挙当日の都合が悪い人のために**…どうしても選挙当日，投票会場に出かけられない人のために，これまでは不在者投票で事前に投票できたが，最近は，より便利に[㉕　　　　]投票の制度を設けたため，これを行う人が増えている。
4 **１票の重さの格差**…選挙区によって異なる[㉖　　　　]と有権者数の割合の大きなちがいに対して，平等をうたう憲法に違反(いはん)するとして裁判所に訴訟(そしょう)をおこして世論に訴える方法がある。近年では，衆・参両議院選挙でこの１票の[㉗　　　　]の不平等の訴訟がなされている。

㉓ ____
㉔ ____
㉕ ____
㉖ ____
㉗ ____

Step A　Step B　Step C

●時 間 20 分	●得 点
●合格点 75 点	点

解答▶別冊12ページ

重要 **1** ［世論と政治の関係］ 次の文を読んで，あとの各問いに答えなさい。 （6点×9－54点）

国民は，a 世論を政治に反映させるために，賛同する人々に名前を書いてもらう（　A　）や，陳情，日本国憲法第16条で，「何人も，損害の救済，公務員の罷免，法律，命令又は規則の制定，廃止又は改正その他の事項に関し，平穏に（　B　）する権利を有し，何人も，かかる(B)をしたためにいかなる差別待遇も受けない」として認められている(B)権などを通して，政権へ要求を行うことができる。その世論を形成する際に大きな影響力を持つのが，テレビや新聞などの（　C　）を通じて行われる（　D　）(大量伝達)である。さらに今日のb 情報社会では，c インターネットの役割も非常に大きく，インターネットを通じて，だれでも情報を発信することができるようになった。

また，d 選挙により，世論を政治に反映させることも昔から行われている方法である。

(1) 文中（　A　）～（　D　）にあてはまる語句を答えなさい。

記述 (2) 下線部aの「世論」とは何かを，簡単に書きなさい。

(3) 下線部bについて誤っているものを，次の**ア**～**ウ**から1つ選び，記号で答えなさい。

ア　住民基本台帳ネットワークシステムがつくられ，住民の情報を電子化し，共有されている。

イ　教育や所得の格差が，コンピュータを使う能力差をうみ情報格差につながる問題を，デジタルディバイドと呼ぶ。

ウ　日本の国政選挙では，投票所に行かなくてもインターネットを利用して投票できる電子投票が行われている。

(4) 下線部cについて，インターネットなどの情報は，常に正しいとは限らない。情報を無批判に受け入れるのではなく，真実かどうかを判断し，活用できる能力を何というか，答えなさい。

(5) 下線部dに関連する，1票の価値が異なるという問題について，次の問いに答えなさい。

①このような状態が問題とされる理由として正しいものを，次の**ア**～**エ**から1つ選び，記号で答えなさい。

ア　法の下の平等に反する可能性があるから。

イ　思想・良心の自由を侵害する可能性があるから。

ウ　生存権を侵害する可能性があるから。

エ　請求権が認められない可能性があるから。

記述 ②右の表は，2019年の参議院選挙における宮城県と福井県の選挙区の，議員1人あたりの有権者数を表している。この表から有権者数が，宮城県は福井県の約3倍であることがわかるが，1票の価値はどのようになるか。簡単に書きなさい。

選挙区名	議員1人あたりの有権者
宮城	971,259
福井	323,488

（総務省資料）

(1)	A	B	C	D
(2)		(3)	(4)	
(5)	①	②		

〔愛光高・洛南高一改〕

2 ［世論と政治］次の文を読んで，あとの各問いに答えなさい。 （6点×6−36点）

aマスメディアが，世論の形成に大きな役割をはたしているが，選挙の投票率は，なかなか上昇（じょうしょう）しない。b投票しても政治が変化しないから投票しないという人々や，政治に興味がないため投票しない人々が多い中，c特定の支持政党を持たない人々を含（ふく）め，政治への関心をどのようにして高めていくのかという問題とともに，一人ひとりが主権者としての自覚を持って投票することが求められる。

(1) 下線部aにあてはまらないものを，次のア～エから１つ選び，記号で答えなさい。

ア テレビ　**イ** ラジオ　**ウ** 新聞　**エ** 電話

(2) 下線部bについて，2015年に公職選挙法が改正され，有権者の条件が変更（へんこう）された。次の説明文中の（　A　）～（　C　）にあてはまる語句や数字を答えなさい。

1945年の改正により有権者は，満（　A　）歳（さい）以上の（　B　）となったが，今回の改正により年齢（ねんれい）が満（　C　）歳以上へと引き下げられた。

(3) 下線部cの人々のことを何というか，漢字４字で答えなさい。

記述 (4) 投票率をあげるために，外国で実施（じっし）されているように，投票しない人に罰金（ばっきん）を科すという考え方がある。この考え方に賛成または反対のいずれかの立場から，そのように考える理由とともに書きなさい。

(1)	(2)	A	B	C	(3)
(4)					

3 ［インターネットの普及（ふきゅう）］次のグラフ１は平日の１人１日あたりのメディア平均利用時間を，グラフ２はインターネットによる広告費の推移を表している。これらのグラフから読みとれる内容を述べた文として正しいものを，下のア～エから１つ選び，記号で答えなさい。 （10点）

グラフ1　1日あたりのメディア平均利用時間（平日）

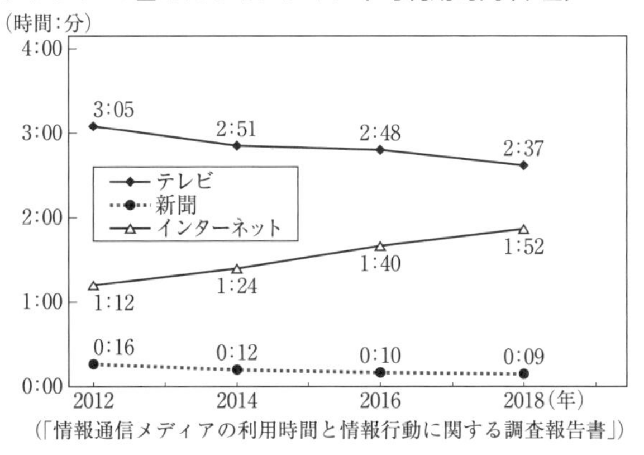

（「情報通信メディアの利用時間と情報行動に関する調査報告書」）

グラフ2　インターネットによる広告費の推移

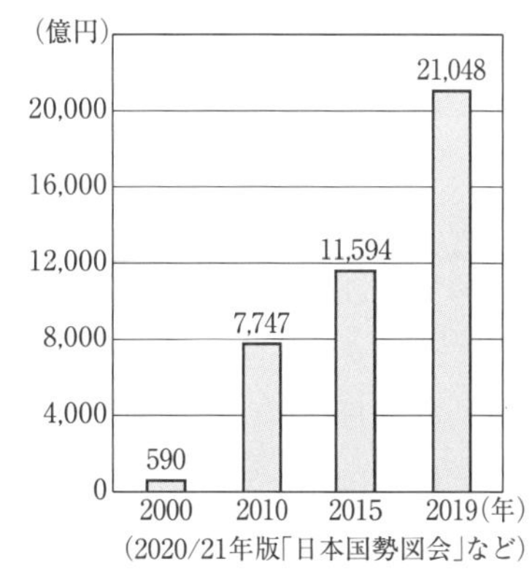

（2020/21年版「日本国勢図会」など）

ア １日あたりのテレビの平均利用時間は，2012年から2018年まで増え続けている。

イ １日あたりのインターネットの平均利用時間は，2018年には2012年の約1.5倍となった。

ウ １日あたりの新聞の平均利用時間は，2018年は2012年より25％減少している。

エ インターネットによる広告費は，2019年には2000年の40倍をこえる額となった。

〔埼玉－改〕

Step A　Step B　Step C-①

●時間 35分	●得点
●合格点 75点	点

解答▶別冊12ページ

1 次の文を読み，あとの問いに答えなさい。 （(5)14点，他9点×4−50点）

国民主権と深く関わる人権であるのが参政権である。参政権とは政治に参加する権利であり，その代表となるのがa選挙権である。選挙権とは首長や国，b都道府県市町村の議員を選出する権利である。国の議員はc衆議院議員と参議院議員の2つに分かれており，それぞれd選挙が行われるが，両者のe選挙制度が異なっているのが特徴（とくちょう）である。

(1) 下線部aについて，次の空欄（くうらん）には「納税額・資産・学歴などに関係なく，すべての国民によって行われる選挙」という意味の漢字4文字が入るが，それは何か，答えなさい。

第15条③　公務員の選挙については，成年者による［　　］を保障する。

(2) 下線部bについて，次の空欄には「都道府県市町村」を指す意味の漢字6文字が入るが，それは何か，答えなさい。

第92条　［　　］の組織及び運営に関する事項は，地方自治の本旨（ほんし）に基いて，法律でこれを定める。

(3) 下線部cについて，衆議院と参議院の関係についての記述として正しいものを，次の**ア**〜**エ**から1つ選び，記号で答えなさい。

ア　参議院は衆議院の行き過ぎを抑（おさ）えるという役割を果たさなければならないことを考えると，いわゆる「ねじれ国会」という状況（じょうきょう）は望ましくないといえる。

イ　衆議院の解散中に対処すべき問題が起こった場合，参議院が召集され臨時国会が開かれるが，そこで決定されたことについてはあとで衆議院の承認（しょうにん）を得る必要がある。

ウ　衆議院で可決された法案が参議院で否決された場合には，再び衆議院で審議（しんぎ）が行われ，過半数の賛成を得た場合には，参議院が反対していても，その法案は成立する。

エ　内閣総理大臣を指名する権限については衆議院と参議院の両院に認められているが，内閣不信任案を提出することができるのは衆議院のみである。

(4) 下線部dに関連して，現在行われている国政選挙について，次の**ア**〜**ウ**のうち，正しいものをすべて選び，記号で答えなさい。

ア　インターネットを利用した選挙活動は一部認められている。

イ　投票日の前に期日前投票をすることが認められている。

ウ　日本に住む外国人に対しても選挙権が認められている。

難 記述 (5) 下線部eに関連して，小選挙区制度をとる選挙においては大きな政党が有利になる傾向（けいこう）が見られるが，それはなぜか，「死票」という語を用いて説明しなさい。

(1)	(2)	(3)	(4)	(5)

〔大阪教育大附高(池田)一改〕

2 次は，社会科の授業の一場面である。次の各問いに答えなさい。 （(5)14点，他6点×6－50点）

先生：民主主義とは，a多くの人々の参加によって物事を決めようとする考え方です。わが国の国会にはb衆議院と参議院があり，二院制をとっているのも民主主義を実現するためのしくみの1つです。
貴子：民主主義の実現には，選挙も大きな役割をもっていると思います。
先生：そうです。選挙は，わたしたちが政治に参加する手段の1つです。特に地方自治は，住民の日常生活と密接に関わるので，c地方自治においてのみ認められている住民の権利もあります。地方自治にも「多くの人の参加によって」という民主主義の考え方が生かされているのです。
幸治：まずは，わたしたちひとりひとりがしっかりしたd自分の意見をもたないといけませんね。
先生：普段(ふだん)から，e新聞やテレビ，インターネットなどの情報に注意しておく必要がありますね。

(1) 下線部aについて，話し合いをしても意見が一致しないときは，最終的な決定の方法として，［　　］の原理がとられることがある。この原理で結論を出す前には，少数意見を尊重して十分に話し合い，合意をめざす努力が必要である。［　　］にあてはまる語を，漢字３字で書きなさい。

(2) 下線部bについて，①・②の問いに答えなさい。
①憲法が衆議院の優越(ゆうえつ)を認めているものを，次の**ア**～**オ**からすべて選び，記号で答えなさい。
ア　憲法改正の発議　　**イ**　内閣不信任の決議　　**ウ**　国政調査権の発動
エ　予算の先議　　**オ**　弾劾(だんがい)裁判所の設置

記述 ②わが国の国会で衆議院の優越が認められているのは，衆議院は参議院よりも任期が短く解散もあるため，［　　］と考えられているからである。［　　］にあてはまることばを，「国民」という語を用いて書きなさい。

(3) 下線部cについて，住民は地方議会の解散や条例の制定・改廃(かいはい)を求める［ A ］が保障されている。条例の制定・改廃は，有権者の50分の１以上の署名を集め，B〔**ア**　首長　**イ**　監査(かんさ)委員　**ウ**　選挙管理委員会〕に求めることができる。［ A ］にあてはまる語を書きなさい。また，Bの〔　　〕の中から適当なものを１つ選び，記号で答えなさい。

(4) 下線部dについて，憲法では自由に意見を表明する権利が認められており，精神(精神活動)の自由に関する権利に含(ふく)まれる。精神の自由にあたるものを，次の**ア**～**エ**からすべて選びなさい。
ア　職業選択(せんたく)の自由　　**イ**　学問の自由　　**ウ**　信教の自由
エ　苦役(くえき)からの自由

記述 (5) 下線部eについて，新聞やテレビ，インターネットなどには大量の情報があふれている。それらの情報を活用するときに，わたしたちはどんなことに注意する必要があるか，書きなさい。

(1)	(2)	①	②
(3) A	B	(4)	(5)

〔熊本一改〕

7 国民を代表する国会

Step A　Step B　Step C

解答▶別冊13ページ

▶次の　　　に適語や数字を入れなさい。

1 国会のしくみ

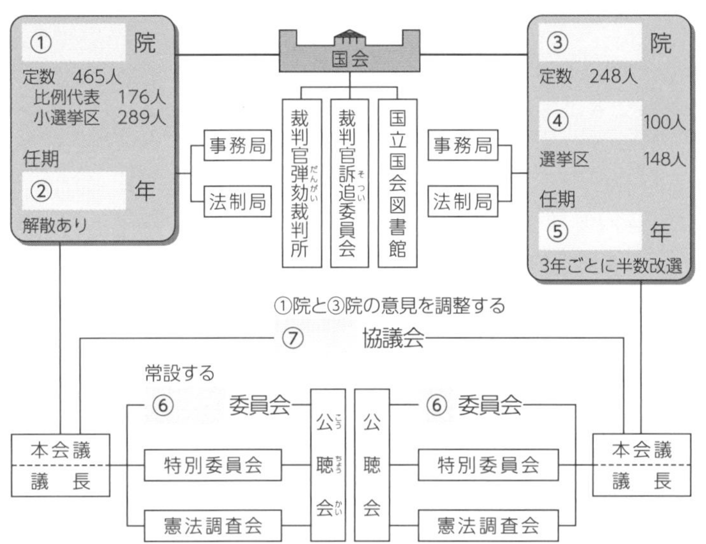

2 衆議院と参議院の選挙制度

	衆議院	参議院
議員数	465人	⑧　　人
任期	4年 (↑ がある) ⑨	6年 (3年ごとに半数改選)
選挙権	18歳以上	18歳以上
被選挙権	25歳以上	⑩　　歳以上
選挙区	小選挙区289人 ⑪　　176人	選挙区148人 ⑪ 100人

3 国会の種類

国会の種類	回数	会期	召集	おもな議題
⑫　　会	毎年1回	150日	毎年，1月中に召集される。会期は延長できる。	次年度 ⑮　　の審議
臨時会(臨時国会)	不定	不定	⑯　　またはいずれかの院の総議員の4分の1以上の要求により召集。	緊急に必要な議事
⑬　　会	不定	不定	⑰　　後30日以内に召集される。	内閣総理大臣の指名
参議院の ⑭　　集会	不定	不定	衆議院の解散中に緊急の必要がある場合に召集。	緊急に必要な議事

4 国会の仕事

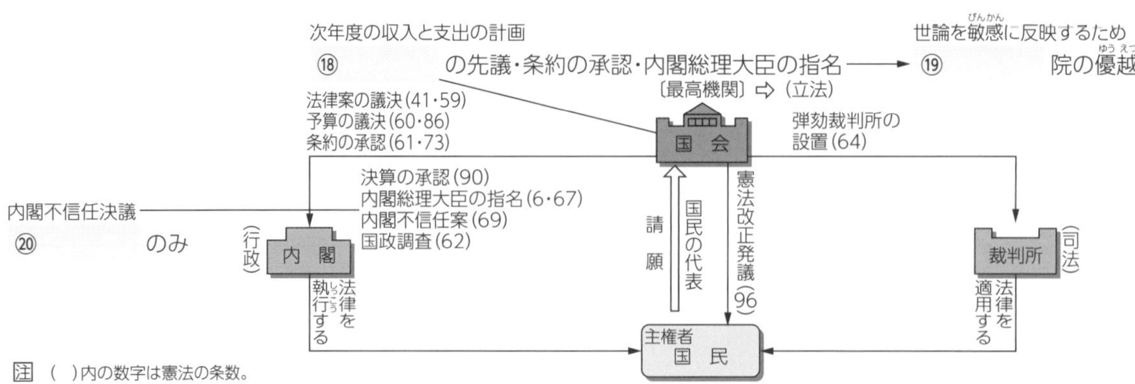

注 ( )内の数字は憲法の条数。

▶次の[　]に適語や数字を書きなさい。

5 国会の地位と構成

1 **日本国憲法の規定**…国会を「国権の[㉑　]」であり，「国の唯一(ゆいいつ)の[㉒　]」であると定めている。このような議会政治を議会制民主主義という。

2 **国会の構成**…[㉓　]院と[㉔　]院から成り立っており，これを[㉕　]制という。

3 **国会の審議(しんぎ)**…議案の内容により，常任[㉖　]や特別[㉖]で審議したのち，本会議で行う。

4 **学者や専門家の意見を聴(き)く**…常任[㉖]や特別[㉖]では，重要な法律案や予算を審議する場合には，[㉗　]を開く。

5 **国会の議決のしかた**…委員会でも本会議でも多数の意見によってものごとを決める。これを[㉘　]の原理という。

6 **本会議の定足数**…総議員の[㉙　]以上。

7 **委員会の定足数**…全委員の[㉚　]以上。

6 国会の種類

1 **毎年1回1月中に召集(しょうしゅう)される国会**…予算審議を中心に開かれる国会を[㉛　]会といい，会期(開かれる期間)は[㉜　]日とされているが，延長されることもある。

2 **内閣が必要と認めたとき**…あるいは一方の議院の総議員の[㉝　]以上の要求があったときに開かれる国会を[㉞　]会という。

3 **衆議院議員総選挙後30日以内に開かれる国会**…[㉟　]会といい，最初に内閣が総辞職し，新たに内閣総理大臣を指名する。

4 **衆議院が解散中**…必要があるとき，参議院の[㊱　]が開かれる。

7 国会の仕事

1 **最も重要な仕事**…[㊲　]の制定であり，内閣も裁判所もこれにもとづいて仕事をしている。

2 **国の政治(行政)に対する国会の権限**…政治について調査したり，証人や記録を出させたりする権限を[㊳　]権という。

3 **国会が設ける裁判所**…重大なあやまちを犯(おか)した裁判官を裁くために設けられる[㊴　]裁判所。

8 衆議院の優越(ゆうえつ)

1 **衆議院と参議院が異なる議決をした場合**…[㊵　]が開かれて調整する。

2 **衆議院で可決され，参議院で否決された法律案**…[㊵]を開いても調整できなかった場合，衆議院で出席議員の[㊶　]以上の多数で再可決されれば法律となる。

3 **衆議院で決定された予算**…参議院が[㊷　]日以内に議決しないとき，内閣総理大臣の指名を衆議院で行った後，参議院が[㊸　]日以内に議決しないときは，衆議院の議決どおりに決まる。

㉑ ＿＿＿＿
㉒ ＿＿＿＿
㉓ ＿＿＿＿
㉔ ＿＿＿＿
㉕ ＿＿＿＿
㉖ ＿＿＿＿
㉗ ＿＿＿＿
㉘ ＿＿＿＿
㉙ ＿＿＿＿
㉚ ＿＿＿＿
㉛ ＿＿＿＿
㉜ ＿＿＿＿
㉝ ＿＿＿＿
㉞ ＿＿＿＿
㉟ ＿＿＿＿
㊱ ＿＿＿＿
㊲ ＿＿＿＿
㊳ ＿＿＿＿
㊴ ＿＿＿＿
㊵ ＿＿＿＿
㊶ ＿＿＿＿
㊷ ＿＿＿＿
㊸ ＿＿＿＿

Step A　Step B　Step C

●時 間 20 分	●得 点
●合格点 75 点	点

解答▶別冊13ページ

1 ［国会のしくみ］次の各問いに答えなさい。　（(6)8点，他4点×6－32点）

(1) 国会の仕事にあてはまらないものを，次の**ア**～**エ**から1つ選び，記号で答えなさい。

ア　予算案の作成　**イ**　憲法改正の発議　**ウ**　弾劾（だんがい）裁判所の設置　**エ**　内閣総理大臣の指名

(2) 参議院について述べた文として誤っているものを，次の**ア**～**エ**から1つ選び，記号で答えなさい。

ア　参議院は国政調査権にもとづき，証人喚問（かんもん）や，政府に記録の提出を求めることができる。

イ　衆議院解散中は参議院も閉会するが，必要な議事が生じた場合，緊急集会が召集（しょうしゅう）される。

ウ　予算や条約に関する審議（しんぎ）や採決は先に衆議院で行われ，その後，参議院で行われる。

エ　参議院は，3年ごとの選挙で総議員数の半数の議員が改選される。

(3) 臨時会が召集されるのは，内閣が必要と認めた場合や，いずれかの議院の（　　）以上の要求があった場合である。この（　　）にあてはまる語句を答えなさい。

(4) 国会での予算の議決について述べた文として正しいものを，次の**ア**～**エ**から1つ選び，記号で答えなさい。

ア　衆議院の議決後，10日以内に参議院が議決しない場合，衆議院の議決が国会の議決となる。

イ　衆議院の議決後，60日以内に参議院が議決しない場合，衆議院の議決が国会の議決となる。

ウ　衆議院で出席議員の3分の2以上で再可決した場合，衆議院の議決が国会の議決となる。

エ　両院協議会を開いても意見が一致（いっち）しない場合，衆議院の議決が国会の議決となる。

(5) 国会のａ本会議と，ｂ委員会の定足数（必要最低限の出席者数）を，次の**ア**～**エ**からそれぞれ1つ選び，記号で答えなさい。

ア　2分の1以上　**イ**　3分の1以上　**ウ**　3分の2以上　**エ**　4分の3以上

記述 (6) 衆議院が参議院より優越（ゆうえつ）するのはなぜか。その理由を簡単に書きなさい。

(1)	(2)	(3)	(4)	(5) a	b
(6)					

〔東大寺学園高－改〕

重要 **2** ［国会と内閣］右のＡ～Ｆは，日本国憲法にもとづいて，衆議院の解散から新しい内閣の成立までに行われることがらを示したものである。あとの各問いに答えなさい。　（3点×6－18点）

A	次の新しい内閣が成立する。	B	①内閣総理大臣の指名が行われる。
C	②解散後の総選挙の日から□日以内に国会が召集される。	D	解散の日から□日以内に，衆議院議員の総選挙が行われる。
E	内閣総理大臣が国務大臣を任命する。	F	衆議院が解散される。

(1) ＣとＤの□にあてはまる数字を答えなさい。

(2) 下線部①を行うところを，次の**ア**～**オ**から2つ選び，記号で答えなさい。

ア　人事院　**イ**　衆議院　**ウ**　参議院
エ　最高裁判所　**オ**　内　閣

(3) 下線部②にあてはまる国会を，次の**ア**～**ウ**から1つ選び，記号で答えなさい。

ア　常　会　**イ**　特別会　**ウ**　臨時会

(4) Ａ～Ｆのことがらを，行われる順に並べて解答欄（らん）に記号で答えなさい。

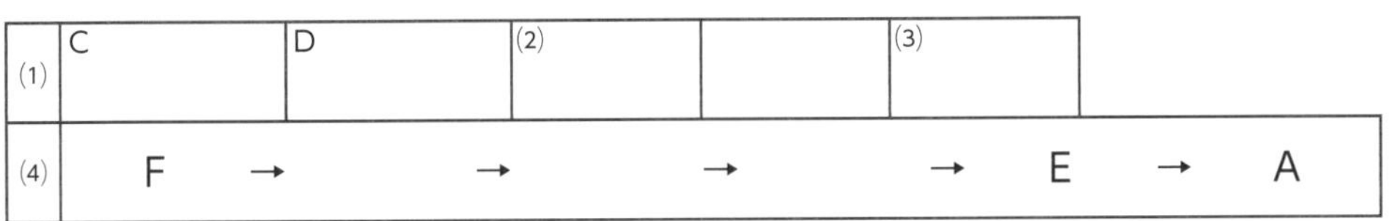

〔岐　阜〕

3 **［国会と衆議院］** 次の文の(　)に入る語句を答え，下線部の問いにも答えなさい。(4点×5－20点)

日本国憲法第41条に「国会は国権の(　①　)であつて，国の唯一(ゆいいつ)の(　②　)である。」と定めている。国会は衆議院と参議院の二院制を採用しているが両議院は権能において対等ではなく，衆議院の優越(ゆうえつ)が認められている。国会が他の国家の諸機関より高い地位を示すものとして国会の(　③　)があり，法律案や予算の審議(しんぎ)の中で，証人の出頭，証言および記録の提出要求が認められている。また，国会は不適任だと訴(うった)えられた裁判官を辞めさせるかどうかを決めるため，両院から選出された７名ずつの議員で構成する(　④　)を設けることができる。

(問い)　下線部について，衆議院の優越が認められていないものを，次の**ア**～**カ**から１つ選び，記号で答えなさい。

ア　予算の先議および議決　　**イ**　法律案の議決　　**ウ**　内閣に関する不信任決議
エ　憲法改正の発議　　**オ**　条約の承認　　**カ**　内閣総理大臣の指名

4 **［国会と法律の制定］** 次の図を見て，あとの各問いに答えなさい。(3点×10－30点)

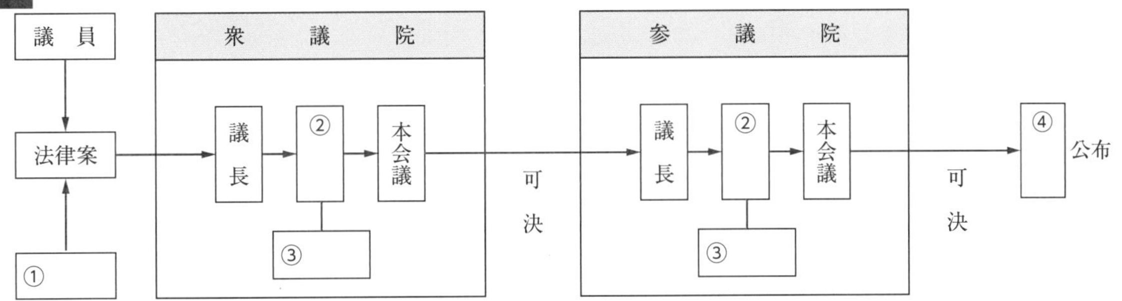

(1) 上の図は，法律の成立過程を示したものである。図中の①～④に最も適切な語句を入れなさい。
(2) ③が必ず開かれるのは何を審議する場合か，答えなさい。
(3) 衆・参議院の議決は特別の定めがない場合は，出席議員のどれだけが賛成すれば可決されますか。
(4) 衆議院の優越が認められている理由を，次の**ア**～**エ**から１つ選び，記号で答えなさい。

ア　議員の数を増やすため。　　**イ**　審議を慎重(しんちょう)に行うため。
ウ　貴族院の伝統を守るため。　　**エ**　国民の意思を反映しやすいため。

(5) 衆議院と参議院の意見が不一致(ふいっち)の場合に，各議院から選出された委員で開かれる会議を何といいますか。
(6) 参議院議員の選挙における２つの選出方法を答えなさい。

〔聖母学院高－改〕

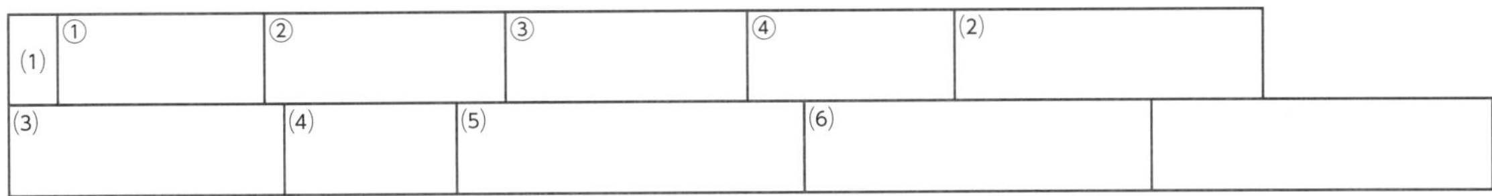

8 行政をになう内閣

Step A　Step B　Step C

解答▶別冊14ページ

▶次の　　　に適語を入れなさい。

1 行政の組織

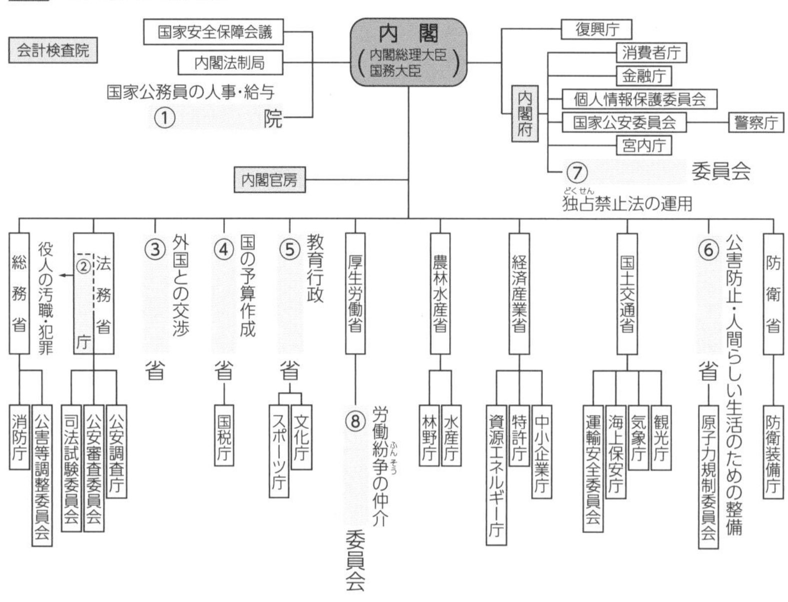

2 議院内閣制

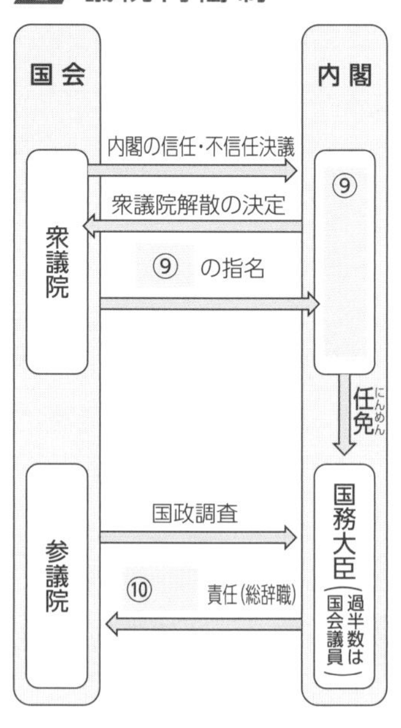

3 公務員の数

国民への奉仕者

⑪

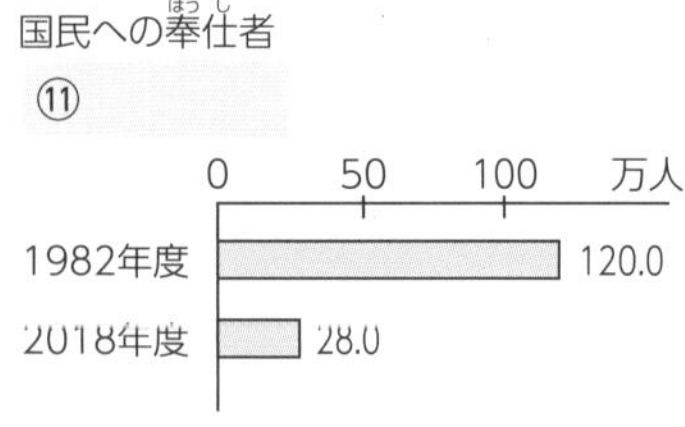

地方公務員

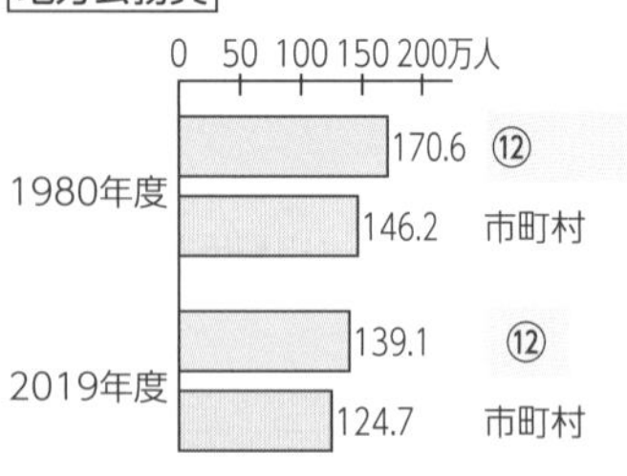

（2020/21年版「日本国勢図会」など）

4 内閣のおもな仕事

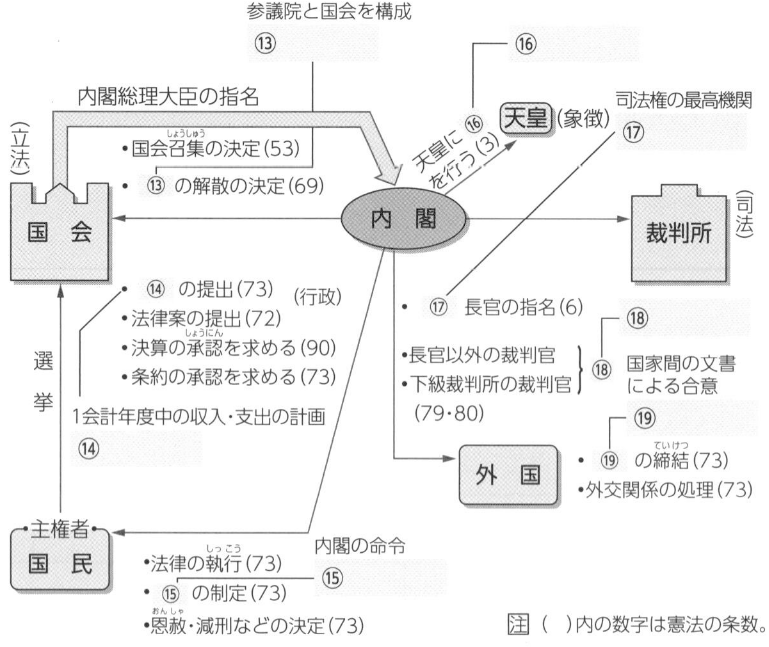

注（　）内の数字は憲法の条数。

▶次の[　　]に適語や数字を書きなさい。

5 内閣と国会の関係

1 **行政権**…国会が決めた法律にもとづいて，実際の政治を行うことを行政といい，行政権は[⑳　　　　]に属する。

2 **国会から生まれた内閣**…国会に対して連帯して責任を負っている。このような内閣と国会の関係を[㉑　　　　]制という。

3 **内閣は国会に対して責任をはたす**…責任をはたしていないと判断したとき，[㉒　　　　]院は内閣不信任決議案を提出することができる。

4 **内閣不信任案が可決された(信任案が否決された)とき**…内閣は10日以内に[㉒]院が[㉓　　　　]されない限り，[㉔　　　　]しなければならない。

5 **総選挙**…[㉒]院の[㉓]後，[㉕　　　　]日以内に総選挙を行わなければならない。

6 **新しい内閣**…総選挙後30日以内に召集(しょうしゅう)され，新しい内閣総理大臣を指名する国会を[㉖　　　　]会という。

6 内閣総理大臣と国務大臣

1 **内閣の構成**…内閣総理大臣および[㉗　　　　]からなる。内閣総理大臣と[㉗]は，軍人でない者すなわち[㉘　　　　]でなければならない。

2 **内閣総理大臣の決め方**…[㉙　　　　]が指名し，天皇が任命する。

3 **内閣総理大臣の権限**…[㉗]を任命できるが，その[㉚　　　　]は国会議員でなければならない。また，[㉗]を自由に辞めさせられる。

4 **内閣の会議**…[㉛　　　　]。この会議の決定は全会一致(いっち)でなければならない。

7 内閣の仕事

1 **天皇の[㉜　　　　]行為(こうい)**…[㉝　　　　]を行う。[㉜]行為は，国会の召集，[㉒]院の[㉓]，内閣総理大臣の任命，法律の公布など形式的・儀礼(ぎれい)的なものである。

2 **外　交**…外国と[㉞　　　　]を結ぶ。

3 **[㉟　　　　]の作成**…国会に提出する。

4 **政令の制定**…憲法や法律の規定を実施(じっし)するため。

8 行政組織

・2001年に中央省庁の大幅(おおはば)な再編があり，１府12省庁に簡素化された。おもな省庁は次の通り。

[㊱　　　　]省…地方財政・選挙・消防などをあつかう。
[㊲　　　　]省…財政・税金・造幣(ぞうへい)などをあつかう。
[㊳　　　　]省…学校教育・科学・スポーツなどをあつかう。
[㊴　　　　]省…社会保険・福祉(ふくし)・雇用(こよう)などをあつかう。
[㊵　　　　]省…国土開発・社会資本の整備などをあつかう。
[㊶　　　　]省…自衛隊を管理する。最高指揮権は首相がもつ。

⑳ ＿＿＿＿
㉑ ＿＿＿＿
㉒ ＿＿＿＿
㉓ ＿＿＿＿
㉔ ＿＿＿＿
㉕ ＿＿＿＿
㉖ ＿＿＿＿
㉗ ＿＿＿＿
㉘ ＿＿＿＿
㉙ ＿＿＿＿
㉚ ＿＿＿＿
㉛ ＿＿＿＿
㉜ ＿＿＿＿
㉝ ＿＿＿＿
㉞ ＿＿＿＿
㉟ ＿＿＿＿
㊱ ＿＿＿＿
㊲ ＿＿＿＿
㊳ ＿＿＿＿
㊴ ＿＿＿＿
㊵ ＿＿＿＿
㊶ ＿＿＿＿

Step A　Step B　Step C

●時間 20 分	●得点
●合格点 75 点	点

解答▶別冊14ページ

1 ［国会と内閣の関係］次の文を読んで，あとの各問いに答えなさい。　（5点×10－50点）

　行政権をもつ a 内閣は，内閣総理大臣とその他の国務大臣で構成される。その内閣総理大臣は，b 行政の最高責任者であり，［ A ］の中から［ B ］が指名し，［ C ］が任命する。国務大臣は内閣総理大臣が任命するが，その［ D ］は，国会議員でなければならない。また，内閣総理大臣と国務大臣は［ E ］でなければならない。そして内閣は，その下の行政官庁を含めて，c 行政機関と呼ばれる。d 内閣は，国会の信任のもとに成り立ち，行政権の行使について，国会に対して連帯して責任を負うことになっている。

　行政のしくみは，国によって異なり，e アメリカでは大統領制がとられている。

(1) 文中の［ A ］～［ E ］にあてはまる語句を答えなさい。

(2) 下線部 a について，仕事の方針は内閣総理大臣が議長となって，ある会議で決定する。この会議を何というか，答えなさい。

(3) 下線部 b について，その監督のもとに国の機関で働く人々のことを何というか，答えなさい。

(4) 下線部 c について，省庁とその外局の組み合わせとして誤っているものを，右の表中の**ア～オ**から1つ選び，記号で答えなさい。

	省庁	外局
ア	財務省	金融庁
イ	経済産業省	特許庁
ウ	文部科学省	文化庁
エ	総務省	消防庁
オ	国土交通省	海上保安庁

(5) 下線部 d について，このような内閣のしくみを何というか，答えなさい。

(6) 下線部 e について，アメリカ大統領が持つ権限として誤っているものを，次の**ア～エ**から1つ選び，記号で答えなさい。

ア　連邦議会を解散する権限　　**イ**　連邦議会の議員以外から各省長官を任命する権限

ウ　連邦議会が可決した法案を拒否する権限　　**エ**　連邦議会に対して教書を送付する権限

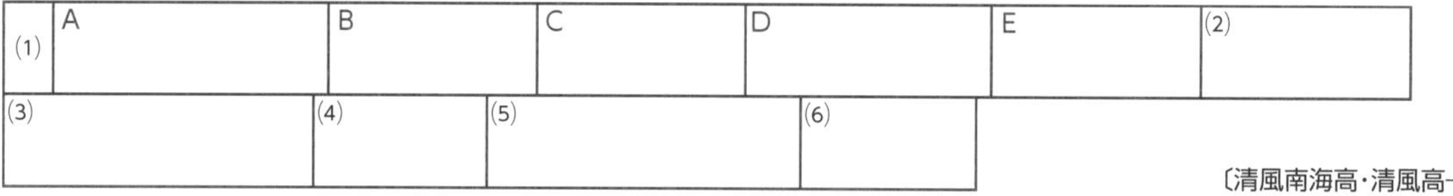

〔清風南海高・清風高－改〕

2 ［内閣のはたらき］右の図は，国会と内閣のおもな関係を示したものである。図を見て，あとの各問いに答えなさい。　（6点×2－12点）

国会：衆議院，参議院
内閣：内閣総理大臣，国務大臣
不信任決議
A
任免

(1) 次の**ア～エ**のうち，図中の矢印Aの関係を表しているものはどれか。1つ選び，記号で答えなさい。

ア　指名する。　　**イ**　国政調査を行う。

ウ　連帯責任を負う。　　**エ**　過半数は国会議員とする。

記述 (2) 衆議院で内閣不信任決議案が可決された場合，内閣はどのようにしなければならないか。「内閣は，」という書き出し部分を含め，簡単に書きなさい。

(1)	(2) 内閣は，

〔岩　手〕

3 [国会と内閣の役割] 次のア～エのうち，日本国憲法に定められている国会，内閣の役割のどちらにもあてはまらないものはどれか。1つ選び，記号で答えなさい。 (6点)

ア 政令を制定すること。　**イ** 内閣総理大臣を任命すること。

ウ 条約を承認すること。　**エ** 高等裁判所の裁判官を任命すること。

要 **4** [内閣制度] 次の(1)・(2)の文A・Bを読み，A・Bの文がともに正しい場合には**ア**，Aのみ正しい場合には**イ**，Bのみ正しい場合には**ウ**，A・Bがともに誤っている場合には**エ**の記号で答えなさい。 (6点×2－12点)

(1)
A 世界の国々の行政権の組織の代表的なものには，大統領制と議院内閣制がある。行政権の首長を国民が選挙によって選ぶ大統領制を採用しているのは，アメリカ，イギリス，フランスなどである。
B 内閣は内閣総理大臣と他の国務大臣，および各省庁の事務次官で構成される。内閣総理大臣は国会議員の中から国会で選ばれ，内閣は国会に対して責任を負わなければならない。

(2)
A 内閣総理大臣は，国会の指名により天皇が任命し，国務大臣は内閣総理大臣が任命するが，ともに文民でかつ国会議員でなければならない。
B 衆議院で内閣不信任案が可決されると，内閣は，10日以内に衆議院を解散するか，総辞職しなければならない。

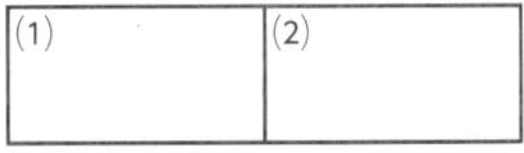

〔比治山女子高·大阪教育大附高(平野)〕

5 [天皇の仕事・内閣の仕事] 次の各問いに答えなさい。 (5点×4－20点)

(1)「天皇の国事行為」について正しくないものを，次の**ア**～**エ**から1つ選び，記号で答えなさい。

ア 天皇は，内閣の助言と承認により条約文書に調印する。

イ 天皇は，内閣の助言と承認により国会を召集する。

ウ 天皇は，国会の指名にもとづいて内閣総理大臣を任命する。

エ 天皇は，内閣の指名にもとづいて最高裁判所の長官を任命する。

(2)「内閣の仕事」を，次の**ア**～**オ**から2つ選び，記号で答えなさい。

ア 最高裁判所の長官を指名したり，その他の裁判官を任命したりする。

イ 法律や行政機関の行為が，憲法に違反していないかどうかを審査する。

ウ 法律で決められたことを実行するために，政令を制定する。

エ 国の政治のようすを，証人を呼ぶなどして調査する。

オ 各議院の総議員の3分の2以上の賛成で，憲法改正を発議する。

(3)「内閣が総辞職しなければならない場合」でないものを次から1つ選び，記号で答えなさい。

ア 内閣総理大臣が欠けたとき。

イ 参議院が予算を30日以内に議決しないとき。

ウ 衆議院が内閣不信任案を可決し，衆議院が解散されないとき。

エ 衆議院議員総選挙の後にはじめて国会の召集があったとき。

(1)	(2)		(3)

〔暁高·宮城一改〕

9 裁判所のはたらきと三権分立

Step A　Step B　Step C

解答▶別冊14ページ

▶次の　　　に適語を入れなさい。

1 裁判の種類

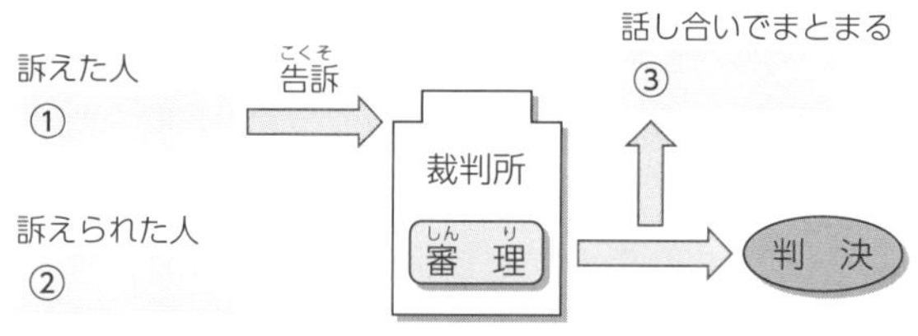

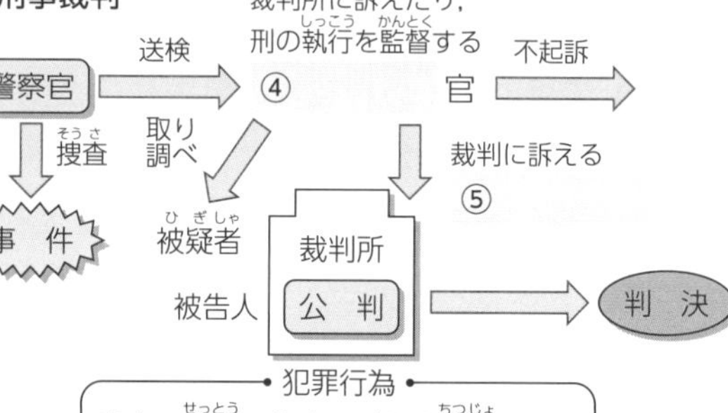

2 三審制と裁判所の種類

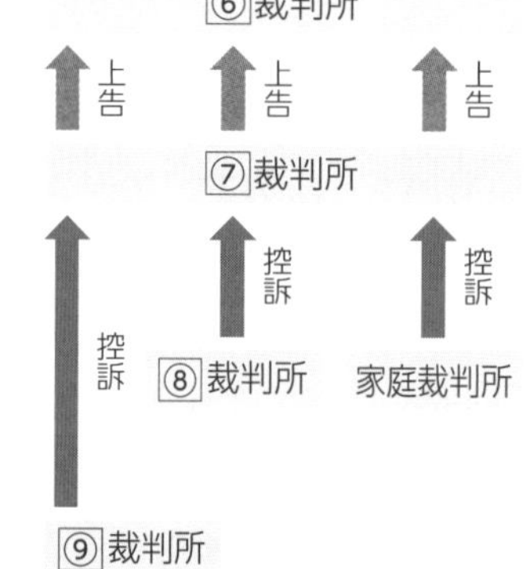

3 法曹人口

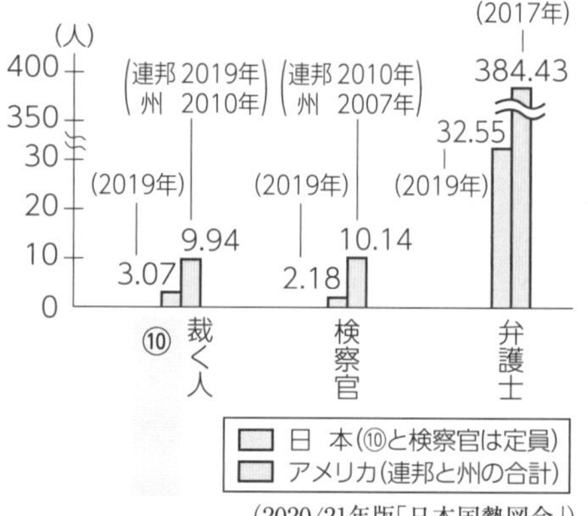

4 三権分立のしくみ

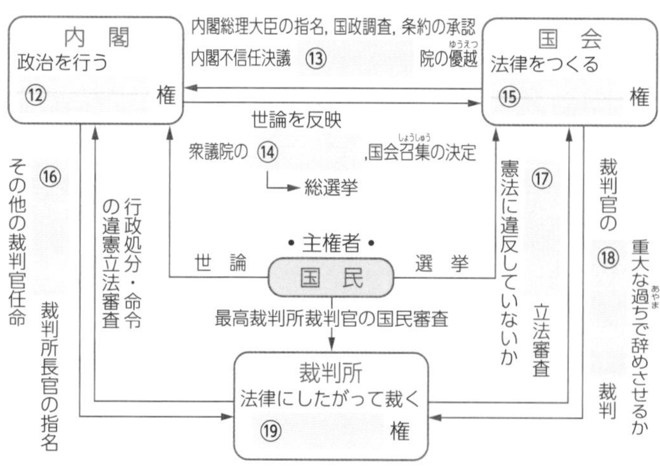

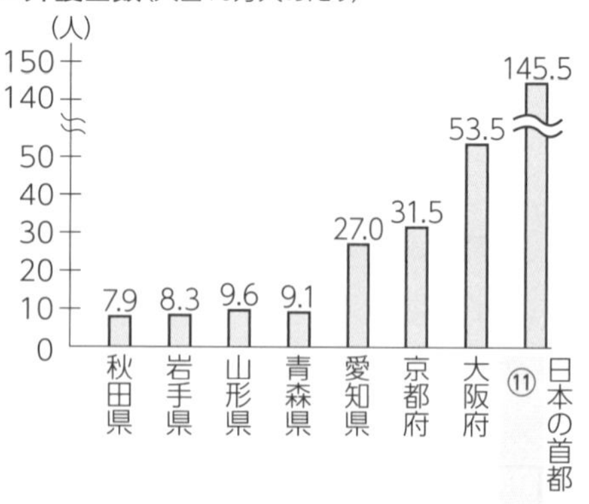

▶次の[　　]に適語を書きなさい。

5 裁判所の種類

1 **司法権**…[⑳　　　　]裁判所と下級裁判所に属する。

2 **下級裁判所**…高等裁判所・[㉑　　　　]裁判所・家庭裁判所・簡易裁判所がこれにあたる。

6 裁判の種類

1 **私人(個人や企業など)の間の争いやもめごと**…[㉒　　　　]裁判。

2 **国や地方公共団体を相手に裁判をおこす**…[㉒]裁判のうちでも，特に[㉓　　　　]裁判という。

3 **人の生命・財産をおびやかした者が相手**…[㉔　　　　]裁判。

7 三審制と裁判員制度

1 **同じことがらで裁判は3回まで**…国民はだれでも3回まで裁判を受けられる。[㉕　　　　]制という。

2 **[㉕]制の目的**…裁判を慎重にまちがわないように行うことで，国民の[㉖　　　　]を守るため。

3 **最終の判決**…[㉕]制では，最高裁判所の判決が最終の判決であり，最高裁判所は[㉗　　　　]の裁判所。

4 **一般の国民が裁判に加わる**…抽選で選ばれた国民と裁判官で判決を出す[㉘　　　　]制度。

8 司法権の独立

1 **司法権の独立**…憲法第76条で，「すべて裁判官は，その[㉙　　　　]に従ひ独立してその職権を行ひ，この憲法及び法律にのみ拘束される。」と定め，司法権の独立を明らかにしている。

2 **最高裁判所の裁判官**…任命後はじめて行われる衆議院議員の総選挙の際に，適任かどうかの[㉚　　　　]を受ける。

3 **10年ごと**…[㉚]の制度は，10年ごとに[㉛　　　　]の際に行われる。

9 三権分立

1 **三　権**…[㉜　　　　]権・行政権・司法権の3つをさす。

2 **三権分立の考え**…最初に唱えたのは，フランスの[㉝　　　　]で，その著書『法の精神』で主張した。

3 **憲法にてらす**…裁判所は，国会が定めた法律，内閣が定めた政令などが，憲法に違反していないかどうかを決める[㉞　　　　]権をもっている。

4 **裁判官の罷免**…国会は，国会内に[㉟　　　　]裁判所を設けて，不適任であると判断された裁判官を罷免できる。

5 **最高裁判所の長官**…内閣の指名にもとづき，[㊱　　　　]が任命する。

6 **下級裁判所の裁判官**…最高裁判所が指名した名簿にもとづき，内閣は下級裁判所の裁判官を[㊲　　　　]する。

⑳ ______
㉑ ______
㉒ ______
㉓ ______
㉔ ______
㉕ ______
㉖ ______
㉗ ______
㉘ ______
㉙ ______
㉚ ______
㉛ ______
㉜ ______
㉝ ______
㉞ ______
㉟ ______
㊱ ______
㊲ ______

Step A　Step B　Step C

●時 間 20 分　●合格点 75 点　●得 点　点

解答▶別冊15ページ

重要 **1** ［裁判を受ける権利］ 次のⅠ・Ⅱの図は，刑事裁判までの流れと刑事裁判における三審制（さんしんせい）のしくみをそれぞれ模式的に示したものである。あとの問いに答えなさい。

なお，Ⅱの図中の３か所の（　B　）には，同じことばがあてはまる。（14点×3－42点）

Ⅰ　刑事裁判までの流れ

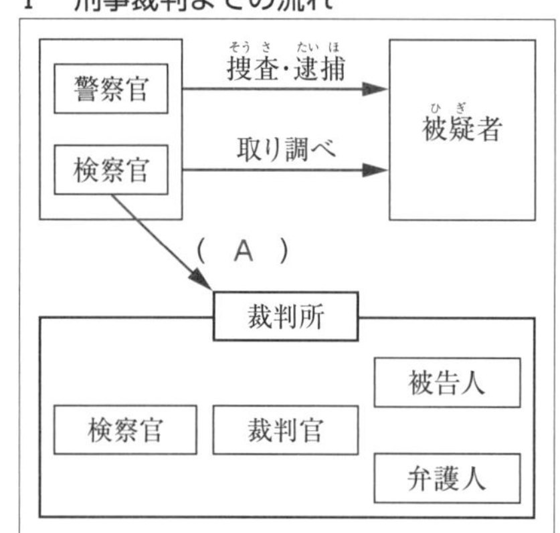

Ⅱ　刑事裁判における三審制のしくみ

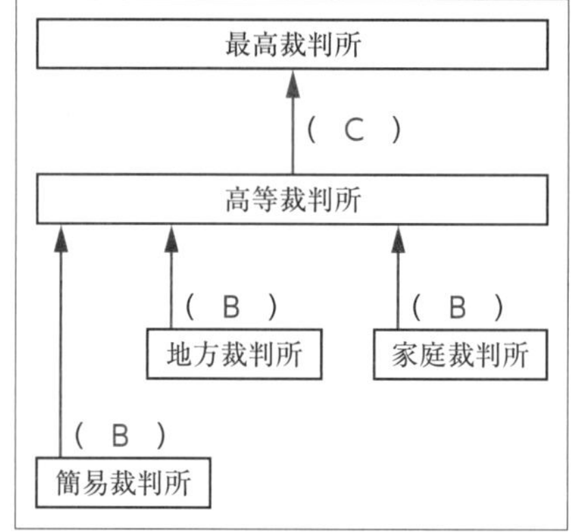

⑴ Ⅰ，Ⅱの図中の（　A　）～（　C　）にあてはまることばの組み合わせとして最も適当なものを，次の**ア**～**カ**から１つ選び，記号で答えなさい。

ア　A　起訴（きそ）　B　控訴（こうそ）　C　上告
イ　A　起訴　B　上告　C　控訴
ウ　A　控訴　B　起訴　C　上告
エ　A　控訴　B　上告　C　起訴
オ　A　上告　B　起訴　C　控訴
カ　A　上告　B　控訴　C　起訴

⑵ 刑事事件や刑事裁判に関して述べた文として誤っているものを，次の**ア**～**エ**から１つ選び，記号で答えなさい。

ア　被疑者（ひぎしゃ）であっても，裁判官の出す令状がなければ，現行犯の場合を除（のぞ）いて逮捕（たいほ）されない。
イ　被疑者には，刑事事件の取り調べにおいて，黙秘（もくひ）する権利が認められている。
ウ　地方裁判所では，重大な犯罪にかかわる裁判を裁判員制度の対象とすることはできない。
エ　刑事裁判において，被告人は，有罪の判決を受けるまで無罪と推定される。

⑶ 次の文は，日本の裁判における原則についてまとめたものである。文中の（　　）にあてはまる最も適当なことばを，漢字３字で書きなさい。

なお，文中の２か所の（　　）には，同じことばがあてはまる。

> 日本国憲法には，「すべて（　　）は，最高裁判所及び法律の定めるところにより設置する下級裁判所に属する」（第76条）と規定されており，国会や内閣が裁判所の活動に対して圧力や干渉（かんしょう）を加えてはならない「（　　）の独立」という原則が保障されている。

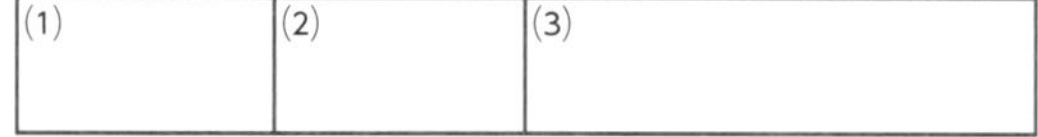

⑴	⑵	⑶

〔愛知―改〕

2 ［三権分立］雄太さんは，国会・内閣・裁判所と，三権分立のしくみについて調べた。ポスターは，そのとき調べたことをまとめたものの一部である。あとの問いに答えなさい。

（(1)(2)9点×2，(3)10点×4－58点）

ポスター

	まとめ	三権分立のしくみ
国会	○国会は，国の唯一の立法機関である。 ○法律案は，内閣または国会議員から提出され，専門の委員会と本会議において審議される。	立法権（国会） 国民 行政権（内閣）　a　司法権（裁判所）
内閣	○行政権は，内閣に属する。 ○内閣総理大臣とすべての国務大臣で構成される閣議を開いて，行政の運営について決定する。	
裁判所	○司法権は，最高裁判所および下級裁判所に属する。 ○最高裁判所は，違憲審査権を行使して法律などを最終的に無効にすることができ，［ X ］と呼ばれる。	

(1) 内閣は，国会の信任に基づいて成立するが，その内閣が国会に対して連帯して責任を負う制度を何というか，書きなさい。

(2) ポスター中の［ X ］にあてはまることばとして適切なものを，次の**ア**～**エ**から1つ選び，記号で答えなさい。

ア　最高法規　　**イ**　弾劾裁判所

ウ　憲法の番人　　**エ**　民主主義の学校

(3) 三権分立のしくみについて，次の問いに答えなさい。

①ポスター中のaの矢印が示す内容として適切なものを，次の**ア**～**エ**から1つ選びなさい。

ア　最高裁判所長官の指名　　**イ**　内閣総理大臣の指名

ウ　国民審査　　**エ**　衆議院の解散の決定

②次の文は，雄太さんが，三権分立についてまとめたものである。［ Y ］，［ Z ］にあてはまることばを，それぞれ書きなさい。

> 三権分立とは，立法権・行政権・司法権をそれぞれ別の機関に与えることで，［ Y ］を防ぎ，国民の［ Z ］という考え方である。

③三権分立について述べた文として正しくないものを，次の**ア**～**エ**から1つ選び，記号で答えなさい。

ア　国会や内閣による憲法に反する行いを阻止するために，裁判所は国会や内閣には抑制されない。

イ　国会は国権の最高機関であるが，内閣や裁判所から抑制されることもある。

ウ　国会は，問題のある裁判官を裁判によって辞めさせることができる。

エ　最高裁判所裁判官の国民審査によって，国民の意思を司法権に反映させることができる。

(1)	(2)	(3) ①	② Y
Z	③		

〔山形―改〕

10 地方自治と住民の政治参加

Step A　Step B　Step C

解答▶別冊15ページ

▶次の　　　に適語や数字を入れなさい。

1 地方自治のしくみ

行政の長の総称 ①

都道府県の長 ②

行政の長の補佐(ほさ) ③ ・副知事

実務を行う人など ④ 公務員

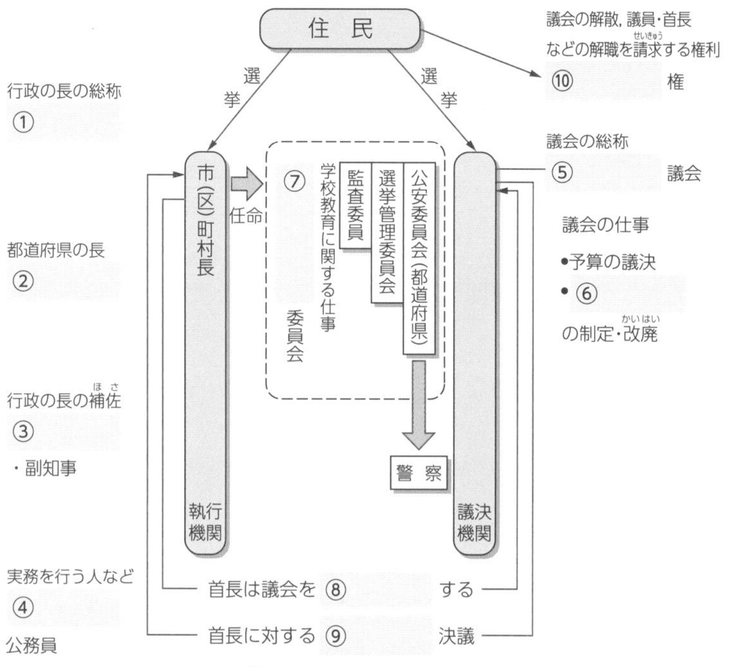

議会の解散, 議員・首長などの解職を請求(せいきゅう)する権利 ⑩ 権

議会の総称 ⑤ 議会

議会の仕事
- 予算の議決
- ⑥ の制定・改廃(かいはい)

2 住民の選挙権・被選挙権

	選挙権	被選挙権	任期
地方議会の議員	⑪ 歳(さい)以上	⑫ 歳以上	⑬ 年
地方公共団体の長	⑭ 歳以上	市町村長 ⑮ 歳以上 知事 ⑯ 歳以上	⑰ 年

3 住民の直接請求権

直接請求権の種類	請求先	成立の条件
条例の制定・改廃	首長	有権者の ⑱ 以上の署名
監査(かんさ)請求	監査委員	
解散請求	選挙管理委員会	有権者の ⑲ 以上の署名
解職請求	選挙管理委員会(首長・議員) 首長(おもな公務員)	

4 地方公共団体の財政

■ 歳入の移り変わり

収入不足を補う借金 ㉑ 債(さい)

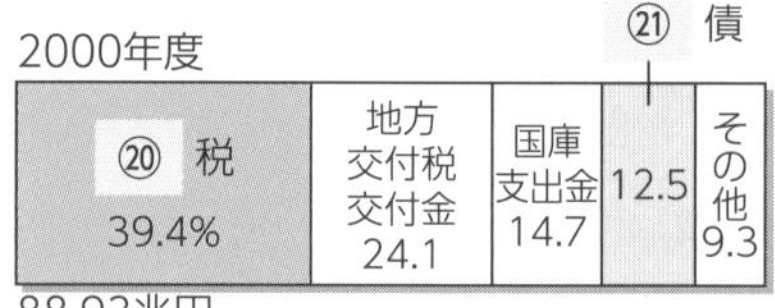

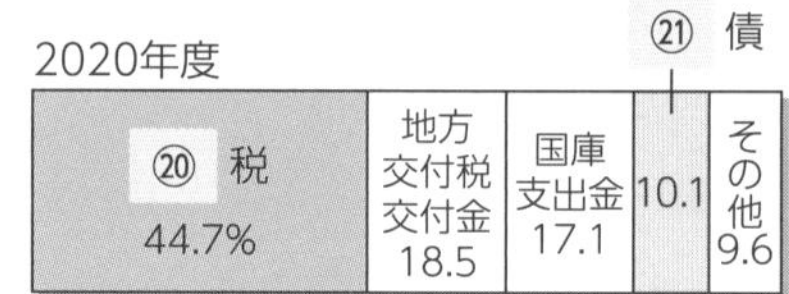

(2020/21年版「日本国勢図会」など)

■ 歳出の移り変わり

借金の返済 ㉒ 費

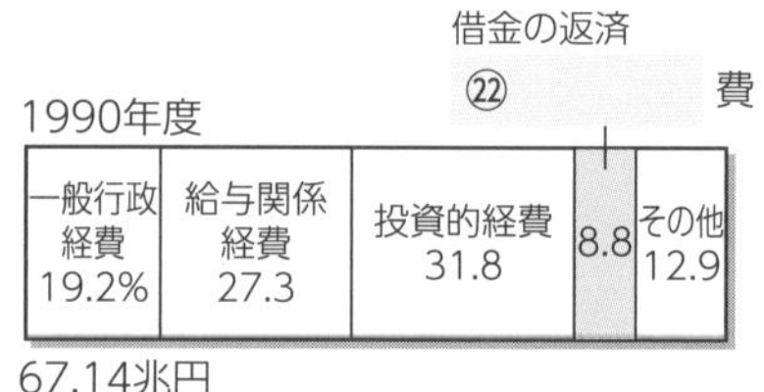

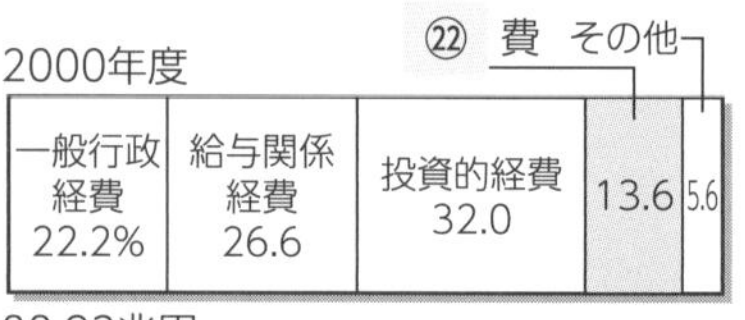

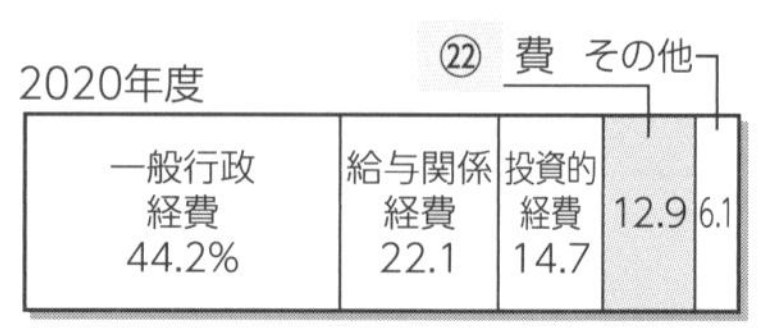

(2020/21年版「日本国勢図会」など)

▶次の[　　]に適語や数字を書きなさい。

5 地方公共団体のしくみ

1 **地方公共団体の別の呼び方**…[㉓　　　　]ともいう。
2 **地方公共団体の構成**…執行機関と[㉔　　　　]機関の議会からなる。
3 **専門委員会**…執行機関から独立し，民主的な行政を行う[㉕　　　　]委員会がある。
4 **委員会の委員**…[㉕]委員会の委員は[㉖　　　　]が任命。
5 **学校教育や学校運営をする委員会**…[㉗　　　　]委員会。
6 **議員の任期**…都道府県議会，市町村議会ともに[㉘　　　　]年。
7 **議会で制定するきまり**…議会で議決して制定する地方公共団体のきまりを[㉙　　　　]という。法律に反しない限りで制定できる。
8 **東京都の区**…[㉚　　　　]区あり，特別地方公共団体として，市に準じた自治権をもつ(特別区)。
9 **地方公共団体の自治の保障**…1947年に制定，公布された[㉛　　　　]法で保障。
10 **都道府県知事の被選挙権**…満[㉜　　　　]歳以上である。
11 **首長の不信任決議**…地方議会が首長の不信任を可決(信任を否決)したとき，首長は議会を[㉝　　　　]することができる。

6 地方公共団体の仕事

1 **住みよい環境づくり**…上下[㉞　　　　]，道路・港湾・公園などの整備を行う。
2 **教育や文化関係の施設をつくる**…[㉟　　　　]・図書館・公民館などをつくり，運営する。
3 **住民の足を確保**…バスや鉄道など[㊱　　　　]事業を行う。

7 住民の直接請求権

1 **条例の制定や改廃を請求**…[㊲　　　　]。
2 **首長や議員などの解職を請求**…[㊳　　　　]。
3 **住民による投票**…国会が特定の地方公共団体に適用する法律を制定する場合に，その地方の住民が投票し，その過半数の同意を得なければならない。その投票を[㊴　　　　]という。

8 地方公共団体の財源

1 **地方公共団体の主たる財源**…国が徴収する国税に対して，[㊵　　　　]という。
2 [㊶　　　　]…国税の一部を，収入の少ない地方公共団体に与えるもの。
3 [㊷　　　　]…公共事業の補助金で，国から使いみちを決められて，国から与えられるもの。
4 **収入不足を補うもの**…地方公共団体が，自ら借金となる[㊸　　　　]を発行して，収入不足を補う。

㉓
㉔
㉕
㉖
㉗
㉘
㉙
㉚
㉛
㉜
㉝
㉞
㉟
㊱
㊲
㊳
㊴
㊵
㊶
㊷
㊸

月　日

Step A　Step B　Step C

●時間 25 分　●合格点 75 点　●得点　点

解答▶別冊16ページ

重要 **1** [住民の権利] 次の図は，住民と地方自治体の関係を示したものである。これを見て，あとの各問いに答えなさい。 (7点×7−49点)

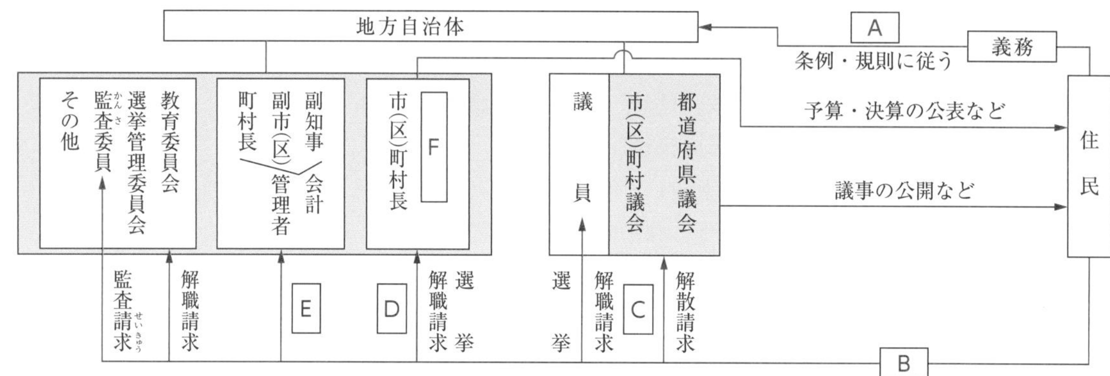

(1) 図のA～Fにあてはまるものはどれか。次の**ア**～**ケ**からそれぞれ１つずつ選び，記号で答えなさい。

ア 権利　**イ** 執行　**ウ** 納税　**エ** 控訴　**オ** 法律の制定
カ 解職請求　**キ** 知事　**ク** 請願　**ケ** 条例の制定または改廃の請求

(2) 住民が議会の解散を請求するために必要な有権者の署名数はどれだけか。次の**ア**～**エ**から１つ選び，記号で答えなさい。

ア 6分の1以上　**イ** 5分の1以上　**ウ** 4分の1以上　**エ** 3分の1以上

(1)	A	B	C	D	E	F	(2)

〔山梨〕

2 [地方自治と財政] 次の文を読んで，あとの各問いに答えなさい。 (8点×2−16点)

地方自治では，住民の意思がじゅうぶんに反映されるように，地方公共団体の長(首長)や地方議会の議員の選挙権をはじめ，直接請求権や住民投票など，多くの権利が住民に保障されている。

地方議会は，予算の議決や決算の承認，□の制定・改廃などを行う。地方公共団体が仕事をしていくための費用は，おもに，地方税や地方債，国からの地方交付税交付金や国庫支出金などでまかなわれている。

(1) 文中の□にあてはまる語句を，次の**ア**～**エ**から１つ選び，記号で答えなさい。

ア 条約　**イ** 条例　**ウ** 政令　**エ** 法律

(2) 文中の下線部について，正しく述べているものを，次の**ア**～**エ**から１つ選び，記号で答えなさい。

ア 首長の解職を議会に請求する権利
イ 首長の仕事などについて，監査委員に監査を請求する権利
ウ 議員の解職を首長に請求する権利
エ 地方裁判所裁判官の罷免を人事委員会に請求する権利

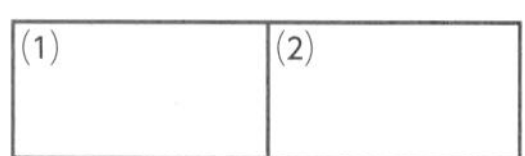

〔愛知一改〕

3 ［地方自治のしくみ］次の各問いに答えなさい。 （7点×5－35点）

⑴ 首長と議会の関係に関する記述として誤っているものを，次の**ア**～**エ**から１つ選び，記号で答えなさい。

ア 首長が予算案を作成し，議会の議決によって予算として成立し，首長が執行(しっこう)する。

イ 首長が副知事または副市町村長を選任する場合には，議会の同意が必要である。

ウ 議会は首長を不信任決議できるが，それに対抗(たいこう)して，首長は議会を解散できない。

エ 首長は，議会の議員と兼職(けんしょく)することができない。

⑵ 条例についての記述として適切なものを，次の**ア**～**エ**から１つ選び，記号で答えなさい。

ア 憲法は，「法律の範囲(はんい)内」で，条例を制定することができると定めている。

イ 議員による条例案の議会への提出について，法律は提出に必要な賛成者に関する要件を定めていないので，議員１人でも提出することができる。

ウ 法律は，条例違反の行為に対し，懲役(ちょうえき)など刑法(けいほう)が定める刑罰(けいばつ)を科することを禁止している。

エ 条例は，議会の議長が公布する。

⑶ 首長と議会議員の被(ひ)選挙権や任期に関する記述として誤っているものを，次の**ア**～**エ**から１つ選び，記号で答えなさい。

ア 都道府県知事の被選挙権は，日本国民で30歳(さい)以上の者がもつ。

イ 議員の任期は２年である。

ウ 都道府県知事の任期は４年である。

エ 市町村長の被選挙権は，日本国民で25歳以上の者がもつ。

⑷ 直接請求(せいきゅう)権について，請求先および請求が受理された後の手続きに関する記述として誤っているものを，次の**ア**～**エ**から１つ選び，記号で答えなさい。

ア 議会の解散請求は，選挙管理委員会に対して行われ，住民投票において過半数の同意があれば，解散が成立する。

イ 条例の制定・改廃(かいはい)請求は，首長に対して行われ，議会にかけて可決されれば，その条例が制定・改廃される。

ウ 首長の解職請求は，選挙管理委員会に対して行われ，住民投票において過半数の同意があれば，解職が成立する。

エ 議員の解職請求は，首長に対して行われ，議会にかけて可決されれば，解職が成立する。

⑸ 次の３つのグラフは，沖縄県・大阪府・東京都の財政収入の内容である。グラフ中のａ～ｃの組み合わせとして正しいものを，次の**ア**～**カ**から１つ選び，記号で答えなさい。

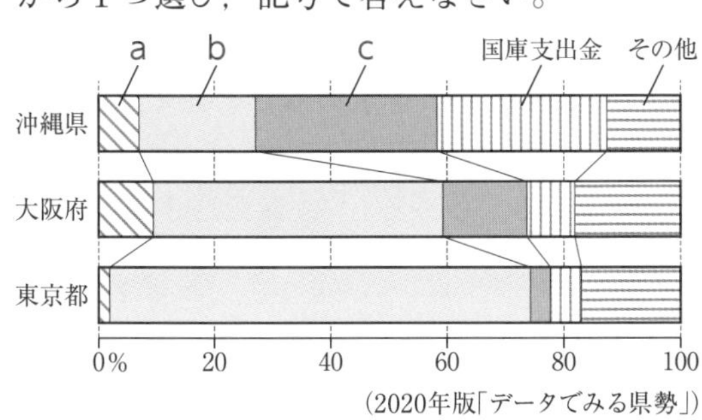

（2020年版「データでみる県勢」）

	ア	イ	ウ	エ	オ	カ
a	地方税	地方税	地方交付税交付金など	地方交付税交付金など	地方債	地方債
b	地方交付税交付金など	地方債	地方税	地方債	地方税	地方交付税交付金など
c	地方債	地方交付税交付金など	地方債	地方税	地方交付税交付金など	地方税

⑴	⑵	⑶	⑷	⑸

〔ラ・サール高・大阪教育大附高(平野)―改〕

月　日

Step A　Step B　Step C-②

●時間 30分　●合格点 70点　●得点　点

解答▶別冊16ページ

難 **1** 次のA～Dの文を読んで，文中の①～④に入る語句を答えなさい。また，各文中の下線部に関連したア～エの短文から誤りのものを1つずつ選び，記号で答えなさい。（8点×8－64点）

A 間接民主政治では，選挙は，国民が（　①　）を行使する最も大切な機会である。日本の政治はもちろん間接民主政治が基本だが，いくつかの制度で直接民主政治の形がとられている。

ア 国民審査（しんさ）は，衆議院議員選挙にあわせて，最高裁判所の裁判官15名全員を対象に行う。

イ 憲法改正は，国会の各議院で総議員の３分の２以上の賛成で発議され，国民投票にかける。

ウ １つの地方公共団体のみにしか適用されない特別法は，住民投票にかけて過半数の同意がなければ成立しない。

エ 地域住民の直接請求（せいきゅう）権の行使には，地方自治法で定める有権者数の署名を必ず集めなければならない。

B 日本国憲法では，国会は「国権の（　②　）」として位置づけられている。国会は，法律の制定・予算の議決・条約の承認・内閣総理大臣の指名をはじめとして，多くの大切な仕事を行っている。

ア 法律案は内閣にも提出権が認められており，法案の成立数は，内閣の提出する法律案の方が議員の提出する法律案より多くなっている。

イ 内閣によって衆議院に提出された予算は，まず衆議院本会議において審議（しんぎ）が行われる。

ウ 参議院が衆議院の承認した条約を受けとってから30日以内に議決しないときは，条約は国会で承認となる。

エ 総選挙後はじめて国会が召集（しょうしゅう）されると，内閣は総辞職し，新しい内閣総理大臣を指名する。

C 国民の権利を最終的に守るのが裁判所である。裁判は公正に行わなければならないし，裁判で人権が侵害（しんがい）されるようなことがあってはならない。日本国憲法では，まず（　③　）を保障し，裁判所や裁判官が外部のあらゆる機関から干渉（かんしょう）を受けたりすることのないようにしている。

ア 被告（ひこく）人は，自己に不利益な証拠（しょうこ）が本人の自白だけしかない場合には有罪とされない。

イ 裁判は，第一審の判決に不服があれば第二審へ控訴（こうそ）し，さらにその判決に不服であれば第三審へ上告できる。

ウ 判決の確定後でも再審（さいしん）を請求できるが，死刑囚（しけいしゅう）についてはまだ再審が認められていない。

エ 被告人が裁判で無罪判決を受けた場合，被告人は国に補償（ほしょう）を求めることができる。

D 地方財政においては，（　④　）が自主財源の多くをしめる。しかし，自主財源だけでは財源に不足をきたすので，足りない分は国からの援助（えんじょ）にたよっている。

ア 地方交付税交付金は，使用目的を決められていないので，自由に使うことができる。

イ 地方交付税交付金は，地方自治体の行政サービスの地域間格差をうめるのを目的とする。

ウ 国庫支出金は，地方自治体が行う特定事業に，国が費用を一定の割合で負担するものである。

エ 財源が不足する場合，地方自治体は自由に地方債（さい）を発行し，資金を調達できる。

①	②	③	④
A	B	C	D

〔愛光高〕

2 次の図は，ある生徒が「三権分立」についてまとめたものである。あとの問いに答えなさい。

（(4)(5)10点×2，他4点×4－36点）

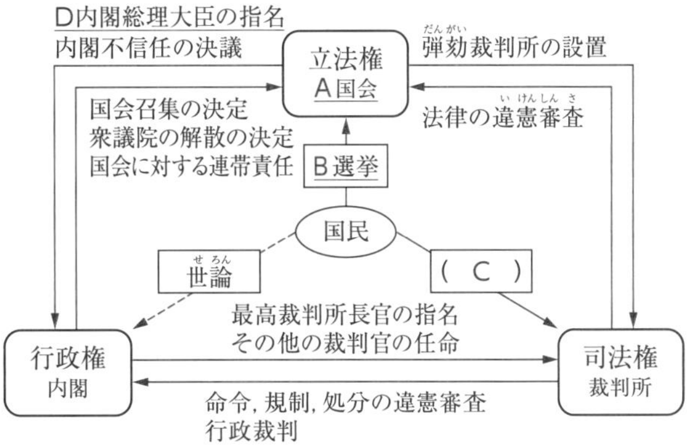

(1) 下線部Aについて，次の①・②に答えなさい。

①内閣が必要と認めたとき，または衆議院・参議院いずれかの議院の総議員の４分の１以上の要求があった場合に召集される国会を，次の**ア**～**エ**から１つ選びなさい。

ア　常会（通常国会）
イ　特別会（特別国会）
ウ　臨時会（臨時国会）
エ　参議院の緊急集会

②証人を議会に呼んで質問したり，政府に記録の提出を要求したり，政治全般について調査することができる，衆議院と参議院が持つ権限を何というか，書きなさい。

(2) 下線部Bについて，得票に応じて各政党の議席数を決める選挙制度を何というか，書きなさい。

(3) 最高裁判所の裁判官の任命が適切かどうか，直接，国民が判断する（　C　）を何というか，書きなさい。

記述 (4) 下線部Dについて，次の資料は，衆議院と参議院での投票結果である。この投票結果にもとづいて，衆議院と参議院が異なる国会議員を指名し，両院協議会を開いても意見が一致しなかった場合に，内閣総理大臣として指名される議員を，資料中のａ～ｄ議員の中から１人選び，記号で答えなさい。また，その理由も書きなさい。

資料

	ａ議員	ｂ議員	ｃ議員	ｄ議員
衆議院	151票	233票	63票	18票
参議院	150票	65票	17票	10票

記述 (5) 三権分立について述べた下の文中の［　　　］に入る適切な内容を，「権力」という語を用いて書きなさい。

三権分立によって，［　　　　　　］を防ぎ，国民の自由や権利が守られている。

(1)	①	②	(2)	(3)
(4)	議員	理由		
(5)				

〔青森一改〕

11 価格のはたらきと市場経済

Step A　Step B　Step C

解答▶別冊17ページ

▶次の　　　に適語を入れなさい。

1 家計の収入と支出の流れ

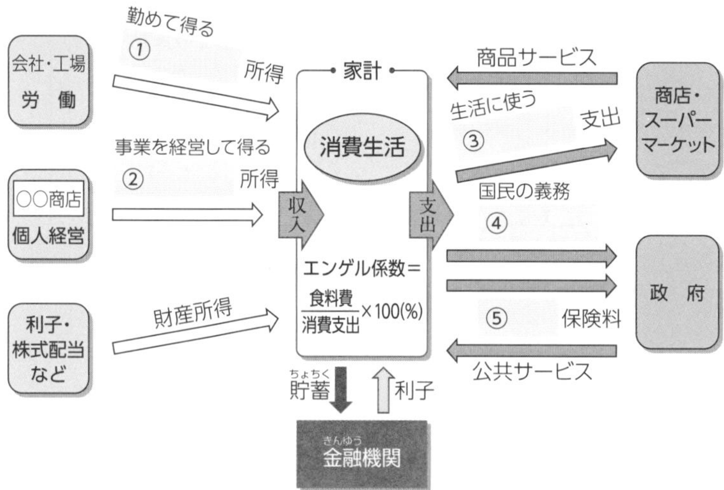

2 家計の収入と支出

収入の種類	支出の種類
①　所得 ②　所得 •財産所得 •そ の 他	•実支出 ③　支出 非消費支出 ④ 困ったときに給付を受けるその掛け金 ⑤　保険料 •実支出以外の支出 貯金 ・ 配当を受けるものは貯蓄あつかい ⑥　　保険料 •その他

3 市場価格の決まり方

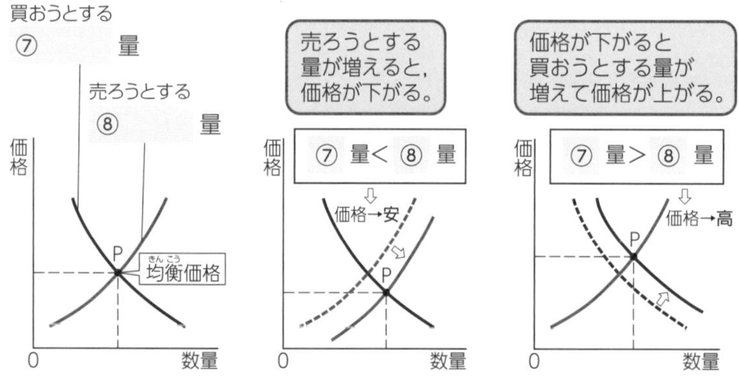

4 他の価格に大きな影響をおよぼす料金 ⑨　　料金品目リスト

国会や政府が決定するもの

社会保険診療報酬
お年よりや病人の世話をする
⑩　　報酬

政府が認可・上限認可するもの

電気料金
JRや私鉄の
⑪　　運賃
乗合バス運賃，タクシー運賃，
郵便料金
(定期刊行物の郵便料金等)

政府に届け出るもの

国内航空運賃，
郵便料金(手紙やはがきの郵便料金等)

地方公共団体が決定するもの

公営水道料金，公立学校授業料，
公衆浴場入浴料

5 3つの経済主体の関係(国民経済)

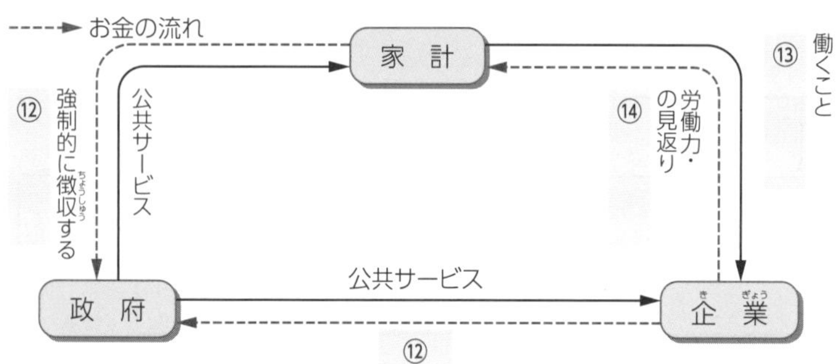

▶次の[　　]に適語を書きなさい。

6 家　計

1 **家庭の経済**…家庭の収入と支出を[⑮　　　　]という。

2 [⑮]の収入は，およそ次の３つ。

㋐[⑯　　　　]…会社や工場などに勤めて，賃金として得る収入(所得)。

㋑[⑰　　　　]…会社や工場などを経営して得る収入(所得)。

㋒[⑱　　　　]…家賃・地代・利子など財産をもとにして得る収入(所得)。

3 **家庭の支出**…[⑮]の支出のうち，食料費・住居費・光熱費・被服費・雑費を合わせて[⑲　　　　]支出という。

4 **エンゲル係数の高さ**…[⑮]の豊かさをはかる尺度として，エンゲル係数は収入(所得)が高いほど[⑳　　　　]くなる。

7 価　格

1 **市場で決まる価格**…市場で需要と供給の関係で決まる価格を[㉑　　　　]という。

2 **需要量と供給量が一致**…[㉑]の中でも，需要量と供給量が一致して決まる価格を，特に[㉒　　　　]という。

3 **需要量が供給量を上回る場合**…市場経済においては，一般に市場価格は[㉓　　　　]。

4 **少数の大企業が市場を支配**…生産や販売で小数の大企業が市場を支配することを[㉔　　　　]という。

5 **１つの大企業が価格を決める**…[㉔]が進むと，１つの大企業が市場を[㉕　　　　]し，そしてその企業が決める価格を[㉕]価格という。

6 **国民生活に大きな影響を与えるもの**…郵便・電気・ガス・水道・鉄道のサービスなどの価格は[㉖　　　　]料金といい，国会や政府，地方公共団体が決定・認可する。

8 ３つの経済主体の結びつき

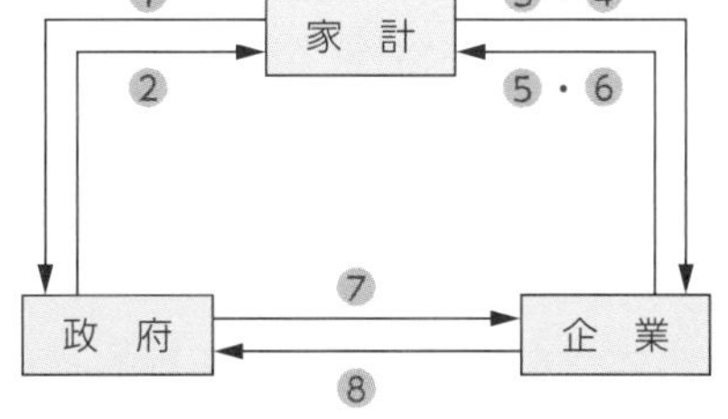

1 **家計から政府へ**…[㉗　　　　]が納付される。

2 **政府から家計へ**…学校教育・警察などの公共[㉘　　　　]を行う。

3 **家計から企業へ**…企業が生産する[㉙　　　　]やサービスを購入し，[㉚　　　　]を払う。

4 **家計から企業へ**…多くは企業に雇われ，[㉛　　　　]力を提供する。

5 **企業から家計へ**…[㉙]やサービスを生産し，家計が購入する。

6 **企業から家計へ**…[㉛]力提供の見返りに企業から[㉜　　　　]を得る。

7 **政府から企業へ**…家計や企業の納めた[㉗]で，道路・橋・学校・公園などを企業に建設させる[㉝　　　　]事業を行う。

8 **企業から政府へ**…[㉞　　　　]の中から法人税を政府に納めたり，政府が必要とする[㉙]やサービスを売ったりする。

⑮

⑯

⑰

⑱

⑲

⑳

㉑

㉒

㉓

㉔

㉕

㉖

㉗

㉘

㉙

㉚

㉛

㉜

㉝

㉞

Step A　Step B　Step C

●時 間 25 分	●得 点
●合格点 75 点	点

解答▶別冊17ページ

1 [家計と消費生活] 次の文を読んで，あとの各問いに答えなさい。 (6点×11−66点)

a 所得を得て，b 消費を中心に行う(　A　)の支出の内訳には，食料費や住居費など日常の生活のために支払われる(　B　)支出がある。この他に税金，家族の将来に備えて収入の一部をたくわえておく預貯金や年金の掛け金・保険料，さらに c ローンの支払いなどがある。

(1) (　A　)・(　B　)にあてはまる語句を答えなさい。

(2) 下線部 a の種類について説明した次のP～Sにあてはまるものを，あとの**ア～エ**からそれぞれ1つ選び，記号で答えなさい。

P　土地や家を貸して得られる地代や家賃
Q　会社や工場などで働いて得られる賃金
R　高齢者の年金や失業した人が受給する雇用保険
S　農業を営んだり，商店などを自営したりして得られる所得

ア　事業(個人業主)所得　**イ**　給与所得　**ウ**　移転所得　**エ**　財産所得

(3) 下線部 b に関連して，次の問いに答えなさい。

①消費者の権利については，アメリカのケネディ大統領が，消費者の4つの権利を示した。この4つの権利にあてはまらないものを，次の**ア～オ**から1つ選び，記号で答えなさい。

ア　安全を求める権利　**イ**　知らされる権利
ウ　選ぶ権利　**エ**　平等かつ公平である権利
オ　意見を反映させる権利

②次のX～Zの内容の説明として正しいものを，あとの**ア～エ**からそれぞれ1つ選び，記号で答えなさい。

X　消費者基本法の制定　Y　製造物責任法の制定　Z　消費者契約法の制定

ア　商品について事実と異なる説明があった場合や，不適切な勧誘で消費者が契約してしまった場合は，契約の取り消しが可能となる。

イ　欠陥商品によって発生した消費者被害の救済を目的とし，製品の欠陥を証明するだけで損害賠償請求が可能となる。

ウ　消費者の権利及び事業者の消費者に対する責務を明記し，消費者の権利擁護と自立支援を目的とする。

エ　消費者の身体の安全を確保することを目的とし，情報の一元的な集約・分析と消費者利益の増進をはかる。

(4) 下線部 c はクレジット契約によることもある。クレジット契約は，書面の交付を受けたときから8日以内であれば，申し込みを取り消すことができる。この制度名を答えなさい。

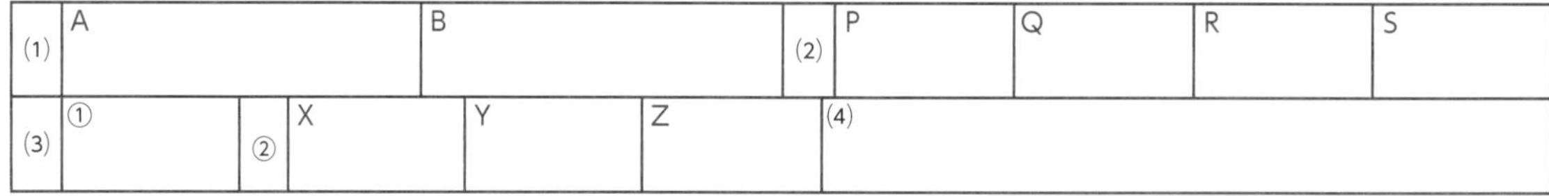

(1)	A	B	(2)	P	Q	R	S
(3)	①	②	X	Y	Z	(4)	

〔青雲高・大阪教育大附高(平野)・東京学芸大附高一改〕

2 ［需要と供給］次のⅠ～Ⅲの文章を読んで，あとの問いに答えなさい。 （(1)10点，他8点×3－34点）

Ⅰ A 市場メカニズムにおいては，価格を目安に生産者と消費者が行動を起こすことによって需要と供給が一致し，過不足ない状態を生み出すとされる。資本主義社会では，この市場メカニズムを通して何をどれだけつくるかが社会全体として決定される。しかし，実際には，社会全体で需要と供給が完全に一致することはなく，好景気と不景気が交互にくり返される景気変動が発生する。

Ⅱ B 需要曲線・供給曲線のグラフは価格と需要量・供給量が変化する関係を表しており，他の条件は変わらないとしている。C 他の条件が変わる場合は，需要曲線や供給曲線を移動させることによって表現する。

Ⅲ 市場経済であっても，国民生活に大きく関わるものの価格は D 公共料金と定められ、国や地方公共団体が決定や認可を行う。

(1) 下線部Aについて，右の表のXとYはある商品の需要量と供給量の変化を示している。需要量と供給量が表のように規則性をもって変化するとき，この商品の均衡価格はいくらになるか，答えなさい。

表

価格	20万円	30万円	40万円	～	80万円	90万円	100万円
X	10	30	50	～	130	150	170
Y	115	105	95	～	55	45	35

(2) 下線部Bについて，正しい説明を，次の**ア～カ**からすべて選びなさい。

ア 価格が上がると需要は増えるので，需要曲線は右上がりとなる。
イ 価格が上がると供給は減るので，供給曲線は右下がりとなる。
ウ 供給が需要を上回ると価格は下がる。
エ 価格が下がると需要は増えるので，需要曲線は右下がりとなる。
オ 価格が下がると供給は増えるので，供給曲線は右下がりとなる。
カ 需要が供給を上回ると価格は下がる。

(3) 下線部Cについて，国民の所得水準が上昇した場合，他の条件が変わらないとすると，需要曲線または供給曲線の移動する方向として正しいものはどれか，次の**ア～エ**から1つ選びなさい。

ア
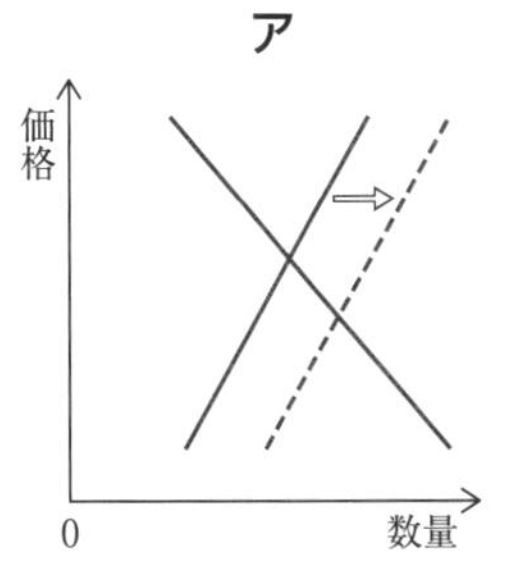

イ
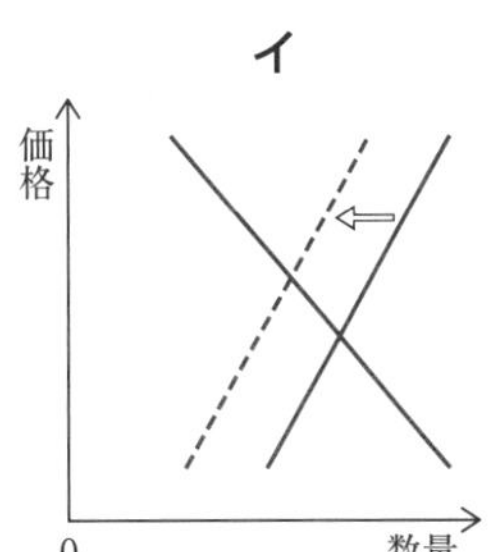

ウ
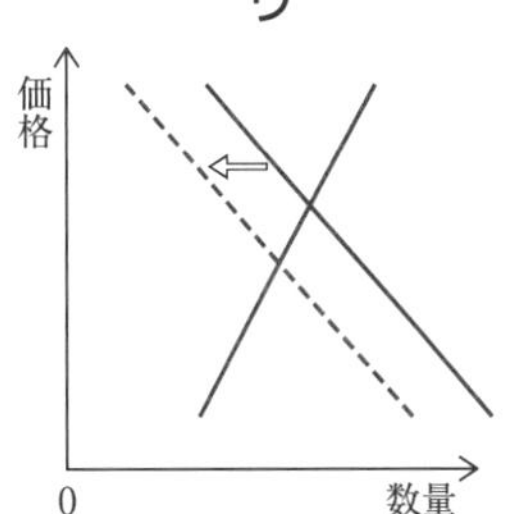

エ
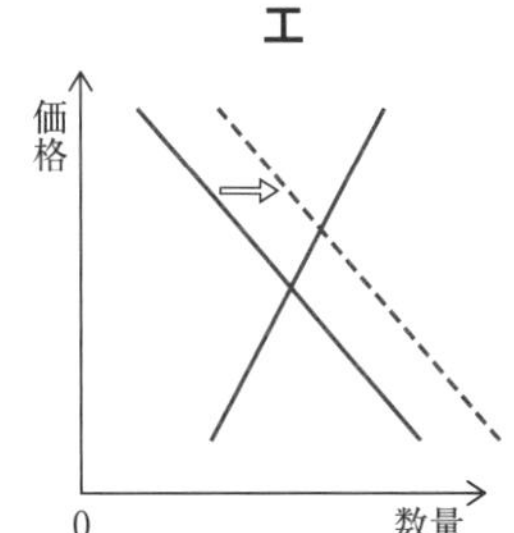

(4) 下線部Dについて，誤っているものを次の**ア～エ**から1つ選びなさい。

ア 携帯電話料金については，国への届け出や認可は必要がない。
イ 鉄道運賃は，バスや航空機などとの競争を促すため，国による認可の必要がなくなった。
ウ 医療保険から医療機関に支払われる治療費である診療報酬は，国が決定する。
エ 公立高等学校授業料無償制導入により，公立高等学校の授業料は原則不徴収となった。

(1)	(2)	(3)	(4)

〔市川高(千葉)—改〕

12 生産のしくみと企業

Step A　Step B　Step C

解答▶別冊17ページ

▶次の　　　に適語を入れなさい。

1 資本主義生産のしくみ

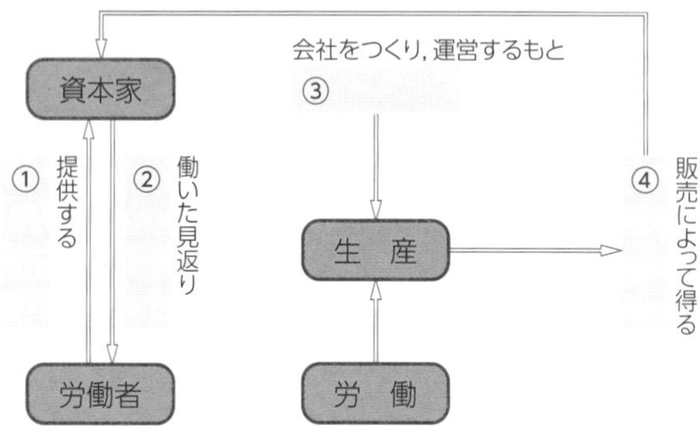

2 再生産のしくみ

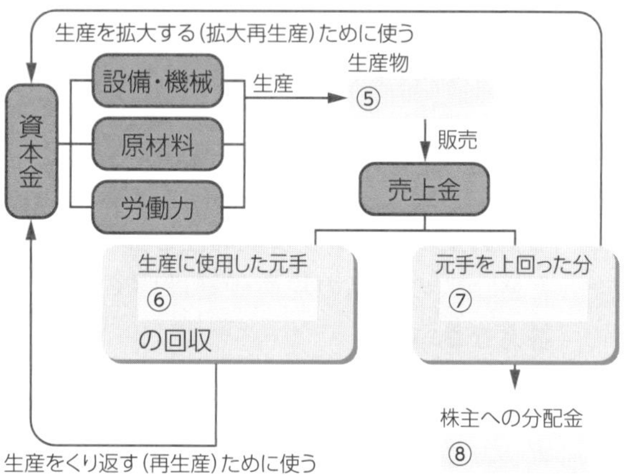

3 企業の種類

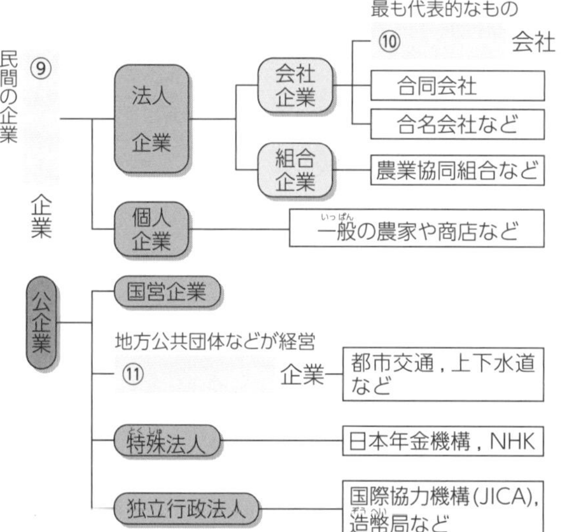

4 株式会社のしくみ

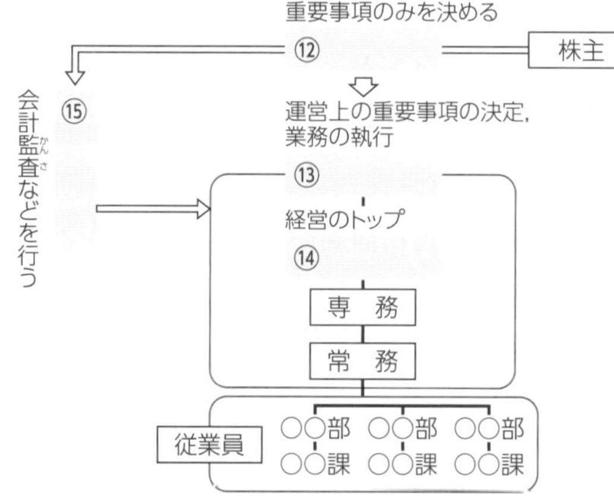

5 中小企業と大企業の比較(製造業)

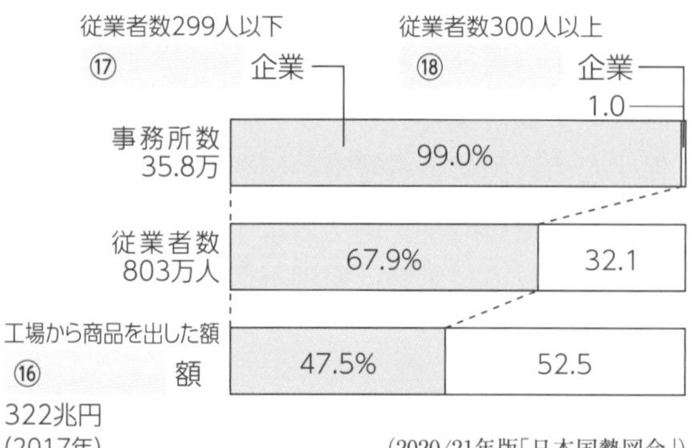

6 中小企業と大企業の賃金の比較

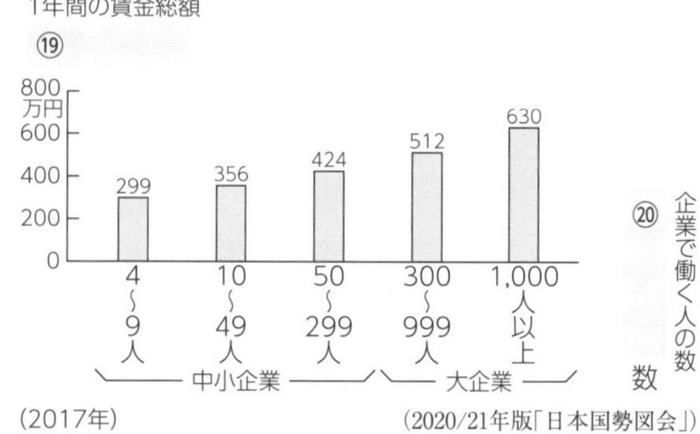

▶次の[　　]に適語を書きなさい。

7 生産と企業

1 **生産の三要素**…土地(自然)・[㉑　　　　]・労働
2 **生産のための資金**…生産の三要素をそろえるための資金，[㉒　　　　]金。
3 **企業の種類**…株式会社のような企業(私企業)と，国や地方公共団体などが経営する[㉓　　　　]とがあり，両者でつくる[㉔　　　　]と呼ばれるものもある。[㉓]の例として，市バスなどがある。
4 **企業の利益**…資本主義経済では，企業は利益を上げるために生産・販売活動を行う。利益のことを[㉕　　　　]という。
5 **私企業の代表，株式会社**…株式を多数売ることで，多くの資本金を集める。株をもつ出資者は[㉖　　　　]総会に出席し，企業方針を決める権利をもつ。
6 **株式会社の運営**…日常的には[㉗　　　　]会が運営(経営)する。
7 **資本主義経済と社会主義経済**…資本主義経済は[㉘　　　　]競争を原則とし，社会主義経済は計画(統制)経済を原則としている。
8 **資本主義経済の生産のしくみ**…企業は生産費に[㉕]を加えて生産の拡大をはかろうとする。この生産のくり返しを[㉙　　　　]という。
9 **国内において1年の間に生産された財・サービスの合計額**…国内総生産([㉚　　　　])といい，経済の動きを純粋に表す。

㉑
㉒
㉓
㉔
㉕
㉖
㉗
㉘
㉙
㉚

8 景気変動(景気循環)

1 **経済活動が活発になる状態**…[㉛　　　　](好況)。商品の売れゆきがよく，企業の生産も工場建設も増え，労働者の賃金や購買力が増大する。
2 **経済活動が不活発になる状態**…[㉜　　　　](不況)。生産が減少し，企業の倒産による失業者の増大などがあらわれる。
3 [㉝　　　　]…資本主義経済では，[㉛]と[㉜]を交互にくり返していく。
4 **急激な不景気**…[㉝]のくり返しの中で，急激な株価暴落などにより，[㉜]が深刻化した状態を[㉞　　　　]という。
5 **好景気にみられる現象**…物価が上がり続ける現象が[㉟　　　　]。
6 **不景気にみられる現象**…物価が下がり続ける現象が[㊱　　　　]。
7 **不景気の中で物価上昇が続く状態**…1970年代には先進資本主義国全体で見られたこの現象を[㊲　　　　]という。

㉛
㉜
㉝
㉞
㉟
㊱
㊲

9 独占の形態

1 **商品の価格や生産量の協定**…同種の少数の企業が独立したまま協定を結ぶものを[㊳　　　　]という。
2 **競争をやめて合併する**…同じ産業の企業が，2つ以上合同して1つの企業になることを[㊴　　　　]という。
3 **子会社や孫会社をつくる**…親会社が，各分野の株式をもつことで子会社・孫会社として支配するものを[㊵　　　　]という。

㊳
㊴
㊵

Step A　Step B　Step C

●時間 20分　●得点　点
●合格点 75点

解答▶別冊18ページ

1 ［株式会社］下の図は，株式会社のしくみを表している。あとの問いに答えなさい。

（8点×4−32点）

⑴ 図のaでは，株主や取締役が出席し，経営の基本方針の決定や役員の選任などが行われる。aにあてはまる名称を書きなさい。

⑵ 図のbとcにあてはまるものを，次のア〜エから1つ選び，記号で答えなさい。

ア　賃　金　　イ　資　金
ウ　配当（配当金）
エ　利子（利息）

株式会社
取締役会
監査役
社員
監査
出席
選任
選任
a
出席委任
株主
b
c
株式の公開・上場
株式市場
証券取引所
取引
証券会社
株式
代金・手数料

⑶ 株式会社や株式市場について述べた文として正しいものを，次のア〜エから1つ選びなさい。

ア　株主は，株式会社が倒産しても，会社の借金をすべて返す義務を負うことはない。
イ　株式会社は，利潤の獲得を目的とする企業であり，社会的責任を担うことはない。
ウ　株価は需要と供給の関係で決まり，株式の売買で利益を得ることはできない。
エ　株主になることができるのは個人のみで，企業などの法人が株主になることはできない。

⑴	⑵	b	c	⑶

〔静岡—改〕

2 ［企業の役割］次の文を読んで，下の問いに答えなさい。

（6点×6−36点）

現代では，（　①　）・企業・a政府が経済主体となっている。この中で，生産を行う主体であるのが企業である。企業の役割は，（　①　）から提供された労働や土地，資本を組み合わせて，社会に必要とされる財やサービスを生産，供給することである。

基本的に，企業は利潤を得ることを目的として生産活動を行う。利潤を増やすために，企業は機械を増設し工場を拡張するための（　②　）投資や，他企業との合併・買収なども行っている。

グローバル化の進展にともない，企業間の国際競争が激しさを増している。そのため，新技術を開発し生産コストを抑える努力をしたり，b広大な市場と安い労働力を求めて多数の国々に子会社をつくったりする企業も少なくない。また，人件費を抑制するために，正社員に代えて非正規労働者を増やしたり，年功序列賃金に代えて能力主義や成果主義の賃金制度を導入したりするなど，企業でのc労働のありかたも大きく変化している。

企業の生産活動は，時として地域社会に大きな負の影響を与える。d公害がその一例である。戦後，日本では急速な経済発展を遂げるにつれて，各地で公害が発生した。「四大公害」では，訴訟にまで発展し，患者側が全面勝訴するに至った。現在では，公害防止の努力が行われてきたことにより，公害はしだいに減少している。

⑴（　①　）・（　②　）に適する語句を書きなさい。

⑵ 下線部aについて，政府の役割として誤っているものを，次のア〜エから1つ選びなさい。

ア 社会資本をつくったり，公共サービスを提供したりする。

イ 好況時に，増税したり公共事業を減少させたりして，景気を抑えようとする。

ウ 不況時に，金融機関から国債を買い入れ，各銀行の資金量を増やそうとする。

エ 所得税に累進課税制度を取り入れるなど，所得配分の不平等を和らげる。

(3) 下線部bについて，このような企業のことを何というか，書きなさい。

(4) 下線部cについて述べた文として正しいものを，次の**ア**～**エ**から１つ選びなさい。

ア 「働き方改革」によって，「サービス残業」を設けている企業は罰則を受けるようになった。

イ 労働基準法には，週休２日とすることが義務づけられている。

ウ 働く意志はあるのに職を得ることができない状態をニートという。

エ 労働組合法には，労働者が使用者との交渉において対等な立場に立つことが記されている。

(5) 下線部dについて，公害は，市場を通さずに他の経済主体に負の影響を与える例である。これと同様の例として適当なものを，次の**ア**～**エ**から１つ選び，記号で答えなさい。

ア テーマパークが開園したことにより，周辺地域の交通渋滞が深刻になった。

イ うなぎの稚魚の乱獲により，うなぎの価格が上昇した。

ウ 浄化装置の設置が義務づけられたため，生産費用が増加した。

エ 養蜂場が近くにできたため，果樹園の収穫量が増加した。

(1)	①	②	(2)	(3)	(4)	(5)

〔滝高―改〕

3 ［企業と労働者］次の文を読んで，あとの問いに答えなさい。 (12点)

市場経済では，商品の価格は需要と供給の関係によって決定される。労働力においても同様のことがいえるが，労働力市場において需要(企業)と供給(労働者)の関係は必ずしも対等なものではない。

記述 (問い)文中の下線部について，労働力市場において需要(企業)と供給(労働者)の関係が必ずしも対等なものではないのはなぜか，簡単に書きなさい。 〔お茶の水女子大附高―改〕

4 ［市場の支配］市場の支配について，次の各問いに答えなさい。 (5点×4―20点)

(1) 限られた複数の企業に市場が支配されることを何というか，漢字２字で答えなさい。

記述 (2) (1)の状態は，一般的には好ましくない状態だといわれる。その理由を，簡単に書きなさい。

(3) 独占禁止法を運用し，市場支配を監視している機関名を答えなさい。

(4) 独占禁止法の説明として誤っているものを，次の**ア**～**エ**から１つ選び，記号で答えなさい。

ア 仕入れ価格を大幅に下回る価格で販売を続けることは禁止されている。

イ 大企業同士の合併をカルテルといい，制限を受けることがある。

ウ 独占禁止法に違反し不当な利益を得た場合は，課徴金を課されることがある。

エ 第２次世界大戦後，戦前の財閥による経済支配の再現を防ぐために制定された。

(1)	(2)	(3)	(4)

13 金融のしくみとはたらき

Step A　Step B　Step C

解答▶別冊18ページ

▶次の＿＿に適語を入れなさい。

1 銀行(民間)・日本銀行と家計・企業との結びつき

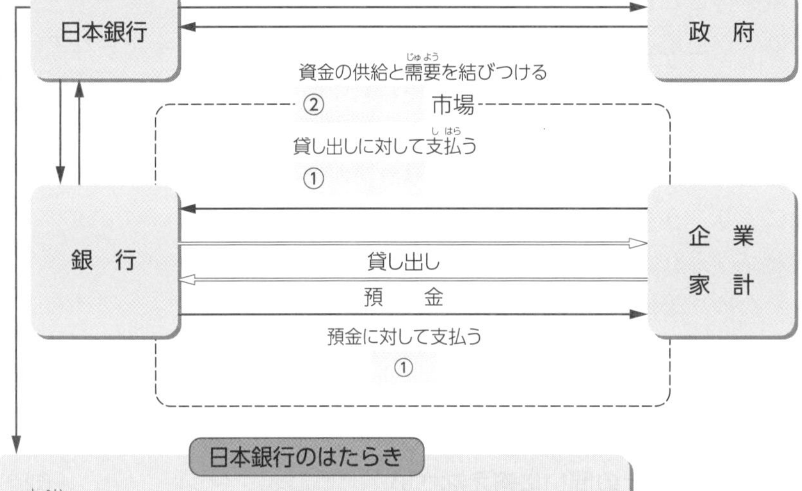

日本銀行のはたらき

紙幣を発行する
③＿＿銀行

国の資金をあつかう
④＿＿の銀行

銀行との取り引きをする
⑤＿＿の銀行

日本銀行が手もちの有価証券を売買して市中銀行の資金を調節する
⑥＿＿操作

好況のときは，有価証券を銀行に
⑦＿＿

2 金融機関の種類

中央銀行
日本銀行

普通銀行
全国的な支店網をもつ民間銀行
⑧＿＿,地方銀行など

中小企業金融機関
信用金庫，労働金庫など

農林水産金融機関
農業協同組合,漁業協同組合,農林中央金庫など

証券金融機関
株式の売買を主とする
⑨＿＿会社など

保険会社
生命保険会社,損害保険会社

公的金融機関
日本政策投資銀行など

3 クレジットカードのしくみ

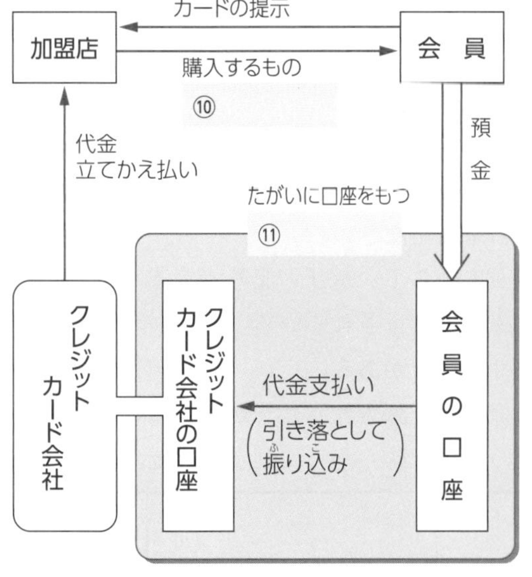

4 為替相場と貿易

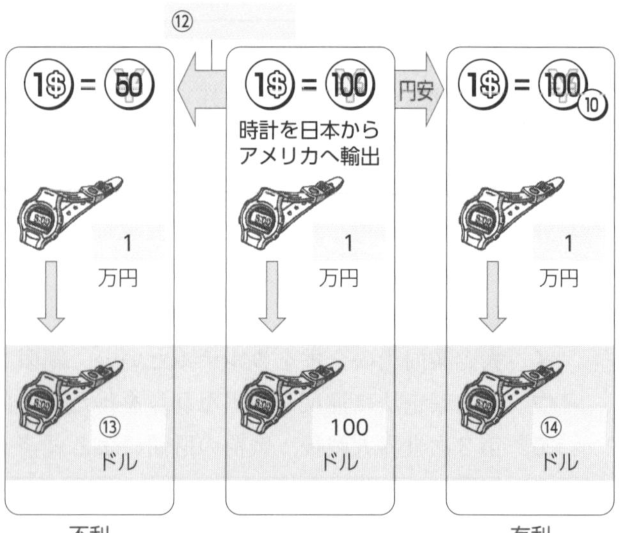

▶次の[　]に適語を書きなさい。

5 金融機関

1 **銀行の利潤**…貸付[⑮　]から預金[⑮]を差し引いたもの。

2 **株式の売買をおもな仕事とする会社**…[⑯　]。企業は銀行から資金を借りるほか，株式会社は株式を多くの人に買ってもらって資本金を集める。

3 **資金を預かったり，貸し出したりする企業**…まとめて[⑰　]機関という。

4 **1つの銀行を中心とした集団**…銀行が多額の資金を企業に貸し出した結果，銀行が経営者(社長など)を派遣して，銀行が中心の[⑱　]が生まれる。

⑮ ＿＿＿＿
⑯ ＿＿＿＿
⑰ ＿＿＿＿
⑱ ＿＿＿＿

6 日本銀行

1 **日本銀行**…一国の金融組織の中心となる[⑲　]銀行。

2 **銀行券の発行**…日本銀行は，通貨となる銀行券を発行する[⑳　]銀行。

3 **金融機関を取り引き対象に**…一般の金融機関を対象に資金を貸し出したり，預かったりする[㉑　]の銀行。

4 **政府に対する業務**…政府の国庫金(税金)の出し入れや，政府に資金を貸し出す業務を行う[㉒　]の銀行。

5 **政府の借金を取りあつかう**…政府が必要な資金を国民などから借り入れるときに発行する証書の売買を民間銀行などを通じて行う。政府が発行するこのような債権を[㉓　]という。

⑲ ＿＿＿＿
⑳ ＿＿＿＿
㉑ ＿＿＿＿
㉒ ＿＿＿＿
㉓ ＿＿＿＿

7 景気変動

1 **くり返す景気の波**…経済は好景気(好況)と[㉔　](不況)をくり返す。

2 景気変動は次の表にまとめられる。[㉕]
(下の[　]の語を選んで書きなさい。同じ語を何度使ってもよい。)

景気の動き＼項目	生　産	賃　金	物　価	倒　産	失業者
好景気(好況)	最　高	a〔　〕	上がる	最　低	最　低
景気の後退	b〔　〕	下がる	c〔　〕	増えてくる	d〔　〕
不景気(不況)	e〔　〕	最　低	f〔　〕	g〔　〕	h〔　〕
景気の回復	増加してくる	i〔　〕	上がってくる	減ってくる	j〔　〕

[上がる，減る，最低，最高，減ってくる，上がってくる，下がる，増えてくる]

3 **日本銀行が紙幣を多量に供給すると物価が上昇する**…品物の量と紙幣の量のつり合いがこわれる。このような物価の上昇を[㉖　]という。

㉔ ＿＿＿＿
㉕ a ＿＿＿＿
b ＿＿＿＿
c ＿＿＿＿
d ＿＿＿＿
e ＿＿＿＿
f ＿＿＿＿
g ＿＿＿＿
h ＿＿＿＿
i ＿＿＿＿
j ＿＿＿＿
㉖ ＿＿＿＿

8 日本銀行の金融政策

・**日本銀行の金融政策**…景気調整のため，日本銀行が金融機関を相手に政府発行の国債などを売ると，金融市場の資金量は[㉗　]。逆に，日本銀行が国債を買うと，金融市場の資金量は[㉘　]。

㉗ ＿＿＿＿
㉘ ＿＿＿＿

Step A　Step B　Step C

●時 間 20 分	●得 点
●合格点 65 点	点

解答▶別冊18ページ

1 ［金融と銀行］次の文章を読んで，あとの問いに答えなさい。　((4)(7)各9点，他8点×7—74点)

ａ商品を買うためのお金は，必ずしも手持ちのお金である必要はない。お金を借りることができれば，必要な商品を手に入れることができる。このように，資金が不足している人と余裕がある人との間でお金を融通することをｂ金融という。

ｃ金融機関のうち，代表的なものが銀行であり，都市銀行や地方銀行などいくつかの種類がある。銀行の仕事の中で，特に重要なのは，人々の貯蓄を預金として集め，それをｄ家計や企業に貸し出すことである。

日本のｅ中央銀行である日本銀行は，特別な働きをする銀行である。また，日本銀行は物価の変動を抑え，ｆ景気の安定化を図るためにｇ金融政策も行っている。

(1) 下線部ａのうち，電車やバスに乗ったり，美容室で髪を切ったりするなど，形のない商品のことを何というか，カタカナで書きなさい。

(2) 下線部ｂについて述べた次の文中の(　Ｘ　)にあてはまる語を書きなさい。

金融の方法のうち，企業などが株式や債券を発行することで出資者から資金を借りることを，(　Ｘ　)金融という。

(3) 下線部ｃとしてあてはまらないものを，次の**ア**～**エ**から１つ選び，記号で答えなさい。

ア　消費生活センター　　**イ**　証券会社
ウ　生命保険会社　　**エ**　農業協同組合

記述
(4) 下線部ｄについて，資料１は銀行と家計，企業との間のお金の貸し出しや預金の流れを表している。利子Ａよりも利子Ｂの金利(利子率)が上回る理由を書きなさい。

資料1

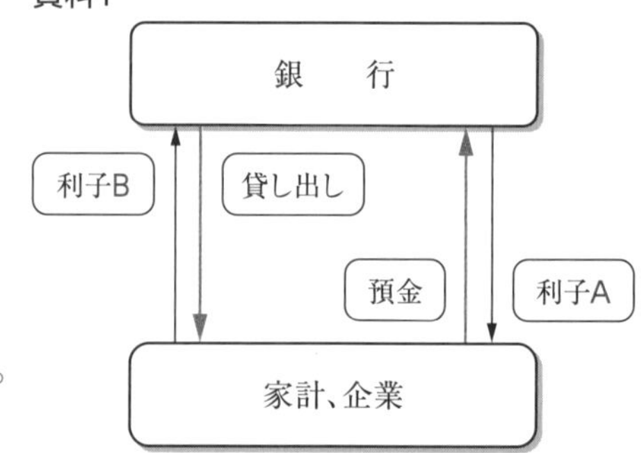

(5) 資料２は，下線部ｅの役割を表している。資料２中のＹ・Ｚにあてはまる語を，それぞれ書きなさい。

資料２

［ Ｙ ］銀行 ・日本銀行券と呼ばれる紙幣を発行する。
［ Ｚ ］の銀行 ・［ Ｚ ］の資金を預金として預かり，その出し入れを行う。
銀行の銀行 ・一般の銀行に対して，資金の貸し出しや預金の受け入れを行う。

(6) 下線部ｆに関連する記述として適切なものを，次の**ア**～**エ**から１つ選び，記号で答えなさい。

ア　好況期には，生産物に対する需要が増加して企業の投資も増加するため，物価は下落する。
イ　景気後退期には，需要に対して生産が過剰な状態となり，企業の利潤が低下して設備投資や生産も減少していく。

ウ 不況期には，企業の資金需要が増加するため，社会に出回るお金の量が増える。

エ 景気回復期には，企業の生産が拡大して設備投資も増加するが，労働力の需要は増加しないために失業率は改善しない。

記述 (7) 下線部fのうち，不況期には，一般的にデフレーションが発生する傾向がある。デフレーションはお金の価値が上がるので生活しやすくなると考えがちであるが，企業で働くサラリーマンの生活を逆に圧迫する。この理由を，「企業」「物価」「賃金」の３語を用いて簡単に書きなさい。

(8) 日本銀行が行う下線部gについて述べた文として適切なものを，次の**ア**～**エ**から１つ選び，記号で答えなさい。

ア 好景気のときには，日本銀行が国債などを買うことで通貨量を減らし，景気を抑えようとする。

イ 好景気のときには，日本銀行が国債などを売ることで通貨量を増やし，景気を抑えようとする。

ウ 不景気のときには，日本銀行が国債などを買うことで通貨量を増やし，景気を回復させようとする。

エ 不景気のときには，日本銀行が国債などを売ることで通貨量を減らし，景気を回復させようとする。

(1)	(2)	(3)

(4)

(5)	Y	Z	(6)	(7)

	(8)

〔青森一改〕

2 [円高・円安] 通貨の交換比率の変動による輸出入の関係を，下の図を使って説明したあとの文の[X]にあてはまる語句を漢字４字で答え，[A]～[D]にあてはまる語句や数字を，あとのア～キからそれぞれ１つ選び，記号で答えなさい。 （X６点，他５点×4－26点）

時計を日本からアメリカに輸出

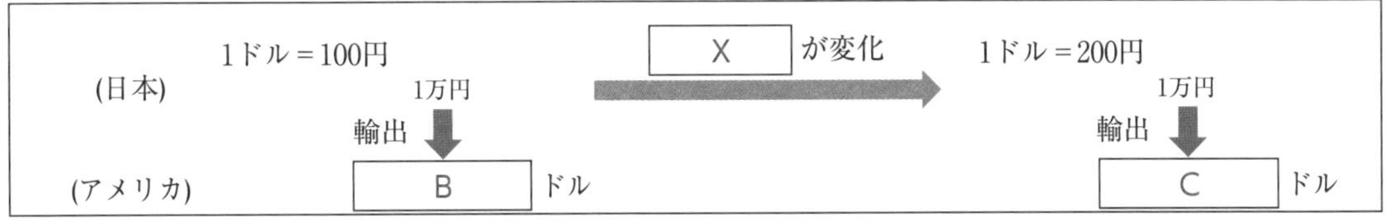

例えば，通貨の交換比率である[X]が１ドル＝100円から１ドル＝200円になることを[A]になるという。１ドル＝100円のときは，日本で１万円で販売されている時計がアメリカでは[B]ドルで販売される。１ドル＝200円のときは，日本で１万円で販売されている時計がアメリカでは[C]ドルで販売される。ゆえに，[A]は日本の輸出にとって[D]になる。

ア 50　**イ** 100　**ウ** 200　**エ** 円高　**オ** 円安　**カ** 有利　**キ** 不利

X	A	B	C	D

〔土佐高一改〕

14 職業の意義と労働者の権利

Step A　Step B　Step C

解答▶別冊19ページ

▶次の［　　］に適語を入れなさい。

1 日本の産業別人口の変化

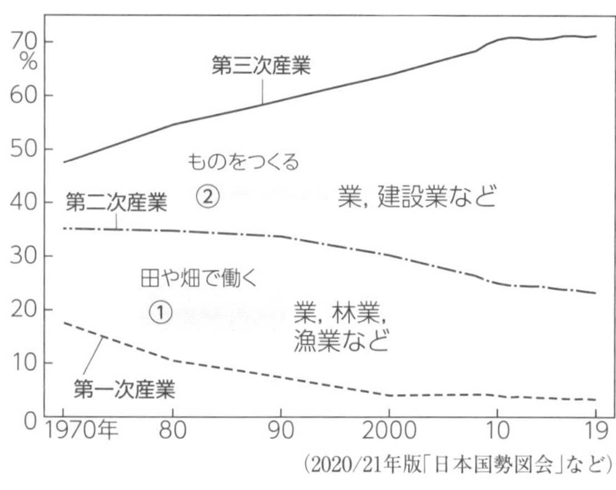

（2020/21年版「日本国勢図会」など）

2 完全失業率

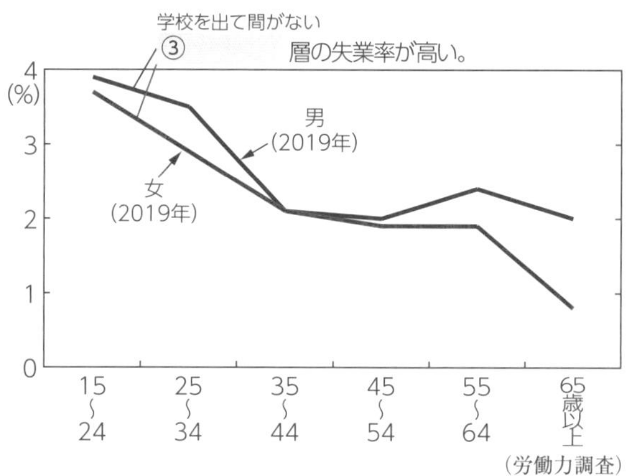

（労働力調査）

3 形態別雇用者の割合の変化

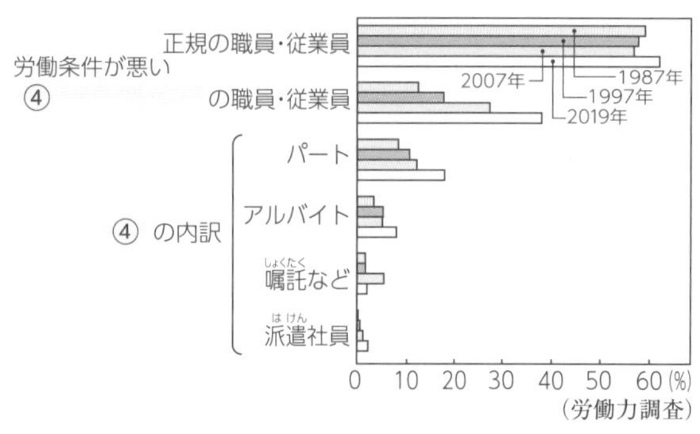

（労働力調査）

4 ⑤［　　］労働者の増加

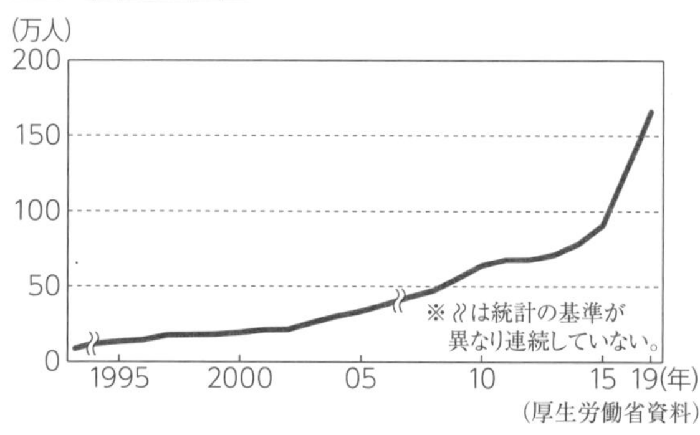

（厚生労働省資料）

5 労働者を守るための法律

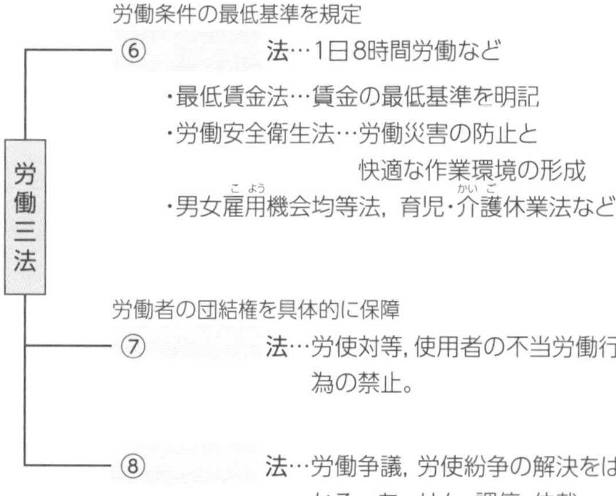

6 おもな国の ⑨［　　］の組織率の推移

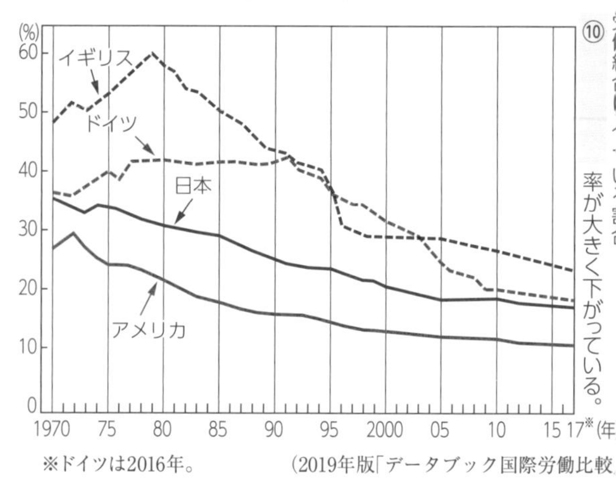

※ドイツは2016年。　（2019年版「データブック国際労働比較」）

▶次の[　　]に適語を書きなさい。

7 働く権利と義務

1 **だれもが働くことができる**…日本国憲法の第27条において定められているのは[⑪　　　　]の権利。

2 **国民の三大義務**…納税の義務，子どもに普通教育を受けさせる義務，[⑫　　　　]の義務の３つ。

3 **基本的人権〔自由権〕**…日本国憲法の第22条において定められているのは[⑬　　　　]選択の自由。

4 **働き口を紹介する**…国が全国においている役所で，失業者や求職者に働き口を紹介する業務を行っている機関を[⑭　　　　]という。

5 **男女差別のない労働条件を**…就職や労働条件について，男女が差別されないように定めたのが[⑮　　　　]均等法。

6 **高齢者の労働力を生かす**…日本人の平均寿命がのび，高齢社会の中で，高齢者の労働力を生かすために，労働条件との関係で考えなければならないのは，[⑯　　　　]の延長である。

⑪
⑫
⑬
⑭
⑮
⑯

8 労働者を守る

1 **労働三権**…団結権，[⑰　　　　]，団体行動権(争議権)。

2 **労働条件の最低基準**…賃金や労働時間などの労働条件の最低基準を規定している法律は[⑱　　　　]。

3 **賃金の最低基準**…賃金の最低基準を定めている法律が[⑲　　　　]。

4 **労働条件が法律どおりに守られているか**…監督するために，労働基準局と[⑳　　　　]がおかれている。

5 **労働時間の長さや労働の厳しさ**…働きすぎによる[㉑　　　　]が世界的にもおどろかれ，注目されている。

⑰
⑱
⑲
⑳
㉑

9 労働争議

1 **労働組合をつくる権利**…[㉒　　　　]権を労働組合法で保障。

2 **使用者が労働組合活動に干渉する行為**…[㉓　　　　]行為の禁止。

3 **公務員には認められていない権利**…[㉔　　　　]権。

4 **労働争議の予防やすみやかな解決のため**…[㉕　　　　]法。

5 **労働争議のあっせん・調停・仲裁を行う機関**…[㉖　　　　]。労使双方がじゅうぶん話し合うようにはたらきかける機関。

㉒
㉓
㉔
㉕
㉖

10 職場の問題

1 **勤続年数が長くなるほど賃金が上昇する**…[㉗　　　　]賃金。日本の企業で古くからとり入れられている。

2 **一度雇用したら定年まで**…[㉘　　　　]制。同じ会社で雇用し続ける制度。[㉗]賃金とともに日本の企業の特色だった。

3 **企業が事業の再編成で人員整理や統合・閉鎖すること**…[㉙　　　　]。

4 **企業などで性的いやがらせがおこること**…[㉚　　　　]。

㉗
㉘
㉙
㉚

Step A　Step B　Step C

●時 間 25 分	●得 点
●合格点 65 点	点

解答▶別冊19ページ

1 [労働関係法] 次の文の(　　)に入る語を答え，あとの各問いに答えなさい。 (6点×8－48点)

労働基本権について，日本国憲法第27条では「すべて国民は，勤労の権利を有し，(　a　)を負ふ。」，「賃金，就業時間，休息その他の勤労条件に関する基準は，①法律でこれを定める。」とし，憲法第28条では「勤労者の団結する権利及び(　b　)その他の団体行動をする権利は，これを保障する。」と規定されている。さらに労働者の権利を保障し，人権を守るための法律として労働三法が制定されている。労働基準法は，賃金・就業時間・休息・その他労働条件の(　c　)基準を定めている。労働組合法は労働者の労働三権を具体的に規定し，労働組合と使用者とが交渉してもまとまらないとき，労働組合が②ストライキなどの団体行動をする権利を定めている。また，③使用者が労働組合の運営に干渉したり，組合活動をしていることを理由に労働者に対して不利なあつかいをすることを禁じている。労働関係調整法は労働者と使用者との間の争いを解決するためにつくられている。

(1) 下線部①の法律は何という法律か。上の文中から抜き出しなさい。

(2) 下線部②に関し，労働三権をすべて認められていないのはどのような人ですか。また，このような人々の労働条件の改善をはかるために設けられている政府機関名を３字で答えなさい。

(3) 下線部③を何といいますか。

(4) 雇用に関して男女差別を禁止する法律が1985年に制定された。この法律名を答えなさい。

a	b	c	(1)	(2) 人	機関名

(3)	(4)

〔広島城北高一改〕

2 [労働環境] 次の会話文を読み，あとの問いに答えなさい。 ((1)6点×2，他8点×5－52点)

先　生：皆さんには，現在の日本の労働に関わる最近のニュースについて，図書館で新聞記事を探してもらうことにしていました。今日は，その成果を発表してもらいます。Aさんはどんなニュースを見つけましたか。

Aさん：わたしは，「働き方改革法成立　残業規制　高プロも創設」(『愛媛新聞』2018年６月30日)という記事を見つけました。働き方改革関連法が国会で成立して，働き過ぎを防ぐために，a残業時間に上限が設けられるそうです。上限をこえて働かせた企業には罰則も設けられることになるようです。

Bくん：僕も同じニュースが気になりました。Aさんのあげた点以外では，働き方改革では，正規雇用労働者とb非正規雇用労働者の間の不合理な待遇差を解消するための法整備も行うとありました。

先　生：たしかに，最近過労死などのニュースもあるけれど，昔から日本の労働時間は長いことが指摘されています。正規雇用についてもずっと問題になっていますね。働き方改革というのは，働く人にも企業にも大きな影響がある問題ですね。Cくんが見つけた記事はどんなものですか。

Cくん：僕は「骨太の方針：閣議決定　外国人に新在留資格　労働者受け入れ拡大」(『毎日新聞』2018年６月16日)という記事を見つけました。c介護の現場などの人手不足に対応するため，外国人労働者の受け入れを拡大する方針をとるそうです。

Dさん：わたしは「介護離職，年9.9万人　女性が８割近く　17年総務省調査」（『朝日新聞』2018年７月14日）という記事を見つけました。家族の介護のために仕事を辞める人が毎年たくさん出るということです。ますます高齢化が進む中で，今後どうなるのだろうと心配になりました。また，この記事には出産や育児を理由に仕事を辞めた人も過去５年間に100万人以上いると書かれています。

Eさん：わたしの見つけた記事では「育休，２年間取得可能に　10月からくらしこう変わる」（『朝日新聞』2017年９月30日）とあります。［X］法が改正されて，育児休業は最長２年間取れることになったんですって。これで育児によって仕事を辞める女性が減るといいと思います。

先　生：これらの問題には，急速な少子高齢化が背景にありそうですね。

(1) 下線部ａに関連して，1947年に公布された，労働時間や賃金の最低基準を定めた法律では，１日の労働時間と週の労働時間の上限は，原則として何時間と定められているか，それぞれ答えなさい。

(2) 下線部ｂについて述べた次の文のうち，誤っているものを次の**ア**～**ウ**から１つ選び，記号で答えなさい。

ア　女性の労働者のうち，半分以上が非正規雇用労働者となっている。

イ　非正規雇用労働者は，労働組合に加入することはできない。

ウ　非正規雇用労働者には，アルバイトも含まれている。

難 (3) 下線部ｃに関連して，日本でも，介護や看護などの分野で外国人労働者の受け入れが始まっている。近年，特定の国や地方との間で，関税や非関税障壁の撤廃などだけでなく，投資や人々の移動なども含めた，幅広い経済関係の強化をめざした協定が結ばれている。この協定は何と呼ばれているか，アルファベット３文字で答えなさい。

(4) 文中の空欄［X］にあてはまる語句を書きなさい。

(5) 文中の「働き方改革」に関連して，1980年代以降オランダで導入が進んだ，１人あたりの労働時間を短縮してより多くの人で仕事を分け合うことで雇用を生み出すしくみを何というか，カタカナで答えなさい。

(6) 労働環境の変化について書かれた次の文中の空欄［F］～［H］に入る語句の組み合わせとして，最も適当なものをあとの**ア**～**エ**から１つ選び，記号で答えなさい。

かつては日本企業の多くが，１つの企業で定年まで働く［F］や，年齢とともに賃金が上がる［G］賃金を採用していたが，不況や海外の企業との競争などに対応するため，年齢にかかわらず仕事の結果に応じて賃金を支払う［H］主義など，新たな制度を採用する企業もある。

ア　［F］－契約社員制　［G］－年俸制　［H］－同一賃金
イ　［F］－終身雇用制　［G］－年俸制　［H］－成果
ウ　［F］－契約社員制　［G］－年功序列型　［H］－同一賃金
エ　［F］－終身雇用制　［G］－年功序列型　［H］－成果

(1)	1日	週	(2)
(3)	(4)	(5)	(6)

〔沖縄・愛光高・市川高（千葉）一改〕

月　日

Step A　Step B　Step C-①

●時間 30分	●得点
●合格点 70点	点

解答▶別冊20ページ

1 次の文は，それぞれが1か所ずつ誤っている。その記号と，正しい語句を答えなさい。ただし，同じ記号が2つ以上ある場合も1か所とみなす。(5点×8－40点)

A 日本のア中央銀行である日本銀行は，通貨であるイ日本銀行券を発行する。日本銀行は，イ日本銀行券を発行できる唯一(ゆいいつ)のウ発券銀行である。通貨の発行量は，政府や日本銀行が経済状況(じょうきょう)に応じて調整する。このような制度をエ金本位制度という。日本銀行が取り引きする相手はもっぱらオ市中銀行や政府で，オ市中銀行に対して資金を融通(ゆうずう)する機能をカ「銀行の銀行」，国の資金の出納(すいとう)を行う機能をキ「政府の銀行」という。

B 経済の発達にともなって生産の集中が進むと，少数の巨大企業(きょだいきぎょう)が市場を支配するようになる。これをア寡占(かせん)といい，1つの企業が支配する場合はイ独占という。少数の企業が市場を支配する形態として，同種の企業どうしが協定を結ぶウトラストなどがある。ア寡占，イ独占が進むと健全な自由競争がさまたげられるおそれがあるため，それを防ぐために日本ではエ独占禁止法が制定され，その運用のためにオ公正取引委員会が設置されている。

C 経済活動の水準には周期的な変動があり，活発な時期をア好況(こうきょう)，停滞(ていたい)している時期をイ不況という。この両者が交互(こうご)にくり返されることをウ景気変動という。活発な時期には，通貨量の増大などにより物価が上昇(じょうしょう)するエインフレーション，停滞している時期には，通貨量の減少などにより物価が下落するオスタグフレーションが発生しやすい。

D 日本国憲法において，ア団結権，イ団体交渉(こうしょう)権，ウ団体行動権が認められ，これらは労働三権と呼ばれている。そして，労働者の権利を守るための最も基本的な法律として，エ労働基準法，オ労働組合法，およびカ労働者派遣(はけん)事業法が定められ，これらは労働三法と呼ばれる。

	記号	語句		記号	語句
A			B		
C			D		

〔東海高一改〕

2 次の各問いに答えなさい。(5点×4－20点)

(1) 経済の三主体の関連を示した右の図中の，A～Cにあてはまる語句を，次のア～キからそれぞれ1つ選び，記号で答えなさい。

ア 労働　イ 土地　ウ 補助金　エ 労働力
オ 配当・利子　カ 財・サービス　キ 社会保障給付

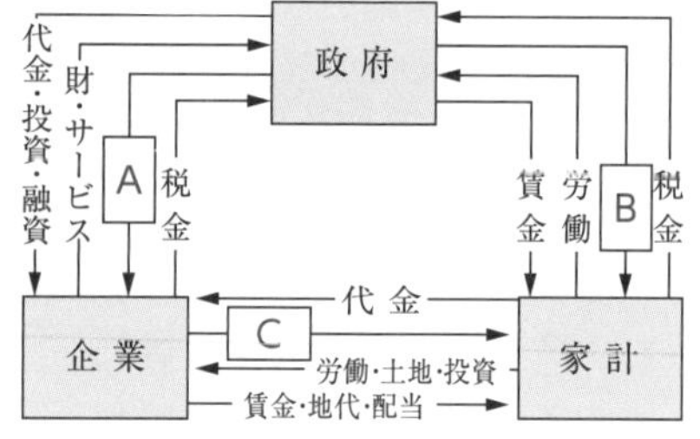

(2) 好況期の労働市場の状況を説明したグラフとして最も適切なものを，次のア～エから1つ選び，記号で答えなさい。

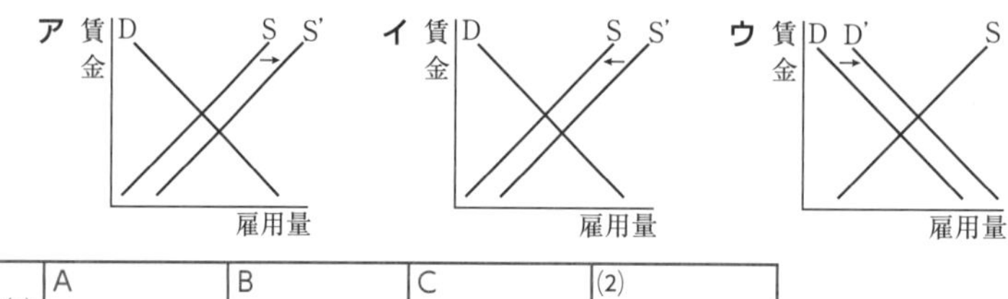

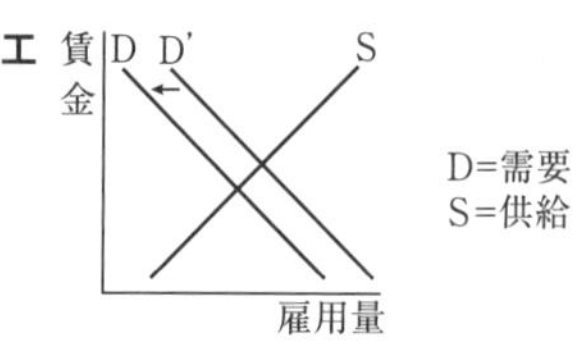

(1)	A	B	C	(2)

〔東海高一改〕

3 次の文を読んで，あとの各問いに答えなさい。（5点×4−20点）

国民全体の経済活動は，家計，企業，政府(国や地方公共団体)がたがいに結びついてなりたっている。家族の一員が企業に勤めて働いているとき，家計は，労働力を提供する見返りとして，a 企業から賃金を受けとり，その収入で商品を買い入れて，消費する。企業は商品を生産し，販売する。資本主義経済のもとでは，企業はたがいに競争をし，その結果，b 少数の大企業に特定の商品の生産が集中することがある。一方，政府は，家計と企業から税金を集め，そのお金で c 公共サービスを提供したり，国民生活を安定，向上させるための仕事を行っている。

難 (1) 下線部aについて，生活の水準をはかるおおよそのめやすとなるエンゲル係数の説明として，正しいものはどれか。次の**ア**～**エ**から１つ選び，記号で答えなさい。

ア 国内総生産の前年に対するのび率

イ 銀行などの預金に対する利子の比率

ウ 家計の消費支出にしめる食料費の割合

エ ある時期を基準とした消費者物価指数の動き

(2) 下線部bについて，次の①，②に答えなさい。

①生産の集中の結果，最も起こりやすい問題は何か。**ア**～**エ**から１つ選び，記号で答えなさい。

ア 農業を中心とする第一次産業に従事する人口が減少する。

イ デフレーションが起こり，倒産する企業や失業者が増える。

ウ 外国為替相場が不安定となり，貿易を行ううえで支障がでる。

エ 企業間の価格競争が制限され，独占価格が生じる。

②生産の集中によっておこる問題を防止し，国民全体の健全な経済活動を促進する目的で，1947年に制定された法律は何か。その名称を答えなさい。

(3) 下線部cのうち，日本でおもに地方公共団体が行っている仕事はどれか。次の**ア**～**エ**から１つ選び，記号で答えなさい。

ア 電力の供給　**イ** 郵便の配達　**ウ** 電信・電話　**エ** 上下水道の事業

(1)	(2)	①	②	(3)

〔佐賀一改〕

要 4 次の各問いに答えなさい。（10点×2−20点）

記述 (1) 私企業の代表的なものの１つに株式会社がある。株式会社は，多額の資金を多くの人々から集めやすいしくみになっている。下線部のしくみとは，どんなしくみか，「株式」という語句を用いて30字以内で書きなさい。

(2) わが国では，労働者の権利を守るために，さまざまな法律が定められている。それらの法律に関する説明として正しいものを，次の**ア**～**エ**から１つ選び，記号で答えなさい。

ア 労働組合法は，賃金や労働時間など，労働条件の最低基準を定めた法律である。

イ 労働基準法は，団結権・団体交渉権・団体行動権の労働三権の行使を保障している。

ウ 労働関係調整法は，労働者と使用者の間の紛争を調整するための法律である。

エ 男女雇用機会均等法は1999年に定められ，雇用や待遇面で男女の差別的な取りあつかいをなくすことを雇い主に求めている。

(1)	(2)

〔熊　本〕

Step A　Step B　Step C-②

●時 間 20 分	●得 点
●合格点 75 点	点

解答▶別冊20ページ

1 なつさんの班では，「企業を通して経済を考える」というテーマで学習したことをまとめ，発表した。次の資料は，そのときに使用したものの一部である。あとの問いに答えなさい。

(12点×5−60点)

学習したこと	学習のポイント
企業目的について	・企業の主な目的は，売り上げから原材料費などのコスト(費用)を引いた［A］を得ることです。 ・企業は，a消費者の安全の確保など，多様な責任を担います。
価格について	・一般的に，b市場価格は需要量と供給量の関係で決まります。
企業形態について	・企業には公企業と私企業があります。私企業には，商店などの個人企業とc株式会社などの法人企業があります。
技術革新について	・企業は，他の機関と協力して画期的な技術や商品をつくり出します。

(1)［A］にあてはまる語を書きなさい。

記述 (2) 下線部aに関して，商品の安全性を保証するために企業が果たすべき責任を，「情報」という語を用いて，簡潔に書きなさい。

(3) 下線部bについて，なつさんは，下のグラフを用いて，市場価格の動きについて次のように発表した。［B］～［D］にあてはまる語句の組み合わせとして適切なものを，あとの**ア**～**エ**から1つ選び，記号で答えなさい。

> 企業の経営を考えた場合，市場価格の動きを理解しておくことが大切です。授業ではグラフを使って勉強しました。グラフでは，価格をXにした場合，［B］が上回り，商品が［C］という状況になります。そのため，一般的に，このような場合では，需要量と供給量が一致するように市場価格が［D］します。

ア　B→需要量　C→不足する　D→上昇
イ　B→供給量　C→売れ残る　D→下落
ウ　B→供給量　C→売れ残る　D→上昇
エ　B→需要量　C→不足する　D→下落

需要量・供給量と価格の関係

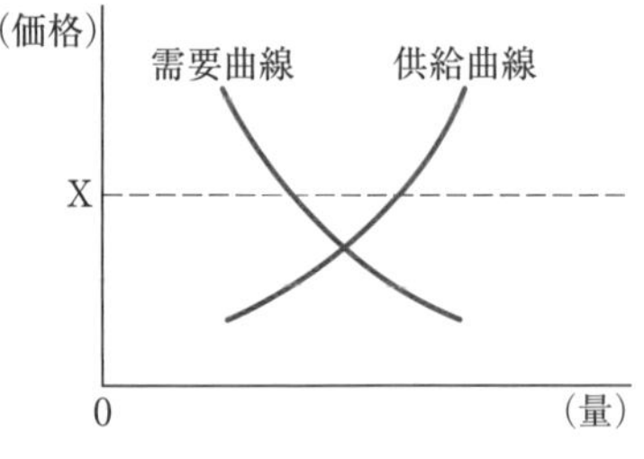

記述 (4) 下線部cについて，なつさんは，株式会社の利点を次のように説明した。［E］にあてはまる語を，［F］にあてはまる文を，それぞれ書きなさい。

> 株式会社は，株式の発行によって多くの人から必要な［E］を集めやすいという利点があります。また，株主にとっては，倒産した場合などでも出資した金額以上の［F］という点から，出資しやすいという利点があります。

(1)	(2)	(3)

(4)	E	F

〔群馬一改〕

2 次のA・Bは，「雇用と労働」をテーマに聞き取り調査をした結果をまとめようとしたものである。これを見て、あとの問いに答えなさい。 （(1)(2)12点×2，(3)16点－40点）

A　企業経営者の話
①非正規雇用は，忙しい時期だけ多くの従業員を確保したり，店舗の増減にあわせて従業員の数を調整したりできるので，企業にとっては合理的です。②激しい国際競争を勝ち抜くためには，費用の削減が必要です。

B　非正規雇用で働く人の話
③非正規雇用の働き方を選ぶ理由は，人によってさまざまです。わたしは，希望する職種に就けなかったため，大学生のころからアルバイトを続けています。でも，[X]ので，今は，正社員になることを希望しています。

(1) B中の[X]内には，A中の下線部①の内容に対応したことばが入る。[X]内にあてはまる最も適当なものを，次の**ア**～**エ**から1つ選びなさい。
ア　正社員の方が給料が高い。　　**イ**　正社員の方が雇用が安定している。
ウ　正社員の方が勤務時間が短い。　　**エ**　正社員の方が簡単な仕事で責任が軽い。

(2) 下線部②に激しい国際競争とあるが，次の文は，円高により産業の空洞化が進む理由の1つを説明しようとしたものである。文中の3つの〔　　〕内にあてはまる言葉を，**ア・イ**から1つ，**ウ・エ**から1つ，**オ・カ**から1つ，それぞれ選んで，記号で答えなさい。

円高とは，外国の通貨に対して円の価値が高くなることである。例えば，為替相場が〔**ア**　1ドル＝100円から1ドル＝80円　**イ**　1ドル＝80円から1ドル＝100円〕となって円高に変動したとき，企業が外国で労働者を時給5ドルで雇用しようとした場合，日本円に換えて計算した時給は〔**ウ**　500円から400円　**エ**　400円から500円〕になる。このように，日本円で見た賃金が変わるので，安い労働力を求めて〔**オ**　外国の企業が日本に移る　**カ**　日本の企業が外国に移る〕ことで，産業の空洞化が進む。

(3) 下線部③に非正規雇用の働き方を選ぶ理由とあるが，右の表は，非正規雇用の働き方を選ぶ理由についての実態調査の一部である。この表から，非正規雇用の働き方を選ぶ理由について男女に違いがあることがわかる。男女がともに参加し，たがいにその人権を尊重しつつ責任も分かち合い，性別にかかわりなく，その個性と能力を十分に発揮することができる社会の実現に向けて，基本理念を明らかにした法律が，1999年に制定された。この法律の呼び名を漢字で答えなさい。

	女性(%)	男性(%)
家庭の事情(家事・育児・介護等)や他の活動と両立しやすいから	33.3	7.6
家計の補助，学費を得たいから	42.6	15.1
正社員として働ける会社がなかったから	18.6	29.9
専門的な資格・技能をいかせるから	13.1	29.1

（厚生労働省資料）

(1)	(2)　　→　　→
(3)	

〔香川一改〕

15 社会保障制度の充実と国民の福祉

Step A　Step B　Step C

解答▶別冊21ページ

▶次の　　　に適語を入れなさい。

1 日本の社会保障制度のしくみ

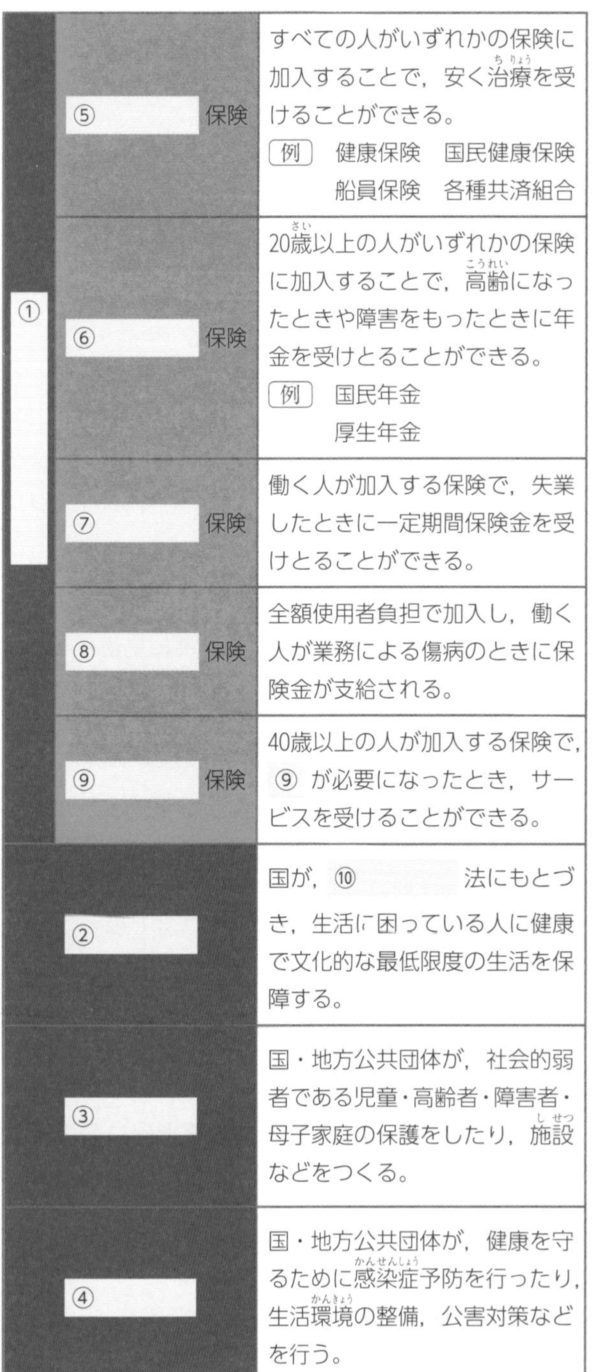

①			
①	⑤　　　保険	すべての人がいずれかの保険に加入することで，安く治療を受けることができる。 例 健康保険　国民健康保険　船員保険　各種共済組合
①	⑥　　　保険	20歳以上の人がいずれかの保険に加入することで，高齢になったときや障害をもったときに年金を受けとることができる。 例 国民年金　厚生年金
①	⑦　　　保険	働く人が加入する保険で，失業したときに一定期間保険金を受けとることができる。
①	⑧　　　保険	全額使用者負担で加入し，働く人が業務による傷病のときに保険金が支給される。
①	⑨　　　保険	40歳以上の人が加入する保険で，⑨が必要になったとき，サービスを受けることができる。
②		国が，⑩　　　法にもとづき，生活に困っている人に健康で文化的な最低限度の生活を保障する。
③		国・地方公共団体が，社会的弱者である児童・高齢者・障害者・母子家庭の保護をしたり，施設などをつくる。
④		国・地方公共団体が，健康を守るために感染症予防を行ったり，生活環境の整備，公害対策などを行う。

2 社会保障の財源

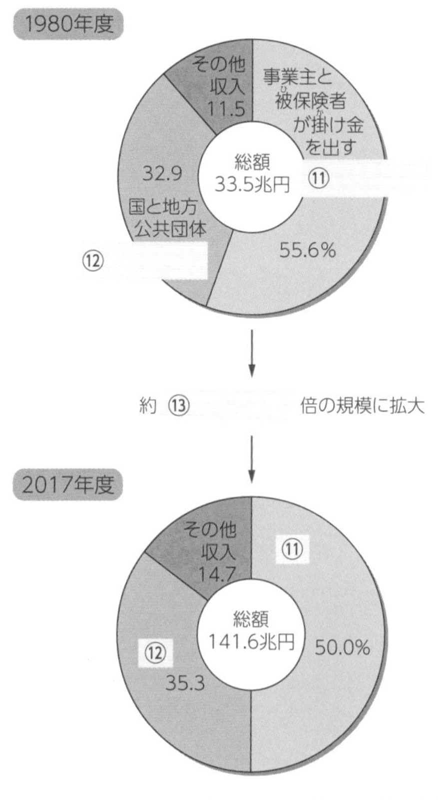

(2020/21年版「日本国勢図会」など)

3 生活保護の現状

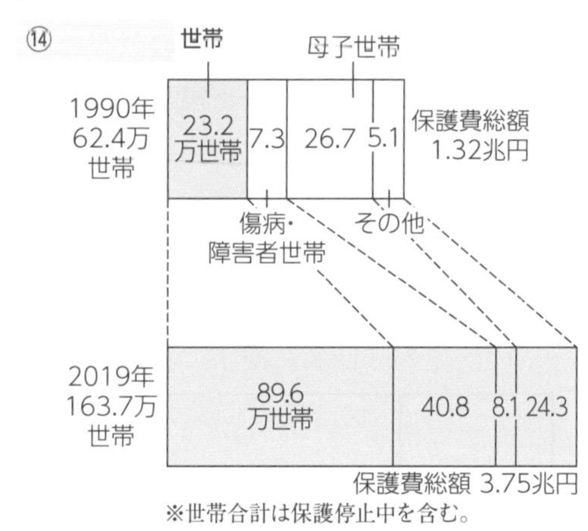

※世帯合計は保護停止中を含む。

(2020/21年版「日本国勢図会」)

▶次の[　　]に適語を書きなさい。

4 社会保障制度

1 **国の責任において救済する制度**…[⑮　　　　]制度。個人の力では解決が難しい医療(いりょう)・失業・障害・老齢(ろうれい)などの問題。

2 **「すべて国民は，健康で文化的な最低限度の生活を営む権利…」**…日本国憲法第25条の[⑯　　　　]権規定が日本の[⑮]の土台にある。

3 **イギリスのベバリッジ報告の標語**…一生涯(しょうがい)を通しての社会福祉(ふくし)の実現「ゆりかごから[⑰　　　　]まで」。

4 **65歳(さい)以上の高齢(老齢)人口の割合が増加**…日本では，高齢人口が全人口の28%をこえるにいたった。このような社会を[⑱　　　　]という。

5 **障害者や高齢者の世話**…自宅を訪問して，日常の生活の世話をする人を[⑲　　　　]という。

6 **社会的活動に無報酬(むほうしゅう)で参加する人**…[⑳　　　　]。自発的に参加する人が増えている。

7 **児童の養育・教育のため**…国が現金を支給する制度を[㉑　　　　]という。

⑮
⑯
⑰
⑱
⑲
⑳
㉑

5 社会保障制度の４本柱

1 **病気や失業，老齢に対して**…加入者がふだんから掛(か)け金を積み立てておき，医療や失業給付，年金などを受けることを[㉒　　　　]という。

2 **母子家庭や身体障害者，寝(ね)たきり老人などに対して**…働くことが困難で低収入の人々のために施設(しせつ)を設けたり，職業を指導したりすることを[㉓　　　　]という。

3 **貧困で生活が困難な人に対して**…生活保護ともいわれ，生活費や住宅費などを支給することを[㉔　　　　]という。

4 **病気の予防対策や衛生施設をつくる**…国民の健康を維持(いじ)し，増進することを[㉕　　　　]という。感染症(かんせんしょう)の予防，上下水道の整備，公害対策。

㉒
㉓
㉔
㉕

6 社会保険

1 **社会保険**…一定の掛け金を積み立てておき，必要が生じたとき，現金や医療などの[㉖　　　　]を受ける。

2 **医療保険**…民間企業(きぎょう)の労働者を対象とするものを[㉗　　　　]，自営業者や農家，無職の人を対象とするものを[㉘　　　　]という。

3 **年金保険**…20歳以上の全国民を対象とするものを[㉙　　　　]，さらに民間企業の労働者は[㉚　　　　]に加入する。

㉖
㉗
㉘
㉙
㉚

7 公的扶助(ふじょ)

・**公的扶助**…[㉛　　　　]法にもとづき，所得が少なく生活が困難な人に対し，「健康で文化的な最低限度の生活」を，国の責任で保障する制度。

㉛

8 社会福祉

・**社会福祉**…児童の健全な育成のための[㉜　　　　]法をはじめ，身体障害者のための身体障害者福祉法，高齢者のための老人福祉法などにもとづく。

㉜

Step A　Step B　Step C

●時 間 20 分	●得 点
●合格点 75 点	点

解答▶別冊21ページ

1 ［国民の福祉］日本の社会保障制度について，次の各問いに答えなさい。　(10点×6－60点)

(1) 日本の社会保障制度に関する正しい文を，次の**ア**～**エ**から１つ選び，記号で答えなさい。

ア　日本国憲法第25条は，「すべて国民は，健康で文化的な最低限度の生活を営む権利を有する」と定め，生活保護や社会保険は日本国籍をもつ国民にのみ適用される。

イ　日本の社会保障制度は，「ゆりかごから墓場まで」といわれるロシアの制度を手本に，戦後少しずつ整備されてきた。

ウ　日本国憲法第25条は個人の権利としての「生存権」を定めており，国が公衆衛生の向上・増進に努めることなどは書かれていない。

エ　生活保護の対象者には，食費・光熱費などの生活面のほか教育，住宅などに関して給付が行われており，受給者の増加が問題になっている。

(2) 社会保障制度について，次のａ・ｂの正誤の組み合わせとして正しいものを，あとの**ア**～**エ**から１つ選び，記号で答えなさい。

ａ　高齢者に介護サービスを提供したり，失業時に所得を保障したりする制度は社会保険であり，給付のための費用はすべて税金によってまかなわれている。

ｂ　最低限度の生活が維持できない人に，日常生活のために必要な金銭を給付する制度は公的扶助であり，給付のための費用はすべて税金によってまかなわれている。

ア　ａ－正　ｂ－正　**イ**　ａ－正　ｂ－誤　**ウ**　ａ－誤　ｂ－正　**エ**　ａ－誤　ｂ－誤

(3) 年齢別人口構成の変化をみすえて，2000年から導入された社会保険を，次の**ア**～**エ**から１つ選び，記号で答えなさい。

ア　雇用保険　**イ**　介護保険　**ウ**　労災保険　**エ**　生命保険

(4) 社会保険の１つである年金保険のうち，民間企業のサラリーマンなどの勤労者が，一定の年齢に達したときに給付される公的年金を何というか，答えなさい。

(5) 社会福祉に関連し，①障害の有無に関係なく，すべての人々が普通に生活できる社会を築いていこうとする考えを何というか。また，②①を築くための１つとして，公共施設の階段部分にスロープをつけるなど，段差や障壁を取り除いていくことを何というか，答えなさい。

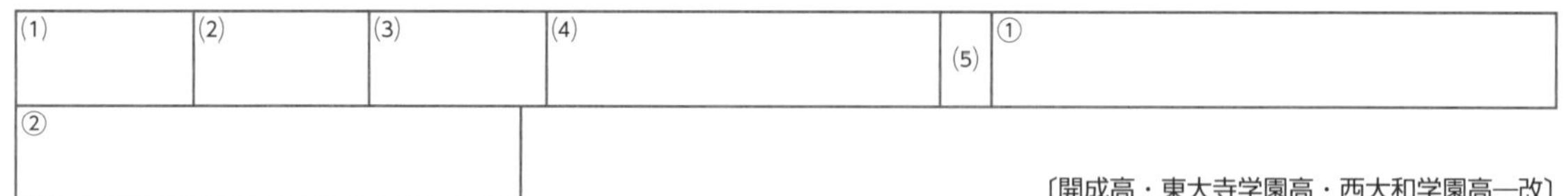

(1)	(2)	(3)	(4)	(5) ①
②				

〔開成高・東大寺学園高・西大和学園高―改〕

重要 **2** ［日本の社会保障］次の文を読んで，あとの各問いに答えなさい。　(10点×3－30点)

日本国憲法では，ａ「すべて国民は，健康で文化的な最低限度の生活を営む権利を有する。」(第25条第１項)と定めている。このことを受けて，国や地方公共団体は国民の安定した生活を保障するため，ｂ社会保障制度の整備拡充をはかっている。現在日本では高齢人口が増加しており，今後さらにｃ高齢社会の進行が予想されるので，社会保障制度の一層の充実が望まれている。

(1) 下線部ａのことと最も関係の深いものを，次の**ア**～**エ**から１つ選び，記号で答えなさい。

ア　平等権　**イ**　生存権　**ウ**　自由権　**エ**　参政権

(2) 下線部ｂに関して，次のグラフ中のＡ～Ｄは，2015年度における日本の一般会計歳出予算案のうち，社会保障関係費にしめる生活扶助等社会福祉費，少子化対策費，年金給付費，保健衛生対策費のいずれかの割合を示したものである。右のグラフ中のＡについて述べているものを，次の**ア～エ**から１つ選び，記号で答えなさい。

社会保障関係費(35兆8,608億円)

A	医療給付費	B		C	D	
34.9%	33.9	11.7	介護給付費 9.4	8.5	1.4	その他 0.1

※四捨五入の関係で合計が100%とならない。　(2020/21年版「日本国勢図会」)

ア　病気の予防につとめたり，保健衛生施設の整備拡充をはかったりするなどして，国民が健康な生活をおくることができるようにするために使われるもの。

イ　社会生活を営むうえで困難のある人に対して施設を整えたり，世話をしたりすることや，生活困窮者に対して生活費や医療費を給付し，自立できるよう援助することに使われるもの。

ウ　子ども・子育て支援の充実のための施策に使われるもの。

エ　加入者が高齢になったときに，加入状況に応じて一定額を継続して給付するもの。

(3) 下線部ｃに関して，次の表は，日本の総人口，総人口にしめる高齢人口，生産年齢人口，年少人口の割合を示したものである。

	1920年		2019年		2025年(推定)	
	男	女	男	女	男	女
高齢人口(65歳以上)	2.3	2.9	12.4	16.0	13.0	17.0
生産年齢人口(15～64歳)	29.4	28.9	30.1	29.4	29.6	28.9
年少人口(０～14歳)	18.4	18.1	6.2	5.9	5.9	5.6
総人口	5,596万人		12,617万人		12,254万人	

(単位：%)　(2020/21年版「日本国勢図会」など)

表から読みとれる内容について適切に述べているものを，次の**ア～エ**から１つ選び，記号で答えなさい。

ア　高齢者１人に対する生産年齢人口の割合は，2019年は約2.1人であるが，2025年は約2.0人になると推定される。

イ　総人口にしめる高齢人口の割合と年少人口の割合は，1920年以降しだいに増加している。

ウ　1920年は，総人口にしめる高齢人口の割合は2.3%であり，高齢人口は約130万人であった。

エ　2019年を1920年と比較すると，総人口にしめる年少人口の割合および年少人口は，約２分の１に減少した。

〔東京一改〕

3 [社会福祉] 次のア～エの社会保障制度について記述された文の中から，社会福祉にあてはまる記述を１つ選び，記号で答えなさい。　(10点)

ア　保護や援助を必要とする障害者や児童，高齢者の生活を支える。

イ　20歳から60歳まで国民年金に加入すると，65歳以降一定額の年金が支給される。

ウ　地域住民のために，生活習慣病対策，衛生環境改善，感染症の予防などを行う。

エ　生活に困窮している人に対して必要な保護を行い，最低限の生活を保障する。

〔お茶の水女子大附高一改〕

16 公害の防止と環境保全

Step A　Step B　Step C

解答▶別冊21ページ

▶次の　　に適語を入れなさい。

1 おもな公害病発生地域

2 日本の公害関係年表

年	おもなできごと
1890（明23）	⑤　　の鉱毒で渡良瀬川汚染発生
1922（大11）	富山県 ⑥　　川流域にイタイイタイ病発生
1956（昭31）	熊本 ⑦　　病が社会問題化
1961（昭36）	⑧　　ぜんそく多発
1964（昭39）	新潟 ⑨　　病が阿賀野川流域で問題化
1967（昭42）	公害対策基本法制定
1971（昭46）	環境庁設置
1975（昭50）	⑩　　空港公害訴訟控訴審で住民側勝訴
1976（昭51）	川崎市で全国初の ⑪　　（環境影響事前評価）条例制定
1993（平5）	⑫　　法制定（公害対策基本法は廃止）
1997（平9）	⑪ 法制定
2000（平12）	⑬　　形成推進基本法制定
2001（平13）	省庁改編で ⑭　　省に改組

3 公害苦情受理件数の割合

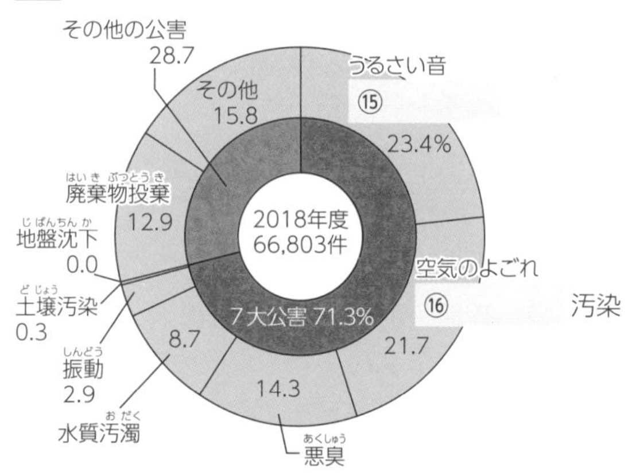

（2020/21年版「日本国勢図会」）

4 循環型社会のしくみ

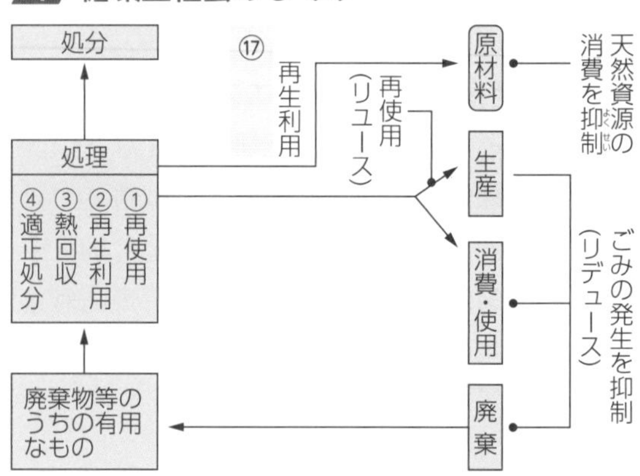

▶次の[　　]に適語を書きなさい。

5 公害の種類

1 工業用水として大量の地下水のくみ上げで起こる…[⑱　　　　]。
2 工場の機械音，ビル建設工事，航空機の発着音…[⑲　　　　]。
3 工場の煤煙や車の排気ガス…[⑳　　　　]。
4 ゴムなどの化学工場や畜舎など…[㉑　　　　]。
5 鉱山・工場などの廃液を川に流し，土へしみ出る…[㉒　　　　]。
6 工場の廃液や家庭からの排水を川に流す…[㉓　　　　]。

6 四大公害裁判

	新潟水俣病	四日市ぜんそく	イタイイタイ病	水俣病
発生地域	新潟県 [㉔　　] 川流域	[㉕　　]県 四日市市	[㉖　　]県 神通川流域	[㉗　　]県 八代海沿岸
おもな原因	工場廃液中の [㉘　　] ⇩ 水質汚濁	工場排出の 亜硫酸ガス ⇩ 大気汚染	[㉙　　] ⇩ 水質汚濁	工場廃液中の [㉘] ⇩ 水質汚濁
提訴	1967年	1967年	1968年	1969年
判決	患者側勝訴	患者側勝訴	患者側勝訴	患者側勝訴

7 環境対策の立法

1 **環境対策へ法整備**…1967年に公害対策基本法を制定。その後，時代に対応するため，1993年に[㉚　　　　]法を制定した。
2 **開発に際しては事前調査の義務づけ**…1976年に川崎市で，その開発が生活環境や自然環境にどのような影響をおよぼすかを事前に調査する全国で初めての条例が制定され，1997年に[㉛　　　　]法が法制化された。
3 **廃棄物の再生利用**…1997年，容器包装[㉜　　　　]法が施行された。
4 **家電リサイクル法**…2001年に施行された。洗濯機・テレビ・冷蔵庫・エアコンの４品目の廃棄を[㉝　　　　]負担とし，[㉞　　　　]に再利用を義務づけた。

8 環境行政と企業への負担

1 **環境行政**…環境をあつかう国の役所として，1971年に[㉟　　　　]がつくられたが，2001年に[㊱　　　　]に昇格させた。
2 **企業への負担**…公害防止費用は，公害を発生させた企業が支払わなければならないという原則を，汚染者負担原則([㊲　　　　])という。

⑱ ______
⑲ ______
⑳ ______
㉑ ______
㉒ ______
㉓ ______
㉔ ______
㉕ ______
㉖ ______
㉗ ______
㉘ ______
㉙ ______
㉚ ______
㉛ ______
㉜ ______
㉝ ______
㉞ ______
㉟ ______
㊱ ______
㊲ ______

Step A　Step B　Step C

●時 間 25 分	●得 点
●合格点 70 点	点

解答▶別冊22ページ

1 ［公害対策から環境保護へ］次の文を読んで，あとの各問いに答えなさい。（7点×2－14点）

日本経済は高度経済成長によって急速に発展し，資本主義の国々の中ではアメリカに次ぐ世界第2の工業国となった。しかし，産業の急速な発展はａ公害というひずみも生み出した。公害問題が契機となって，人々の生活環境を守ることにも目が向けられるようになり，多くのｂ環境保護のための法律が制定された。

⑴ 下線部ａに関する記述として適切なものを，次の**ア**～**エ**から１つ選び，記号で答えなさい。

ア 四大公害のうちで裁判にまでなったのは，水俣病，イタイイタイ病，四日市ぜんそくの３つである。

イ 水俣病の原因は工場廃液に含まれる有機水銀であり，イタイイタイ病の原因は足尾銅山の鉱廃水に含まれる鉱毒によるものであった。

ウ 水俣病が発生したのは1960年代であり，その後の医学の進歩により治療法が確立したため，現在水俣病患者はいない。

エ 公害には土壌汚染，大気汚染，騒音，悪臭，水質汚濁，振動などがあるが，このうち苦情受理件数が最も多いのは騒音である。

⑵ 下線部ｂに関する記述として最も適切なものを，次の**ア**～**エ**から１つ選び，記号で答えなさい。

ア 日本国憲法は第25条において，よい環境を享受し，これを維持する権利である環境権を明文化している。

イ ごみを減らし，循環型社会を築くため，容器包装リサイクル法や家電リサイクル法などのリサイクルを促進する法律が次々に制定されている。

ウ 1994年に制定された製造物責任法(PL法)によって，公害対策の費用は公害発生者が負担するという汚染者負担の原則(PPP)が確立した。

エ 1993年に制定された環境基本法によって，工場建設や地域開発を計画する際には環境アセスメントを行うことが法律で義務づけられた。

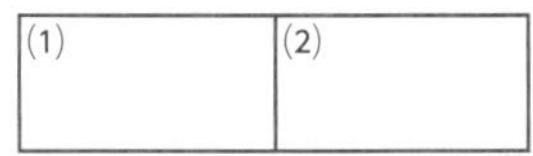

〔お茶の水女子大附高―改〕

2 ［循環型社会］循環型社会のしくみを表した右の図中のＰ～Ｒのいずれにもあてはまらないものを，次の**ア**～**エ**から１つ選び，記号で答えなさい。（8点）

ア リサイクル　**イ** リデュース
ウ リユース　**エ** リフューズ

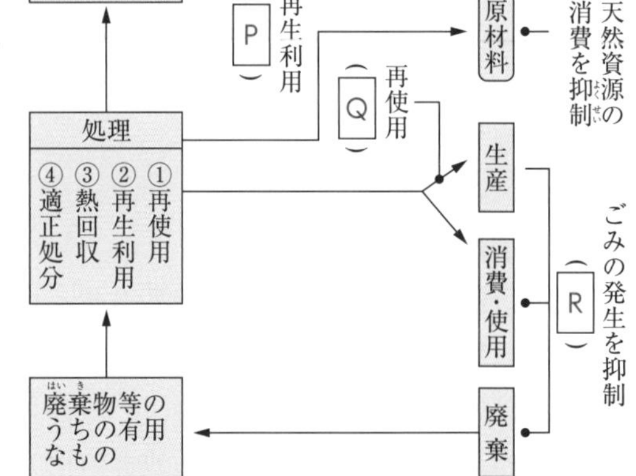

3 ［公害問題］次の文を読んで，あとの各問いに答えなさい。（6点×13－78点）

日本において，公害はａ第二次世界大戦前から，いくつかの地域で発生し，問題とされていた。戦後の経済発展によって，ｂ多くの地域でさまざまな種類の公害が発生し，深刻な問題となってきた。最近では，ｃIC工場から排出される化学物質や産業廃棄物による新たな問題もおこり「ハイテク汚染」と呼ばれている。

⑴ 下線部ａについて，渡良瀬川の流域で発生した「日本の公害の原点」といわれる事件は何か，答えなさい。

⑵ ⑴の事件が起こったのはいつごろのことか。次の**ア**～**エ**から１つ選び，記号で答えなさい。

ア　江戸時代に分業により生産する工場制手工業（マニュファクチュア）が生まれたころ。
イ　明治時代に軽工業を中心に産業が発達したころ。
ウ　大正時代に大正デモクラシーから民衆運動が高まり，社会運動が広がったころ。
エ　昭和時代に経済が急速に成長し，高度経済成長期に入ったころ。

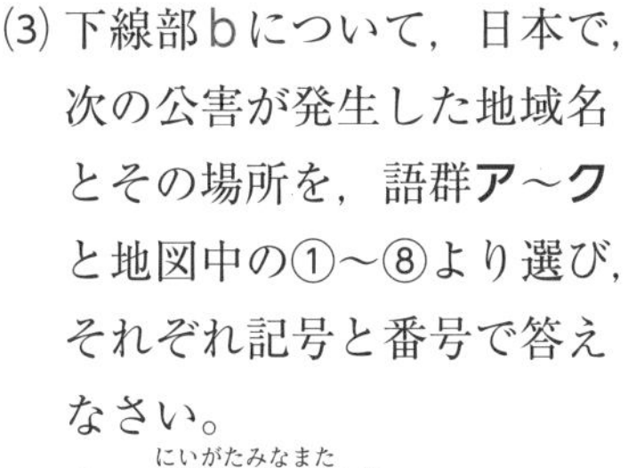

⑶ 下線部ｂについて，日本で，次の公害が発生した地域名とその場所を，語群**ア**～**ク**と地図中の①～⑧より選び，それぞれ記号と番号で答えなさい。

A　新潟水俣病
B　イタイイタイ病
C　慢性ひ素中毒症
D　水俣病
E　四日市ぜんそく

ア　八代海沿岸
イ　阿賀野川下流域
ウ　宮崎県土呂久地区
エ　神通川流域
オ　三重県伊勢湾岸
カ　隅田川流域
キ　四万十川流域
ク　石狩川流域

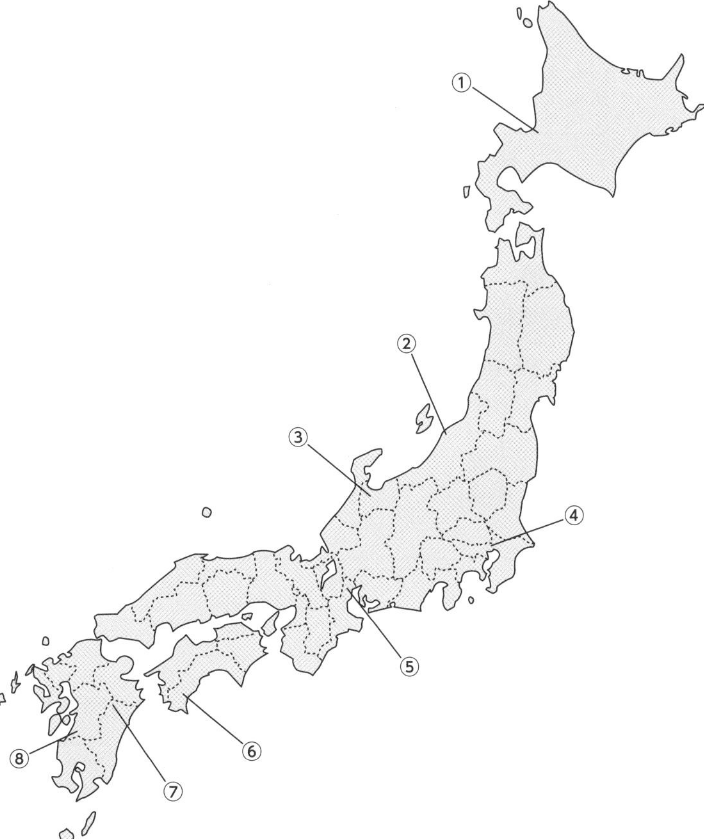

⑷ 下線部ｃについて，IC工場による汚染とは次の**ア**～**ウ**のどれか，１つ選び，記号で答えなさい。

ア　大気の汚染　**イ**　土壌汚染　**ウ**　地下水の汚染

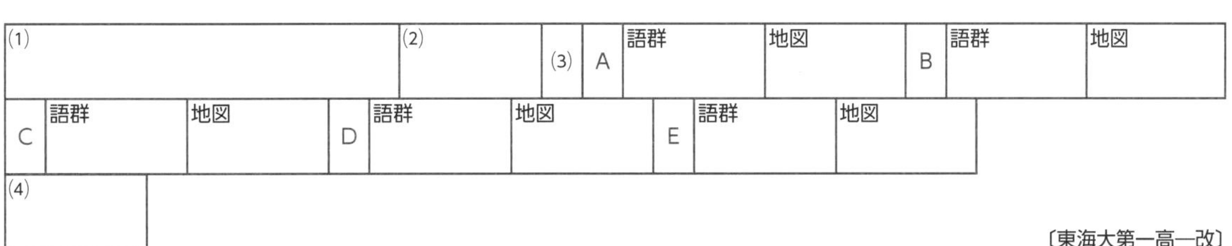

⑴	⑵	⑶	A 語群	地図	B 語群	地図

C 語群	地図	D 語群	地図	E 語群	地図

⑷

〔東海大第一高一改〕

17 租税や財政のはたらき

Step A　Step B　Step C

解答▶別冊22ページ

▶次の　　に適語を入れなさい。

1 国家財政の内訳

歳入

国民から徴収するお金 ①　　・印紙収入
国民からの借金 ②　　金

	①	②	その他
1980年度 43.68兆円	61.0%	32.2	6.8
2000年度 89.77兆円	55.6%	38.5	5.9
2020年度 102.66兆円	61.9%	31.7	6.4

(2020年度は予算案)

歳出

国が国民の生活を保障する ③　　関係費
国民からの借金の返済 ④　　費

	③	④	地方交付税交付金	公共事業関係費	文教及び科学振興費	防衛関係費	その他
1980年度 43.68兆円	21.4%	12.6	18.0	13.4	10.6	5.2	18.8
2000年度 89.77兆円	22.0%	23.9	17.7	10.9	7.4	5.5	12.6
2020年度 102.66兆円	34.9%	22.7	15.2	6.7	5.4	5.2	9.9

(2020/21年版「日本国勢図会」など)

2 税の種類

		負担する人と支払う人が同じ ⑤　　税	負担する人と支払う人が別 ⑦　　税
国税		個人の年間の所得にかけられる ⑥　　税 法人税　相続税 贈与税	商品・サービスを購入するときにかけられる ⑧　　税 揮発油税　酒税 たばこ税　など
地方税	(都)道府県税	(都)道府県民税 事業税　自動車税　など	地方消費税 (都)道府県たばこ税　など
地方税	市(区)町村税	市(区)町村民税 固定資産税　など	市(区)町村たばこ税 入湯税　など

3 直間比率の国際比較

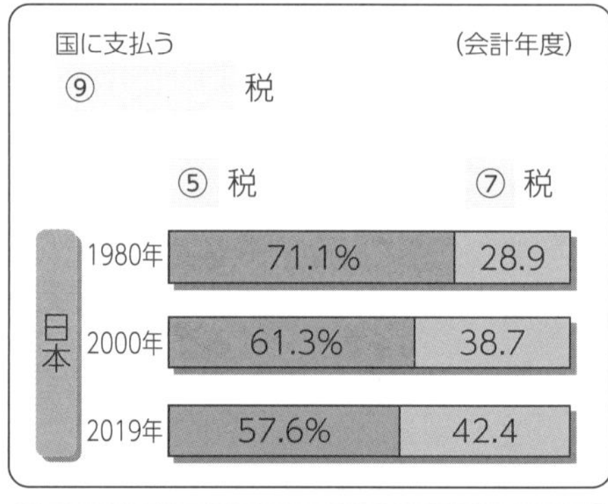

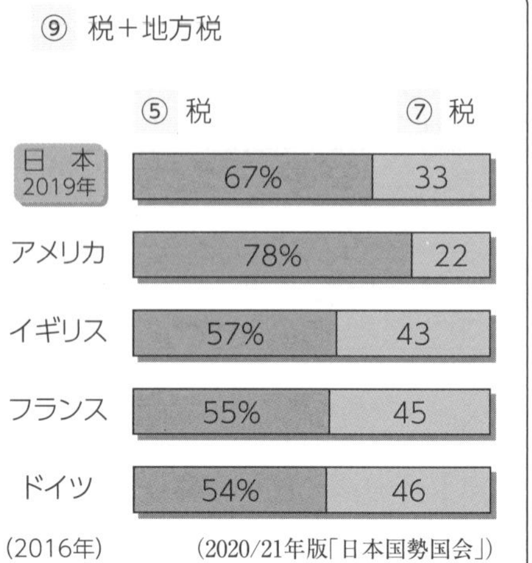

4 家計・企業・政府の関係

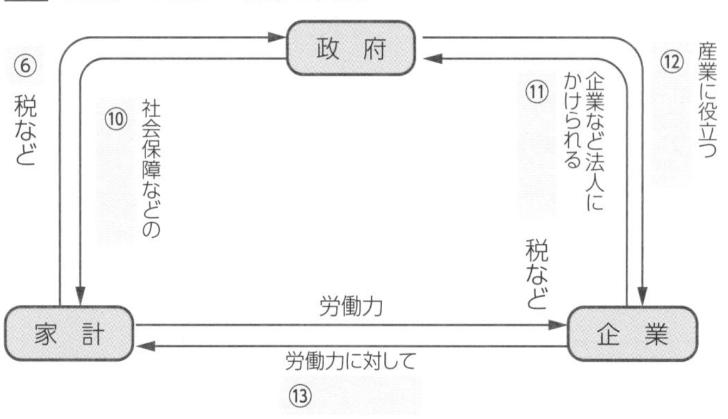

▶次の[　　]に適語を書きなさい。

5 歳入

1 政府の1年間の収入…[⑭　　　　]。
2 直接税…税負担者と納税者が同一の税。[⑭]の半分以上をしめる。直接税のうち，所得税や相続税は所得が多いほど税率が高くなる。この課税制度を[⑮　　　　]という。
3 間接税…税負担者と納税者が別の税。商品やサービスを買った人が負担し，商店などを通じて納めるもので，代表的なものに商品を購入した人が支払う[⑯　　　　]税がある。
4 地方税…[⑰　　　　]税と市町村税がある。
5 国民からの借金…政府は，歳入が不足するとこれを補うために，必要に応じて[⑱　　　　]を発行している。
6 住民からの借金…地方公共団体も，歳入不足を補うために，必要に応じて[⑲　　　　]を発行している。[⑱]と[⑲]をまとめて[⑳　　　　]という。
7 国の予算…内閣が作成し国会で議決されるが，予算のうち，政府の通常の活動に使うものを[㉑　　　　]予算という。
8 政府が特別な債券を発行…集めた資金を，住宅建設・生活環境整備のために政府関係機関や地方公共団体などに投資や融資をする。この政府の活動を[㉒　　　　]という。

⑭
⑮
⑯
⑰
⑱
⑲
⑳
㉑
㉒

6 歳出

1 政府の1年間の支出…[㉓　　　　]。
2 国立の学校を建てる費用…[㉔　　　　]費。
3 生活保護費を出す費用…[㉕　　　　]費。
4 一級河川の堤防を修築する費用…[㉖　　　　]費。
5 畜産農家に補助金を出す費用…[㉗　　　　]費。
6 自衛隊員の制服を買う費用…[㉘　　　　]費。
7 地方公共団体に地方交付税を交付する費用…[㉙　　　　]費。

7 財政のはたらき

1 政府の増・減税や公共投資…国民経済の安定をはかる政策が[㉚　　　　]。
2 日本銀行の公開市場操作などによる景気調整…[㉛　　　　]。
3 個人間の所得の格差を縮める…所得の多い人から税を多くとり，社会保障の支出を増やすことを，所得の[㉜　　　　]という。

8 財政政策による景気調整

1 好況のとき…[㉝　　　　]税により，民間の資金を吸い上げたり，公共投資の財政支出を[㉞　　　　]したりする。
2 不況のとき…[㉟　　　　]税により，民間の手元に残る資金を多くしたり，公共投資などの財政支出を[㊱　　　　]したりする。

㉓
㉔
㉕
㉖
㉗
㉘
㉙
㉚
㉛
㉜
㉝
㉞
㉟
㊱

Step A　Step B　Step C

●時 間 25 分	●得 点
●合格点 70 点	点

解答▶別冊22ページ

1 ［日本の財政］次の文を読んで，あとの各問いに答えなさい。　（(1)②・(3)8点×3，他6点×2－36点）

政府は，家計や企業との経済的な結びつきを通して，財政を運営している。右図は，政府・家計・企業の経済上のおもな結びつきを示したものであり，そのうちの財政にかかわる結びつきを，矢印によって示している。

政府は，財政の運営を通して，国民生活の安定をめざしたり，福祉の向上や企業活動の発展をはかったりしている。

政府・家計・企業のおもな結びつき

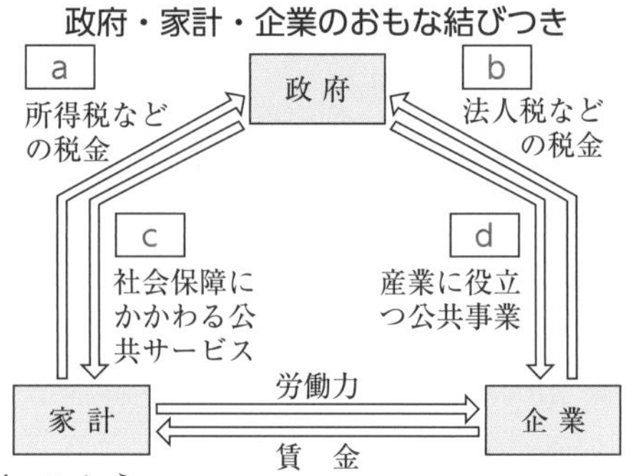

(1) 税金に関する次の問いに答えなさい。

①税金は，その納め方のちがいによって，図の中のa，bのような税金と，消費税や酒税のような税金とに分けられる。このうち，a，bの納め方による税の名称を答えなさい。

記述 ②右の表は，課税される所得額とそれに対する所得税額を示したものである。表から，所得額のちがいに応じて所得税額の割合がどのようになっていることがわかるか，簡単に書きなさい。また，そのように課税している目的を，簡単に書きなさい。

課税される所得額と所得税額

所得額	所得税額
300万円	20.25万円
500万円	57.25万円
1,000万円	176.4万円
2,000万円	520.4万円

(2) 図の中のcは，次の**ア**～**エ**で示した権利のうち，どの権利を保障するためのものか，最も適切なものを1つ選び，記号で答えなさい。

ア　参政権　　**イ**　自由権　　**ウ**　環境権　　**エ**　生存権

記述 (3) 政府は，経済上の政策として，財政支出を増やしたり減らしたりする。図の中のdの費用などを増額することで財政支出を増やす場合は，一般にどのような効果を引き出そうとする場合か，簡単に書きなさい。

(1)	①	②	割合	目的
(2)	(3)			

〔静　岡〕

記述 **2** ［日本の歳入］右の表は，わが国の1994年度と2020年度における一般会計の歳入の内訳を示しており，2020年の公債金の割合は，1994年度に比べて増加している。歳入にしめる公債金の割合が増加することには問題があるといわれているが，その理由を「返済」の語を用いて簡単に書きなさい。　（14点）

年度	租税・印紙収入	公債金	その他
1994	66.8%	21.6%	11.6%
2020	61.9%	31.7%	6.4%

（2020/21年版「日本国勢図会」など）

〔栃木一改〕

3 [歳入と歳出の推移] 右のグラフは，2019年度の一般会計予算における歳入，1985年度，2020年度の一般会計予算における歳出の割合を示したものである。A～Jにはどのような項目が入るか，項目の組み合わせとして正しいものを，ア～エから1つ選び，記号で答えなさい。(8点)

ア C－法人税　D－消費税
G－国債費　I－地方交付税交付金等

イ A－相続税　E－公債金
F－社会保障関係費　J－防衛関係費

ウ B－法人税　D－消費税
F－社会保障関係費　I－公共事業関係費

エ C－相続税　E－消費税
G－公共事業関係費　H－国債費

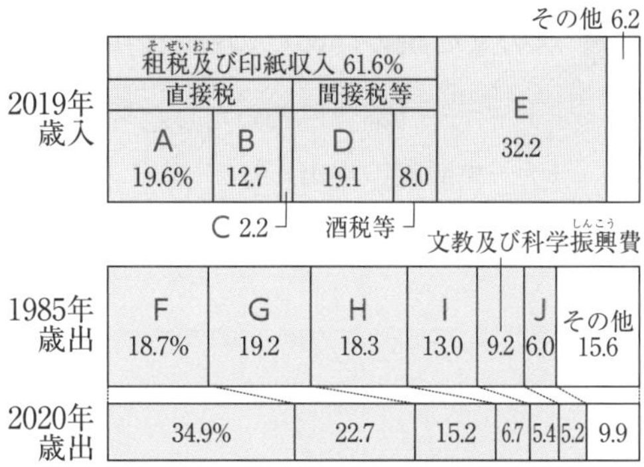

(2020/21年版「日本国勢図会」など)

4 [租税の種類] 次の表は租税の分類や特徴などをまとめたものである。あとの各問いに答えなさい。
((1)(2)5点×5，(3)17点－42点)

表1　租税の分類

	国税	地方税
直接税	所得税 相続税 (a)	事業税 固定資産税 (b)
間接税	消費税 酒税 揮発油税 (c)	地方消費税 たばこ税 ゴルフ場利用税

表2　所得税と消費税の比較

	税の種類	納税者と負担者の関係	税の特徴
所得税	直接税	税金を納める人と負担する人が(A)。	所得が高い人ほど税率が高くなるため，税金を納めたあとの所得の格差を小さくする効果がある。 一方で，所得が高い人にとっては高額の税金を払うことになるので負担感が強くなる。
消費税	間接税	税金を納める人と負担する人が(B)。	同じ価格の商品を購入するのであれば税負担は同じである。 一方で，(C)

(1) 表1の空欄(a)～(c)にあてはまるものを，それぞれア～ウから選びなさい。
ア 関　税
イ 自動車税
ウ 法人税

(2) 表2の空欄(A)，(B)にあてはまるものを，それぞれあとのア，イから選びなさい。
ア 同　じ　　**イ** 異なる

記述
(3) 間接税である消費税の特徴を踏まえ，表2の空欄(C)にあてはまる適切な文を書きなさい。ただし，「所得」という語を用いること。

(1)	a	b	c	(2)	A	B	(3)

〔滋賀－改〕

Step A　Step B　Step C-①

●時 間 30分	●得 点
●合格点 70点	点

解答▶別冊23ページ

1 次の文を読み，あとの各問いに答えなさい。　((2)①8点，他10点×2－28点)

〈テーマ〉「消費税とわたしたちのくらし」

〈テーマ設定の理由〉

わたしは，2019年に消費税が８％から10％に上がる予定のニュースを見て，昔は消費税がなかったことを知りました。そこで，いつから，なぜ，消費税が導入されたのか，わたしたちの暮らしにどのように生かされているのかについて，調べることにしました。

〈調べてわかったこと〉

○消費税率の推移

導入年	1989年	1997年	2014年	2019年
税率	３％	５％	８％	10％

○消費税が導入された理由

・少子高齢(こうれい)化が進み，a 直接税の減収が予想されたから。

・(　　　　　　　　)ので，安定した税収が望めるから。

○消費税の使いみち

・社会保障のうち次の４つに使われています。

年金・医療(いりょう)・介護(かいご)・子ども，子育て支援(しえん)

記述 (1) 文中の(　　　)にあてはまる文を，「消費」という語を用いて，書きなさい。

(2) 文中の下線部 a に関し，次の①・②に答えなさい。

①直接税にあたるものを，次の**ア**～**エ**から１つ選び，記号で答えなさい。

ア 関　税　**イ** 酒　税　**ウ** 自動車税　**エ** ゴルフ場利用税

記述 ②所得税に適用される累進(るいしん)課税とはどのような制度か，簡潔に説明しなさい。

(1)	(2)	①
②		

〔和歌山－改〕

2 次の文を読んで，あとの各問いに答えなさい。　((5)10点，他６点×9－64点)

バブル経済の崩壊(ほうかい)後，長く続いた不況(ふきょう)によって a 労働環境(かんきょう)は著(いちじる)しく悪化し，人々の生活に深刻な影響を与えた。企業(きぎょう)が人件費を削減(さくげん)するために大量の社員を解雇(かいこ)した結果，１人あたりの仕事量が増えて多くの労働者は長時間労働を強いられるようになった。倒産(とうさん)する企業も相次ぎ，b 失業者に対する社会保険料も増加し，国家財政に悪影響を与えている。c 労働する権利は憲法で保障されたものであり，労働が幸福な生活に結びつくような対策が必要である。また，d 年金問題に象徴(しょうちょう)されるように，日本の e 社会保障制度には制度面・運用面でまだまだ不備な点が多い。

(1) 下線部 a に関連して，労働時間，賃金，有給休暇(きゅうか)など，雇用する側が最低限守らなければならない労働条件を定めた法律名を答えなさい。

(2) 下線部bに関連して，失業中で，次の就職先を探している人々に支給される社会保険を何というか，答えなさい。

(3) 次の就職先を探すための公的機関（厚生労働省の下部機関）を何というか，答えなさい。

(4) 下線部cに関連して，勤労の権利・労働基本権は基本的人権のうち，何権と呼ばれているか，答えなさい。

(5) (4)の権利は，勤労の権利・労働基本権以外にどのようなものがあるか，次の**ア**～**オ**からすべて選んで，記号で答えなさい。

ア 環境権　**イ** 裁判を受ける権利　**ウ** 教育を受ける権利

エ 生存権　**オ** 無罪の判決を受けた国民の刑事補償請求権

(6) 下線部dに関連して，1961年から実施された国民年金法によって，国民全員が年金に加入することになった。これを何というか，答えなさい。

(7) 加入する年金によって，年金は２階だて，３階だてともいわれている。最も基礎になる１階部分の年金を何と呼んでいるか，答えなさい。

(8) 下線部dに関連して，厚生労働省の元下部機関の社会保険庁は2010年に解体され，何という組織として設立し直されたか，答えなさい。

(9) 下線部eに関連して，日本の社会保障についての記述として適切なものを，次の**ア**～**エ**から１つ選び，記号で答えなさい。

ア インフルエンザなどの感染症対策も，社会保障制度の一環として取り組まれている。

イ 大日本帝国憲法においても，社会保障政策は，国家の義務として明文化されていた。

ウ 国の社会保障予算の50％以上は，財政投融資によってまかなわれている。

エ 社会保険の１つである介護保険は，家族の介護で職場を長期にわたって休む場合，給与の７割を保障するというものである。

(10) 下線部eに関連して，日本の社会保障の国家予算でいちばん大きな割合をしめているAは何か，右のグラフから考えて答えなさい。

社会保障関係費の一般会計歳出概算（主要経費別）

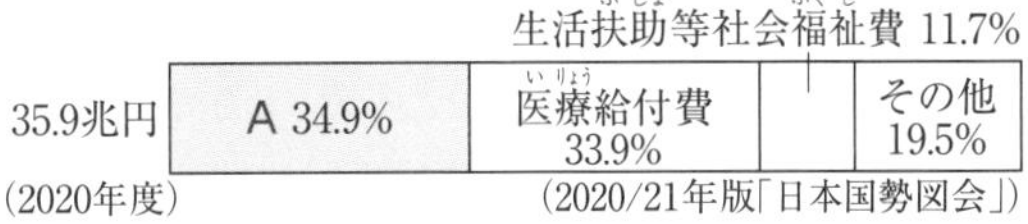

生活扶助等社会福祉費 11.7%

35.9兆円　A 34.9%　医療給付費 33.9%　その他 19.5%

(2020年度)　(2020/21年版「日本国勢図会」)

(1)	(2)	(3)	(4)	(5)

(6)	(7)	(8)	(9)	(10)
				給付費

〔お茶の水女子大附高－改〕

3 景気には波があり，その波が安定することが生活には好ましい。景気が過熱ぎみのときに行う一般的な金融政策のうち公開市場操作と財政政策の組み合わせとして適切なものを，次のア～エから１つ選び，記号で答えなさい。(8点)

	ア	イ	ウ	エ
金融政策	日本銀行が国債・手形を買う	日本銀行が国債・手形を買う	日本銀行が国債・手形を売る	日本銀行が国債・手形を売る
財政政策	増税や公共事業を減らす	減税や公共事業を増やす	増税や公共事業を減らす	増税や公共事業を増やす

〔大阪教育大附高（平野）〕

Step A　Step B　Step C-②

●時 間 30 分	●得 点
●合格点 70 点	点

解答▶別冊23ページ

1 国民生活と財政について，次の各問いに答えなさい。 (5点×6−30点)

(1) 財政のはたらきとして，社会資本や公共サービスの供給がある。それらの供給を市場にゆだねず，政府が供給すべき理由として適切なものを，次の**ア**〜**カ**から1つ選び，記号で答えなさい。

ア 景気が不安定になるから。　**イ** 経済が成長しないから。
ウ 公害が発生するから。　**エ** 地域によっては不足する恐れがあるから。
オ 国内の経済格差が拡大するから。　**カ** 競争の結果，独占企業(どくせんきぎょう)が発生しやすくなるから。

(2) 不景気時に行われる財政政策について述べた文として適切なものを，次の**ア**〜**エ**から1つ選び，記号で答えなさい。

ア 増税を行い，公共事業への支出を増やす。
イ 増税を行い，公共事業への支出を減らす。
ウ 減税を行い，公共事業への支出を増やす。
エ 減税を行い，公共事業への支出を減らす。

(3) 日本の所得税について述べた文として，誤っているものを，次の**ア**〜**カ**からすべて選びなさい。

ア 所得税による収入が，国の歳入(さいにゅう)の約半分をしめている。
イ 国際競争力を高めるため，所得税率引き下げを求める企業からの要望がある。
ウ 所得税では，累進(るいしん)課税制度がとられている。
エ 所得税の税率は10%へ引き上げられ，今後も引き上げられる可能性がある。
オ 所得税では，税を負担する人と税を納める人が一致(いっち)しない。
カ 所得税は，一定額を下回る所得に対しては課税されない。

(4) 日本の財政支出で，そのあり方がしばしば議論されるのは社会保障に関してである。右の表は，日本・アメリカ・スウェーデンの国民負担率と政府の社会保障支出を示している。社会保障に関して，アメリカのようなあり方は，一般的(いっぱんてき)に「低□□・□負担」と呼ばれる。□に入る語を答えなさい。なお，□にはそれぞれ漢字1字が入る。

	国民負担率（2017年）	政府の社会保障支出※（2018年）
日本	44.6%	21.9%
アメリカ	34.5%	18.7%
スウェーデン	58.9%	26.1%

※対国内総生産比　(OECD 資料など)

(5) 日本の財政と国債(こくさい)について述べた文として誤っているものを，次の**ア**〜**カ**からすべて選びなさい。

ア 財政規模が拡大し，税収では国の歳入が不足した場合に国債が発行される。
イ 日本銀行は，景気調整のために，銀行との間で国債を売買することがある。
ウ 国債は企業が購入(こうにゅう)するもので，個人が購入することはできない。
エ 現在，国債残高は税収の約2年分にのぼっている。
オ 現在，国の歳出の約1割が国債の利子払(ばら)いや元本返済にあてられている。
カ 財政規模の縮小のために，いくつかの民間企業が国営化された。

〔筑波大附高一改〕

(1)	(2)	(3)	(4) 低	負担	(5)

2 国民の暮らしについて，次の各問いに答えなさい。 （(5)7点×2，他8点×7－70点）

(1) 公害について，次の問いに答えなさい。

①公害の原因となる物質を排出した企業が，その被害の修復費用や被害者の救済費用を負担する原則を何というか，漢字で答えなさい。

②公害の原因となる大量生産，大量消費，大量廃棄型の経済のしくみを見直して，リユース，リデュース，リサイクルの３Rを実践するなど，新しい社会のしくみを構築しようとする取り組みが進められている。このような社会のことを何というか，漢字５字で答えなさい。

(2) 社会保障にかかる費用は社会保障関係費として，歳出の中で大きな割合をしめている。右の表は，社会保障関係費（2020年）の内訳を示したものである。表中の（ a ）・（ b ）にあてはまる語をそれぞれ答えなさい。

年金給付費	12.5兆円
（ a ）給付費	12.2兆円
介護給付費	3.4兆円
少子化対策費	3.0兆円
生活扶助等（ b ）費	4.2兆円
保健衛生対策費	0.5兆円
雇用労災対策費	0.04兆円

（2020/21年版「日本国勢図会」）

(3) 次の文の下線部**ア**～**エ**には，１つ誤った記述がある。誤っている語句の記号を答え，また，正しい語句を答えなさい。

政府の経済活動のおもなはたらきは，集められた租税をもとに公共サービスを提供したり，景気の調節をしたりすることである。これをァ財政政策という。不景気のときには，ィデフレーションとなりやすく企業の生産活動に影響をおよぼすので，通常は，政府はゥ増税したり，公共投資や財政支出をェ増やしたりするなど，生産や消費の活動を活発にしようとする。

(4) ここ数年，日本政府が行っている経済対策として適さないものを，次の**ア**～**エ**から２つ選び，記号で答えなさい。

ア 医療やエネルギー分野で新たな市場を創出する。
イ 農業の活性化のために小規模農家を増やす。
ウ 女性・若者・高齢者等が活躍できる環境を整える。
エ 外国資本の国内参入を抑制し，資産の海外流出を防ぐ。

記述 (5) 消費税の税率について，「公正」をめぐる考え方にもとづき，「引き上げ反対」，「引き上げ賛成」の論を，下記の形式に合う形で，それぞれ書きなさい。

反対論 「支払い能力に応じて負担すべきだ」との考え方にもとづくと，【　　】という短所がある。

賛成論 「利益を受ける人が負担すべきだ」との考え方にもとづくと，【　　】という長所がある。

(1)	① の原則	②	(2)	a	b
(3)	記号	語句	(4)		
(5)	反対論				
	賛成論				

〔帝塚山高・東大寺学園高・帝塚山学院泉ヶ丘高・久留米大附高・同志社高－改〕

18 国際社会と平和

Step A　Step B　Step C

解答▶別冊24ページ

▶次の　　に適語や数字を入れなさい。

1 国家の主権と領域

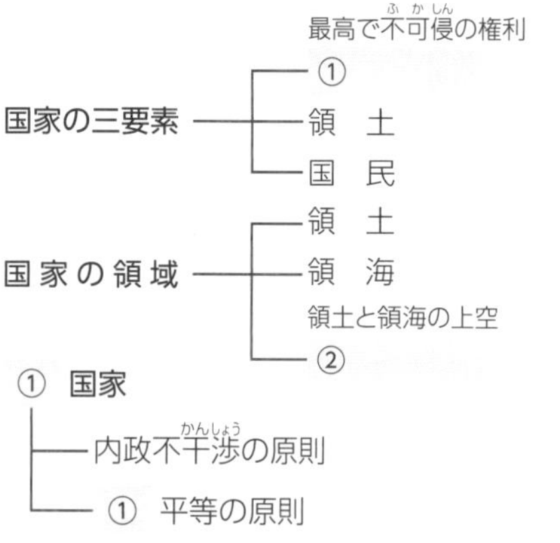

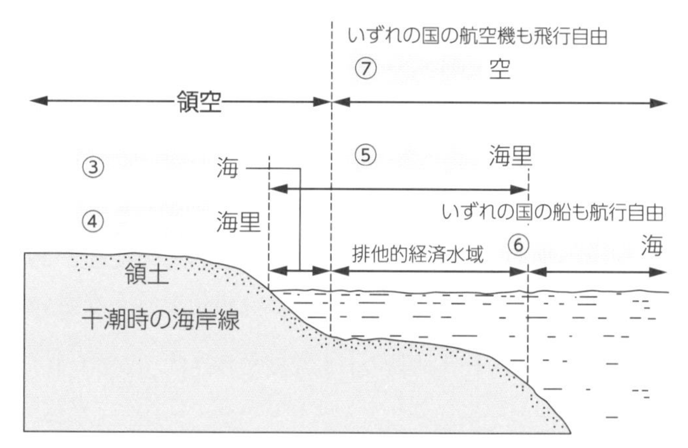

2 国際連合のしくみ

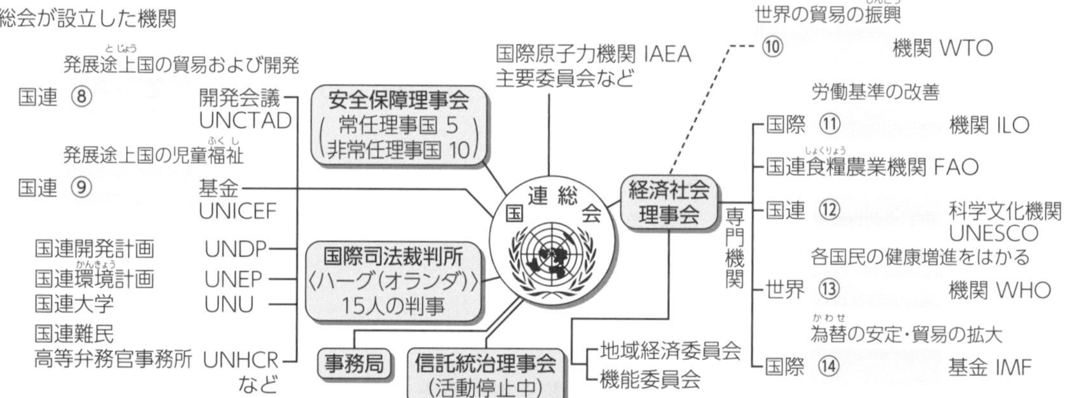

3 国際政治の年表

冷戦／平和共存／冷戦終結・民族対立

年	おもなできごと
一九四五	ポツダム宣言／国際連合成立
〃	米・ソの対立がはじまる
一九四九	⑮　条約機構（NATO）成立
〃	中華人民共和国成立
一九五〇	朝鮮戦争が始まる（〜五三）
一九五五	第一回アジア・アフリカ会議開催
〃	⑯　条約機構成立
一九五六	ソ連が平和共存政策を発表
〃	アフリカに独立の動きが高まる
一九六二	キューバ危機がおこる
一九六三	アメリカ・イギリス・ソ連が　⑰　条約調印
一九六五	ベトナム戦争激化（〜七五）
一九六八	核拡散防止条約採択
一九七二	米・中首脳会談
一九七九	米・中国交正常化
一九八七	中距離核戦力（INF）全廃条約調印
一九八九	⑱　の壁の崩壊
〃	米ソ首脳会談（冷戦終結）
一九九〇	東西ドイツの統一
一九九一	⑯　条約機構解体
〃	ソ連解体
一九九二	ユーゴスラビア分裂、内戦に
一九九三	EU発足
一九九六	包括的核実験禁止条約採択
二〇〇一	アメリカ同時多発テロ
二〇〇三	イラク戦争
二〇一〇	米ロ新戦略兵器削減条約調印
二〇二一	核兵器禁止条約発効

▶次の[　　]に適語を書きなさい。

4 米・ソの対立

1 第二次世界大戦後の米・ソの対立…[⑲　　　　]。
2 日本がアメリカと結んだ条約…[⑳　　　　]条約。1951年，「極東の平和と安全のため」という名目で結んだ。
3 インドネシアのバンドンでの新興独立国の会議…[㉑　　　　]。1955年。
4 米・ソのどちらにも加わらない諸国の考え方…[㉒　　　　]。
5 核兵器の保有国をこれ以上増やさない…1968年に国際連合で採択された条約を[㉓　　　　]条約(NPT)という。
6 米・ソの対立から情勢の変化…西側諸国でのアメリカとEU諸国や日本との対立，東側諸国での旧ソ連と中国との対立，加えて発展途上国の発言力の増大といった動きを[㉔　　　　]という。
7 米・ソ間で締結された核軍縮条約…[㉕　　　　]条約，1987年。
8 日本とロシアの領土問題…[㉖　　　　]。歯舞群島など4島の返還問題が課題となっている。

5 国際連合(国連)と世界平和

1 国連のしくみ…国連は総会・安全保障理事会(安保理)・国際司法裁判所などの主要機関を備え，アメリカの[㉗　　　　]に本部がある。
2 総　会…総会では加盟国が1国1票をもち，軍縮・環境・人権などの諸問題を審議する。2015年には[㉘　　　　]が採択され，持続可能な開発を実現する取り組みが行われている。
3 安全保障理事会…安保理は他国への侵略など平和を乱す国に経済制裁や軍事行動をとることを加盟国に求めたり，停戦監視などの[㉙　　　　]の派遣を決定したりする。アメリカ・イギリス・フランス・ロシア・中国の[㉚　　　　]と任期2年の非常任理事国で構成される。常任理事国は[㉛　　　　]をもち1国でも反対すれば，理事会は決定できない。
4 軍縮への努力…1968年に核保有国以外の国が核兵器をもつことを禁止する[㉓]条約が採択された。2021年には[㉜　　　　]条約が発効したが，この条約には核保有国は参加していない。
5 地域紛争…冷戦終結後，宗教・民族対立，資源争奪などを原因とする地域紛争が目立つようになり，土地を追われた難民が問題になっている。また，政治的主張を暴力で訴える[㉝　　　　]が増えている。

6 国連に関する機関の略称(アルファベット)

1 国際労働機関…[㉞　　　　]。
2 国連貿易開発会議…[㉟　　　　]。
3 国連児童基金…[㊱　　　　]。
4 世界貿易機関…[㊲　　　　]。
5 国連教育科学文化機関…[㊳　　　　]。
6 世界保健機関…[㊴　　　　]。

⑲
⑳
㉑
㉒
㉓
㉔
㉕
㉖
㉗
㉘
㉙
㉚
㉛
㉜
㉝
㉞
㉟
㊱
㊲
㊳
㊴

Step A　Step B　Step C

●時 間 30 分	●得 点
●合格点 70 点	点

解答▶別冊24ページ

重要 **1** [国際連合のしくみ] 右の図は，国際連合のおもなしくみを示したものである。A・Bの文を読んで，あとの各問いに答えなさい。（8点×6－48点）

事務局

国際司法裁判所

信託統治理事会

d 理事会

経済社会理事会

c

おもな専門機関
- 国際通貨基金（IMF）
- 国連教育科学文化機関（ユネスコ，UNESCO）
- 世界保健機関（WHO）

など

c によって設立された機関
- 国連貿易開発会議（UNCTAD）
- 国連児童基金（UNICEF）

など

A 国際連合は，第二次世界大戦中の1945年6月に［ a ］が調印され，戦後の世界の再建と平和のための国際組織として同年10月に発足（ほっそく）した。日本は1956年に［ b ］に調印したことで国際連合への加盟が実現した。

B 国際連合を構成するおもな機関のうち，［ c ］はすべての加盟国からなり，各機関の理事国の選挙や平和と安全に関する勧告（かんこく）などを行う。また，［ d ］理事会は5か国の常任理事国と10か国の非常任理事国とで構成され，国際紛争（ふんそう）の処理などを行う。

(1) Aの文中a，bの［　］に適する語句を，次の**ア**～**エ**から1つずつ選び，記号で答えなさい。

ア 日本国憲法　**イ** 日ソ共同宣言　**ウ** 国際連合憲章　**エ** 日中平和友好条約

(2) Bの文中と図中にあるc，dの［　］には同じ語句が入る。適する語句をそれぞれ答えなさい。

(3) 下線部を地域別で見るとき，加盟国数が最も多い地域を，次の**ア**～**エ**から1つ選び，記号で答えなさい。

ア アジア　**イ** アフリカ　**ウ** ヨーロッパ　**エ** 北アメリカ

(4) 図中の専門機関のうち，その憲章の前文に「人の心の中に平和のとりでを築くこと」を目標にかかげ，人権尊重と国際理解を進める活動に力を注いでいる機関の名を，上の図の中から1つ選び，語句で答えなさい。

(1)	a	b	(2)	c	d	(3)	(4)

〔岐阜一改〕

2 [国際連合と専門機関] 次の各問いに答えなさい。（5点×2－10点）

(1) 国際連合に関する説明として最も適切なものを，次の**ア**～**エ**から1つ選び，記号で答えなさい。

ア 国際連合における総会決議は，常任理事国の拒否（きょひ）権行使により採択（さいたく）されないことがある。

イ 国際連合の総会は，すべての加盟国の主権平等の原則を理念としている。

ウ 国際連合における総会決議は，全会一致（いっち）によるのが原則である。

エ 国際連合に加盟した国は，無条件に国際人権規約を遵守（じゅんしゅ）する立場にある。

(2) 国際連合における専門機関の説明として不適切なものを，次の**ア**～**エ**から1つ選び，記号で答えなさい。

ア FAO（国連食糧（しょくりょう）農業機関）は，各国の栄養状態・生活水準の改善・向上，食料資源の確保・増産計画などを通じて世界の平和に貢献（こうけん）することをめざしている。

イ　WHO(世界保健機関)は，各国の保健業務の指導，医療品の国際標準確立，人口爆発への対応などを通じて世界の平和に貢献することをめざしている。

ウ　ILO(国際労働機関)は，労働者の生活・労働条件の改善を通じて世界の平和に貢献することをめざしている。

エ　UNESCO(国連教育科学文化機関)は，発展途上国や戦争被災児童の健康・栄養状況の改善，識字率の向上計画などを通じて世界の平和に貢献することをめざしている。

(1)	(2)

〔東京学芸大附高一改〕

3 [国連と世界] 次の文を読んで，あとの各問いに答えなさい。　(6点×7―42点)

a 国連は，世界各地で活動をしているが，アフリカのソマリアの南部では，イスラム武装勢力やb 国際テロ組織が潜伏し，国連機関の活動を妨害するため，飢饉が最もひどい南部地域には支援が届かない。世界食糧計画(WFP)の訴えに対して，日本政府は500万ドルを拠出した。c 国連難民高等弁務官事務所はキャンプを設営し，UNICEFは子どもに栄養強化食品を配り予防接種をしている。日本は大震災を受け，世界各国もd 経済や貿易面の不安に直面しているが，e 軍事的な緊張を解き，f 世界的な規模で連携をはかり，自国のことのみでなく，g ソマリアをはじめ世界各地域の飢えの問題や，経済格差の問題に取り組むべきである。

(1) 下線部aについて，正しく述べたものを，次の**ア**～**エ**から1つ選び，記号で答えなさい。

ア　本部は，国際連盟の本部があったニューヨークから，スイスのジュネーブに移された。

イ　総会は全加盟国が出席し年1回開かれ，特別な問題を扱う特別総会が開かれることもある。

ウ　安全保障理事会は，5常任理事国と安保理で選出された10非常任理事国とで構成される。

エ　国際司法裁判所は，当事国の合意が得られない場合，国連事務総長の判断で裁判を行う。

(2) 下線部bについて，アメリカ同時多発テロ以前に日本で制定された法律を，次の**ア**～**エ**から1つ選び，記号で答えなさい。

ア　PKO協力法　　**イ**　テロ対策特別措置法

ウ　イラク復興支援特別措置法　　**エ**　新テロ対策特別措置法

(3) 下線部cについて，この機関の略称をアルファベットで答えなさい。

(4) 下線部dについて，自由貿易を促進するため，1995年にGATTが発展して結成された組織の略称を，アルファベットで答えなさい。

(5) 下線部eについて，1963年には，米・英・ソの3か国間で，地下以外の核実験を禁止する条約が結ばれた。この条約名を答えなさい。

(6) 下線部fについて，オーストラリアの提唱で発足し，日本を含む太平洋沿岸地域の国々が経済協力を目的として結成された組織の略称を，次の**ア**～**エ**から1つ選び，記号で答えなさい。

ア　TPP　　**イ**　APEC　　**ウ**　ASEAN　　**エ**　EPA

(7) 下線部gについて，アジアの新興国と中東の産油国との経済格差のような，発展途上国間における経済格差問題を何というか，答えなさい。

(1)	(2)	(3)	(4)	(5)
(6)	(7)			

〔滝高一改〕

19 地球環境と資源・エネルギー問題

Step A Step B Step C

解答▶別冊25ページ

▶次の　　　に適語を入れなさい。

1 地球環境問題に関する年表

年	おもなできごと
1972	スウェーデンのストックホルムで ①　　　会議開催
	国連環境計画(UNEP)設立
(1980年以降)	南極上空で ②　　　ホールを観測
1985	②　層保護のウィーン条約を採択
1992	ブラジルのリオデジャネイロで国連環境開発会議(③　　　)開催
	④　　　防止のための気候変動枠組条約を採択
1997	温暖化防止京都会議開催，京都議定書を採択
2002	南アフリカ共和国のヨハネスバーグで持続可能な開発に関する世界首脳会議開催
2015	パリ協定採択

2 地球全体に広がる環境破壊

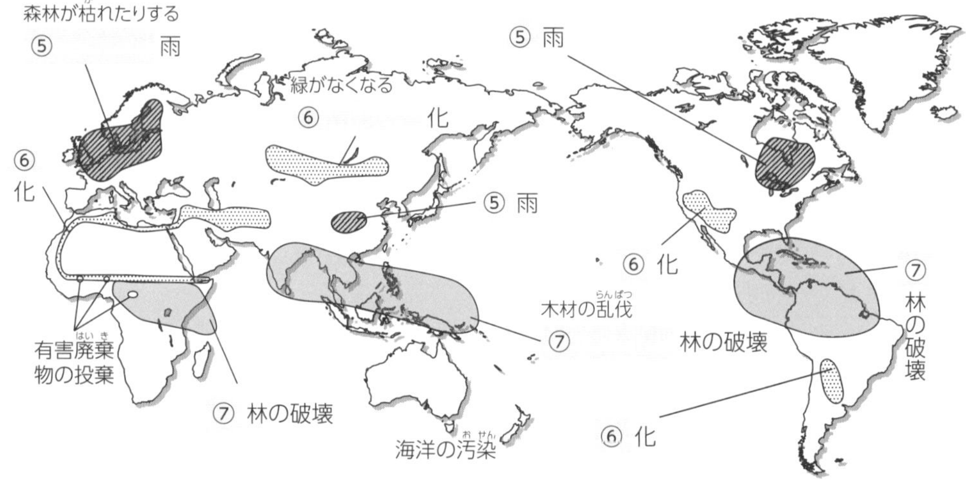

3 オゾン層破壊のしくみ

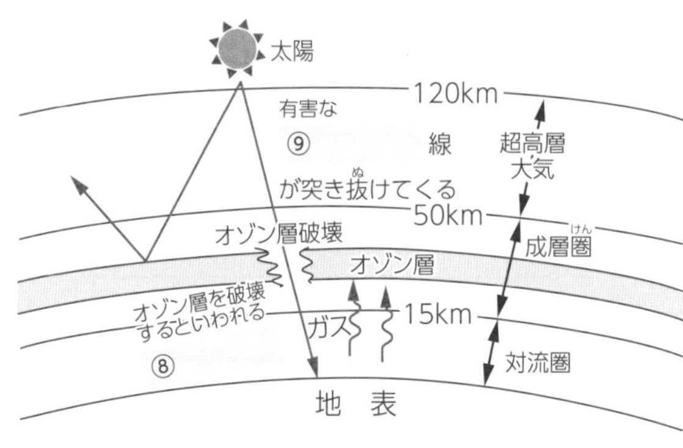

4 日本の一次エネルギー供給割合

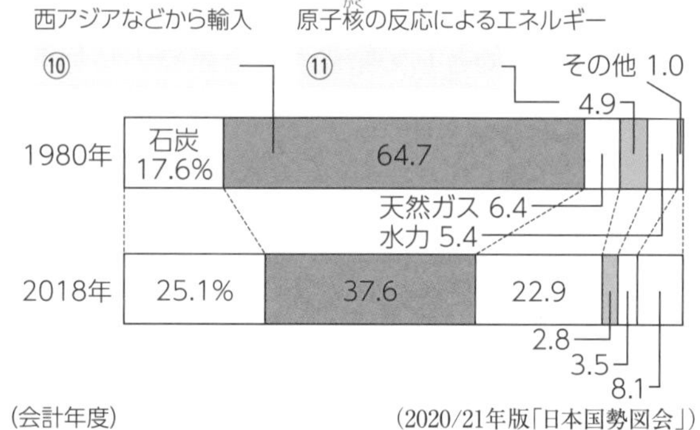

▶次の[　　]に適語を書きなさい。

5 地球環境問題

1 **さまざまな地球環境問題**…わたしたちの社会では，豊かで快適な生活を追求するあまり，大量に生産された食品や製品が消費され，廃棄されている。この大量生産・大量消費・大量廃棄の生活様式は，自然環境を無視した開発や化石燃料の大量消費をもたらし，森林伐採による[⑫　　　　]化の拡大，自動車や工場から排出される有害物質が原因の[⑬　　　　]の発生，フロンガスによる[⑭　　　　]の破壊など，一国にとどまらず地球規模の環境破壊へとつながっている。

2 **地球温暖化とその影響**…化石燃料の大量消費で大気中の二酸化炭素(CO_2)などの[⑮　　　　]の濃度が高まり，地球の平均気温が上昇する[⑯　　　　]は，地球環境問題の中でも深刻な問題である。[⑯]によって干ばつや洪水などの自然災害がもたらされ，北極や南極の氷が解けて海水面の上昇で海抜の低い国・地域が水没する危険性が心配されている。

3 **地球温暖化への取り組み**…1992年にブラジルで[⑰　　　　]会議(地球サミット)が開かれ，[⑱　　　　]条約や生物多様性条約などが調印された。1997年に京都で開かれた，[⑱]条約第３回締約国会議(COP3)では，[⑲　　　　]に温室効果ガスの削減を義務づける[⑳　　　　]が採択された。2015年には[㉑　　　　]が採択され，途上国を含む国・地域が世界の平均気温の上昇を産業革命以前と比べて２度未満に抑える目標が定められた。

⑫＿＿＿＿
⑬＿＿＿＿
⑭＿＿＿＿
⑮＿＿＿＿
⑯＿＿＿＿
⑰＿＿＿＿
⑱＿＿＿＿
⑲＿＿＿＿
⑳＿＿＿＿
㉑＿＿＿＿

6 限りある資源

1 **生活に欠かせない資源**…わたしたちの生活に欠かせないエネルギー資源として多く使われているのは，石炭・[㉒　　　　]・天然ガスなどの[㉓　　　　]である。しかし，[㉓]は埋蔵地や産出地に偏りがあり，可採年数に限りがある。また，[㉓]の大量消費は二酸化炭素などの排出を増やし，地球温暖化をもたらす問題を抱えている。

2 **日本のエネルギー事情**…発電に使われる資源の大部分を輸入に頼る日本では，二酸化炭素の排出が少なく，少量のウランで多くの電力を得られる[㉔　　　　]発電が，2011年の[㉕　　　　]大震災が起こるまで発電量の約３割を占めていた。しかし，[㉕]大震災の[㉖　　　　]第一原子力発電所の事故によって甚大な被害がもたらされたことで，日本の発電量は[㉔]発電の占める割合が大きく減って，火力発電の割合が再び増大した。

3 **これからのエネルギー**…世界では，[㉖]第一原子力発電所の事故をきっかけに，枯渇がなく二酸化炭素の排出がない[㉗　　　　]や風力・地熱・バイオマスなどの[㉘　　　　]を利用した発電の普及が進められている。しかし，[㉘]による発電は発電費用が高い，発電が天候に左右される，発電所の設置場所が限られるなどの課題がある。

㉒＿＿＿＿
㉓＿＿＿＿
㉔＿＿＿＿
㉕＿＿＿＿
㉖＿＿＿＿
㉗＿＿＿＿
㉘＿＿＿＿

Step A　Step B　Step C

●時 間 30 分	●得 点
●合格点 70 点	点

解答▶別冊25ページ

重要 **1** [地球環境問題] 次の文を読んで，あとの各問いに答えなさい。　(6点×7―42点)

今や環境破壊は，世界的規模で拡大しており，地球のa生態系そのものの破壊という深刻な問題となっている。1972年，国際連合は，ストックホルムで「かけがえのない地球」を合いことばに［A］を開催し，国際的協力のもとに環境破壊防止への努力をうながした。

今日，地球の温暖化や酸性雨，森林の消滅，bオゾン層の破壊などの諸問題は，人類の生存にかかわる重大な問題だけに，その解決策が大きな課題となっている。

(1) 下線部aに関し，「生態系を研究する学問(生態学)」を何というか。次の**ア**～**エ**から1つ選び，記号で答えなさい。

ア　エスノロジー　**イ**　エコノミー　**ウ**　エコロジー　**エ**　バイオロジー

(2) 文中の空欄Aに入る会議名を漢字で答えなさい。

(3) Aの会議の中で設立が決められた，環境問題の国連機関を次の**ア**～**エ**から1つ選び，記号で答えなさい。

ア　UNCTAD　**イ**　UNEP　**ウ**　UNHCR　**エ**　UNDP

(4) Aの会議の20年後(1992年)にリオデジャネイロで開かれた環境問題の国際会議を，次の**ア**～**エ**から1つ選び，記号で答えなさい。

ア　国連環境保全会議　**イ**　国連貿易開発会議
ウ　国連環境開発会議　**エ**　国連環境計画

(5) 下線部bのオゾン層が破壊された結果，オゾン層が特に薄いところを何と呼ぶか，カタカナで答えなさい。

(6) 下線部bのオゾン層の破壊の現象は，世界のどの地域で著しいか。次の**ア**～**エ**から1つ選び，記号で答えなさい。

ア　サハラ砂漠　**イ**　中　国　**ウ**　ドイツ　**エ**　南　極

(7) 環境破壊の1つである砂漠化の原因として適切でないものを，次の**ア**～**エ**から1つ選び，記号で答えなさい。

ア　商業伐採　**イ**　過耕作　**ウ**　過放牧　**エ**　油田開発

(1)	(2)	(3)	(4)	(5)	(6)
(7)					

〔福岡大附属大濠高―改〕

2 [地球環境問題] 次の各問いに答えなさい。　(7点×2―14点)

(1) 次の**ア**～**エ**の文から正しいものを1つ選び，記号で答えなさい。

ア　1972年，ストックホルムで「かけがえのない地球」をスローガンに国連人間環境会議が開催され，「環境人間宣言」が採択された。

イ　1976年，日本では，横浜市で全国初の環境アセスメント条例が成立したが，「開発に制限を課するものである」とする経済界や関係官庁の反対があって国の法制化は遅れ，1997年に環境アセスメント法が成立した。

ウ 1992年，ブラジルのリオデジャネイロで，環境と開発に関する国連会議が開催され，環境を悪化させることのない「持続可能な開発」のための国際協力が約束された。

エ 1997年，2000年以降の先進国の温室効果ガス排出削減目標を決める地球温暖化防止大阪会議が開催され，「大阪議定書」が採択された。

(2) 南米のペルーやエクアドルの沿岸から東太平洋赤道地域で，海面温度が数年に一度の割合で異常に上昇する現象を何というか。この現象が世界各地の干ばつ・熱波・寒波・大雨などの異常気象の原因であるといわれている。

(1)	(2)

〔ラ・サール高〕

3 [環境問題] 次のa～dの説明文とそれに関する①～④の条約および議定書名の組み合わせとして正しいものを，あとのア～クから1つ選び，記号で答えなさい。 (8点)

a 絶滅のおそれがある野生動植物の種を国際的に取り引きすることへの規制
b オゾン層を破壊するおそれのある物質の製造・消費・貿易の規制
c 温室効果ガスの排出削減枠の策定
d 特に水鳥の生息地として国際的に重要な湿地の保存

① ワシントン条約　② ラムサール条約　③ ウィーン条約　④ 京都議定書

ア	a－①	b－②	c－③	d－④
イ	a－①	b－③	c－④	d－②
ウ	a－②	b－③	c－④	d－①
エ	a－②	b－①	c－③	d－④
オ	a－③	b－④	c－①	d－②
カ	a－③	b－④	c－②	d－①
キ	a－④	b－①	c－②	d－③
ク	a－④	b－②	c－①	d－③

4 [環境問題の関係] 地球環境問題の関係を示した図中の ① ～ ⑥ にあてはまる語を，次のア～カからそれぞれ1つ選び，記号で答えなさい。 (6点×6－36点)

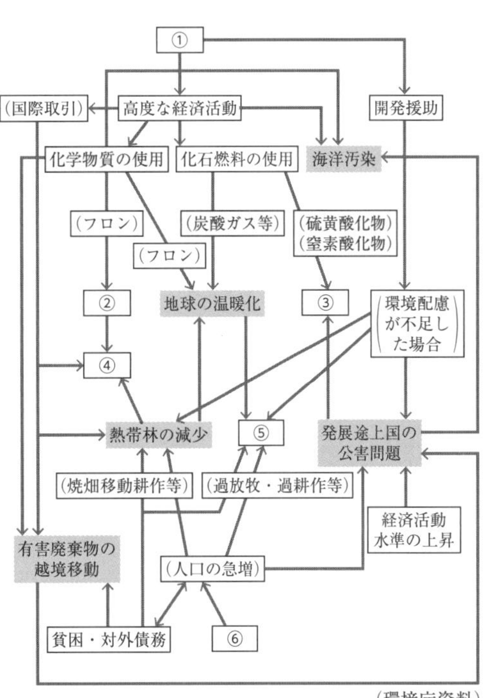

(環境庁資料)

ア 酸性雨　**イ** 砂漠化
ウ オゾン層の破壊　**エ** 野生動物の減少
オ 発展途上国　**カ** 先進国

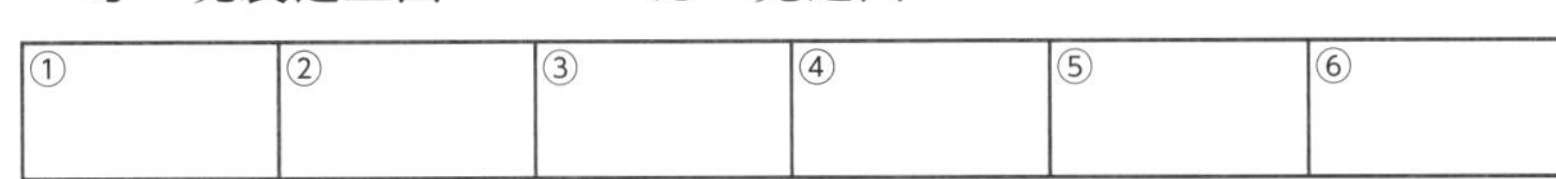

①	②	③	④	⑤	⑥

月　日

Step A　Step B　Step C-①

●時間 30分　●得点　点
●合格点 70点

解答▶別冊25ページ

1 次の資料は，「よりよい社会をめざして」というテーマで学習した際に，A・Bの班が，社会の課題を解決するための取り組みについてまとめたものの一部である。あとの各問いに答えなさい。 (10点×5−50点)

A班　平和な世界の実現をめざして

戦争のない世界だけでなく，貧困(ひんこん)や飢餓(きが)などを含(ふく)めた「平和ではない状態」が改善されなければ，人々は平和な生活を送ることができません。a 核(かく)兵器の廃絶(はいぜつ)に向けた取り組みや，b 地域紛争(ふんそう)，c 南北問題などのさまざまな国際的な課題を解決するために，わたしたちは国境をこえて協力していくことが求められています。

B班　地球環境(かんきょう)の保護とその回復に向けて

1992年に国連環境開発会議が開かれ，d 気候変動枠組(わくぐみ)条約が調印されました。1997年には e 京都議定書が採択(さいたく)されました。地球温暖化をはじめ，環境問題を人類共通の課題として認識し，各国が責任を分かち合い，その課題解決に向けて協力していくことが必要です。

(1) 下線部aに関して，核兵器を「もたず，つくらず，もちこませず」という，日本がかかげている方針を何というか，書きなさい。

(2) 下線部bに関して，次の文は，地域紛争(ふんそう)などによって生じる問題に対して，国連のある機関が行う取り組みについて述べたものである。□にあてはまる語句を漢字2字で答えなさい。

国連は，□の保護を目的として，国連□高等弁務官事務所(UNHCR)を設立した。UNHCRは，各国に□の受け入れを求めたりするなど，多くの支援(しえん)をしている。

記述 (3) 下線部cに関して，日本は，政府開発援(えん)助(じょ)(ODA)などを中心に発展途(と)上(じょう)国を支援している。右のグラフは，ヨーロッパのODA支出金額上位5か国であるイギリス・ドイツ・フランス・スウェーデン・オランダと，日本のODA支出金額および国民総所得を表したものである。グラフを参考にして，ヨーロッパ5か国と比(ひ)較(かく)した日本のODA支出金額の特徴(とくちょう)を書きなさい。

グラフ　イギリス・ドイツ・フランス・スウェーデン・オランダと日本のODA支出金額および国民総所得

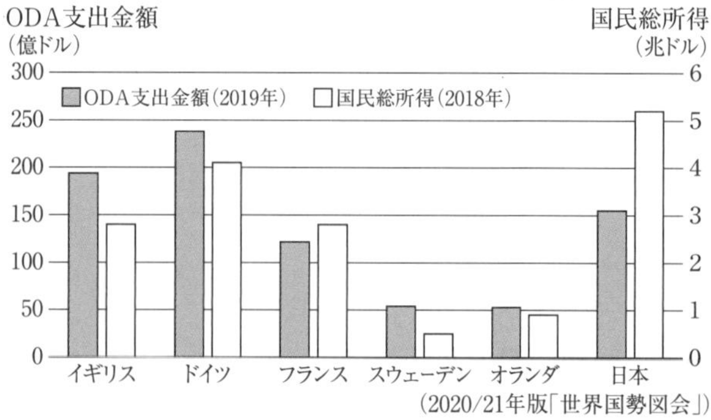

(2020/21年版「世界国勢図会」)

(4) 下線部dに関して，この条約は，地球温暖化の防止を目的として締結(ていけつ)されたものである。大気中の温室効果ガスを増加させる要因となる石油や石炭・天然ガスなどのエネルギー資源をまとめて何というか，漢字4字で書きなさい。

記述 (5) 下線部eに関して，次ページの文は地球温暖化防止への国際的な取り組みについて，京都議定書と2016年11月に発効したパリ協定を比較(ひかく)して述べたものである。(　　)にあてはまることばを「削減(さくげん)」という語を用いて書きなさい。

京都議定書は，(　　　)を義務づけただけでなく，その目標を初めて数値で定めたものとして，高く評価された取り組みであった。一方，パリ協定は，自ら温室効果ガスの排出量を減らす目標を設定し，その目標を達成するために努力していくことをすべての締約国に義務づけた。

(1)	(2)	(3)
(4)	(5)	

〔福島―改〕

2 次の文を読んで，あとの各問いに答えなさい。 ((3)15点，他5点×7―50点)

国際連合は，世界的な(　①　)の維持をはかることをおもな目的として(　②　)年に設立されたものである。国際連合は(　③　)つの主要機関からなりたち，そのうち(　A　)は平和に対する脅威または侵略行為があった場合に開催され，平和の回復のための措置を決定することができるが，(A)でのB(　④　)事項以外に関する決定については，常任理事国に拒否権を行使することが認められており，この場合は五大国一致の原則から(A)が機能しないことになる。

(1) (　①　)～(　④　)に入る最も適当な語句・数字を次の**ア**～**タ**から選び，記号で答えなさい。また，Aの解答は自分で考えて答えなさい。

ア 1943年　**イ** 1944年　**ウ** 1945年　**エ** 1946年　**オ** 3　**カ** 4　**キ** 5
ク 6　**ケ** 緊急　**コ** 重要　**サ** 手続　**シ** 特別　**ス** 経済発展
セ 緊張緩和　**ソ** 平和と安全　**タ** 共同の利益

(2) 下線部Bに関して正しい記述を次の**ア**～**エ**から1つ選び，記号で答えなさい。

ア 五大常任理事国を含む，理事国すべての賛成で決定。
イ 五大常任理事国を含む，10か国の理事国の賛成で決定。
ウ 五大常任理事国を含む，9か国以上の理事国の賛成で決定。
エ 五大常任理事国すべての賛成で決定。

(3) 常任理事国，いわゆる「ビッグ・ファイブ」の国名を答えなさい。

(4) 国連が行っていない活動を次の**ア**～**エ**から1つ選び，記号で答えなさい。

ア 発展途上国の開発促進のために，南北の国々が対話，協議する。
イ 発展途上国に学校などをつくり，人間らしい生活が営めるよう教育を普及させている。
ウ 地球環境を破壊する多くの原因を明らかにし，「人間と環境」について話し合って，多くの国の環境政策に影響をおよぼしている。
エ 農産物価格が世界じゅうで一定化するように監視をしている。

(1)	①	②	③	④	A
(2)	(3)				(4)

〔大阪教育大附高(池田)―改〕

月　日

Step A　Step B　Step C-②

●時間 20分	●得点
●合格点 65点	点

解答▶別冊26ページ

1 次の文を読んで，あとの各問いに答えなさい。（7点×6−42点）

国家が成り立つためには3つの要素が必要であり，それはa一定の領域と（　X　）とb主権である。c今日では世界には200ほどの国家があり国際社会を構成している。国家間には，国際的なルールとして国際法がある。国際法は大きく2種類あり，1つは，国家間で文書によって合意される条約であり，もう1つは，条約化されることなく，文書になっていないもので，これを（　Y　）法という。また紛争(ふんそう)を解決するしくみとして，国際連合には（　Z　）が設置されている。（Z）は加盟国からの依頼(いらい)を受け，条約の解釈(かいしゃく)や国際紛争についての裁判を行うことになっている。

(1) 文中の（　X　）にあてはまる語句を漢字2字で，（　Y　）にあてはまる語句を漢字4字で，（　Z　）にあてはまる語句を漢字7字で，それぞれ答えなさい。

(2) 下線部aに関連して述べた文のうち誤っているものを，次の**ア**～**ウ**から1つ選び，記号で答えなさい。

ア　領海とは領土の海岸線から一定の範囲(はんい)の海域で，日本はこれを12海里以内と定めている。

イ　領空とは領土・領海の上空をさし，宇宙空間についても主権を主張し領有できることになっている。

ウ　日本は，領海の外側で領土の海岸線から200海里以内を排他(はいた)的経済水域と定めている。

(3) 下線部bに関連して，主権は3つの異なる意味で用いられる。次の日本国憲法の前文に見られる主権の意味として最も適当なものを，あとの**ア**～**ウ**から1つ選び，記号で答えなさい。

日本国民は，……ここに主権が国民に存することを宣言し，この憲法を確定する。……

ア　国家が対外的に独立を保つ権力のこと。

イ　行政権・立法権・司法権からなる国家権力そのもののこと。

ウ　国内で政治のあり方を決める最高権力のこと。

(4) 下線部cに関連して，右の図の1990年から1992年の加盟国数の増加の要因として誤っているものを，次の**ア**～**ウ**から1つ選び，記号で答えなさい。

ア　ソ連が崩壊(ほうかい)し，連邦の構成国が独自に加盟した。

イ　アフリカや南アメリカで独立をはたした国々が加盟した。

ウ　ユーゴスラビアが分裂(ぶんれつ)し，連邦の構成国が加盟した。

国際連合加盟国数の変化

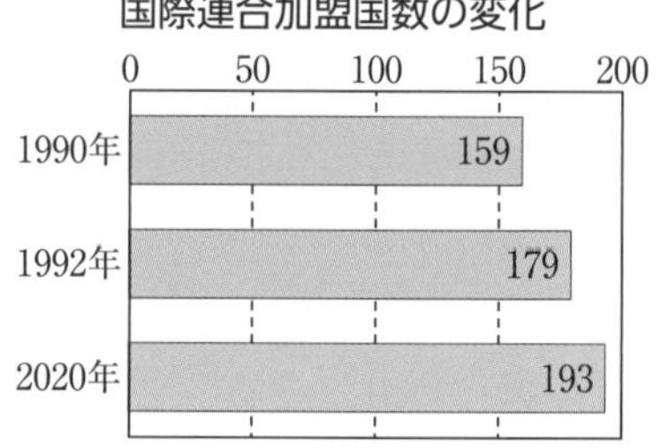

（外務省資料）

(1)	X	Y	Z	(2)	(3)	(4)

〔愛光高一改〕

難 **2** 次の文を読んで，あとの各問いに答えなさい。（8点×5−40点）

日本は開発途上(とじょう)国に対する技術協力を，世界銀行やアジア開発銀行，国連開発計画，a国連難民高等弁務官事務所などのb国連機関に対する拠出(きょしゅつ)を通じて行ってきました。……

その一方で，現在および将来の日本のｃODAのあり方を考える際には，日本を取り巻く国際環境が近年大きく変化してきています。……世界各地で民主的な体制を求める民衆の声が高まる中で，日本は，自由，民主主義，法の支配といった普遍的価値にもとづく国際秩序の形成に向け，一層の外交を展開していくことが求められています。

(1) 下線部ａの高等弁務官を1991年から2000年の間つとめた日本人はだれか，答えなさい。

(2) 下線部ｂに関連して，下の図１は国際連合のおもなしくみを表したものである。図中のＡ～Ｃにあてはまる適切な機関を答えなさい。

(3) 下線部ｃに関連して，下の図２はフランス，日本，スウェーデン，アメリカ，イギリスにおける政府開発援助(ODA)の総額と，それが国民総所得(GNI)にしめる割合を示したものである。日本を表したものとして適切なものを，図中の**ア**～**オ**から１つ選び，記号で答えなさい。

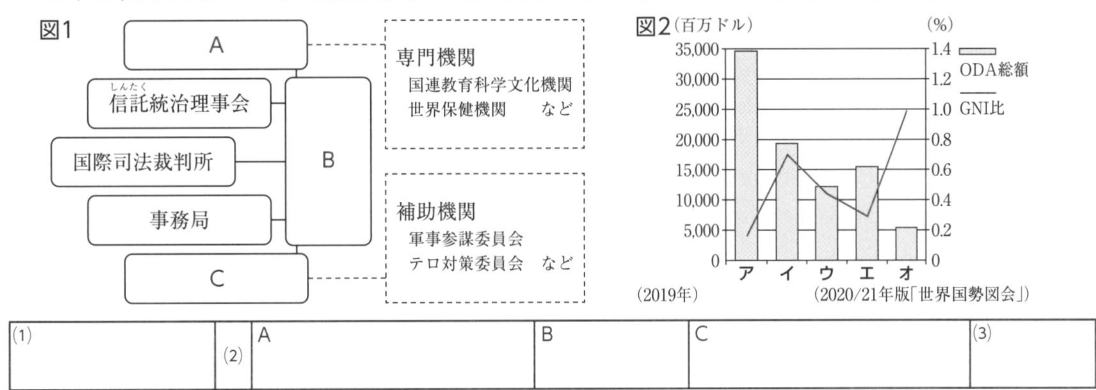

(1)	(2)	A	B	C	(3)

〔お茶の水女子大附高一改〕

3 次の各問いに答えなさい。
(9点×2－18点)

(1) 核拡散や核実験を防ぐことを目的とした条約について述べた文として適切なものを，次の**ア**～**エ**から１つ選び，記号で答えなさい。

ア　核兵器不拡散条約で核兵器保有が認められているのは，アメリカ，ロシア，イギリス，フランス，中国，イスラエルの６か国である。

イ　核兵器不拡散条約では，核兵器保有を認められていない国に対して，国際原子力機関(IAEA)の査察を受け入れることが定められている。

ウ　部分的核実験禁止条約では，水中核実験は禁止されなかった。そのため，核兵器開発競争はますます激しくなった。

エ　包括的核実験禁止条約が発効し，核兵器を廃棄する見通しがたった。

(2) 環境に関する国際的な会議について述べた文ａ・ｂと，その名称Ｐ～Ｒの組み合わせが正しいものを，あとの**ア**～**カ**から１つ選び，記号で答えなさい。

ａ　温暖化防止の柱となる「気候変動枠組条約」などが署名された。

ｂ　二酸化炭素などの温室効果ガスの排出削減を数値化して定めた。

Ｐ　地球温暖化防止京都会議　　Ｑ　国連人間環境会議　　Ｒ　国連環境開発会議

ア　ａ－Ｐ　ｂ－Ｑ　　**イ**　ａ－Ｐ　ｂ－Ｒ　　**ウ**　ａ－Ｑ　ｂ－Ｐ

エ　ａ－Ｑ　ｂ－Ｒ　　**オ**　ａ－Ｒ　ｂ－Ｐ　　**カ**　ａ－Ｒ　ｂ－Ｑ

(1)	(2)

〔筑波大附高・大阪教育大附高(平野)一改〕

テーマ別問題① 憲法条文・資料

●時間 30分　●合格点 70点　●得点　点

解答▶別冊26ページ

1 次のA～Eの各文は，基本的人権にかかわりのある有名な宣言・憲法の一節である。これを読んで，あとの各問いに答えなさい。 （(1)②13点，他5点×7－48点）

A「われわれは，次のことが自明の真理だと信ずる。すべての人は平等につくられ，造化(ぞうか)の神によって，一定の譲(ゆず)ることのできない権利を与(あた)えられていること。その中には生命，自由，そして幸福の追求が含(ふく)まれていること。」

B「①すべて国民は，健康で文化的な最低限度の生活を営む権利を有する。
②国は，すべての生活部面について，社会福祉(ふくし)，社会保障及(およ)び公衆衛生の向上及び増進に努めなければならない。」

C「何人(なんぴと)も，社会の一員として，社会保障を受ける権利を有し，且(か)つ，国家的努力及び国際的協力を通じ，また，各国の組織及び資源に応じて，自己の尊厳と自己の人格の自由な発展とに欠くことのできない経済的，社会的及び文化的権利を実現する権利を有する。」

D「第22条　日本臣民(しんみん)ハ法律ノ範囲(はんい)内ニ於(おい)テ居住及(および)移転ノ自由ヲ有ス」
第29条　日本臣民ハ法律ノ範囲内ニ於テ言論著作印行(いんこう)集会及結社ノ自由ヲ有ス」

E「経済生活の秩序(ちつじょ)は，すべての人に，人たるに値(あたい)する生活を保障することをめざす，正義の諸原則に適合するものでなければならない。各人の経済的自由は，この限界内においてこれを確保するものとする。」

(1) 次の問いに答えなさい。
①A～Eの文(宣言・憲法)から見て，明らかに20世紀に採択(さいたく)・制定されたと思われるものはどれか。あてはまるものすべてをA～Eの記号で答えなさい。
記述 ②なぜ，それを20世紀のものと考えたのか。理由を簡単に書きなさい。

(2) A～Eの文の中に，アメリカ独立宣言の一部が含まれている。A～Eから1つ選び，記号で答えなさい。

(3) Bの文に示された基本的人権を保障するために制定された法律名を1つ答えなさい。

(4) Cの文に示された精神をより効果的なものとするために，国連が1966年に採択し，日本も1979年に批准(ひじゅん)したものの名称(めいしょう)を答えなさい。

(5) A～Eの各文を参考に，次の文の(　)に入る最もふさわしい語句を答えなさい。

　大日本帝国(ていこく)憲法の下(もと)でも，国民の基本的人権が認められていたが，その範囲は(　①　)で制限できることが定められていた。これに対して，日本国憲法では，国民の基本的人権は侵(おか)すことのできない永久の権利とされており，公共の福祉に反しない限り，国政の上で，最大の尊重を必要とするものと定められた。また，内容的にも，大日本帝国憲法が(　②　)権や平等権のみをあつかうのに対して日本国憲法は(　③　)権なども含んでいる点などが特色となっている。

(1)	①	②				
(2)	(3)	(4)	(5)	①	②	③

〔大阪教育大附高(平野)〕

2 次の文は，日本国憲法ならびに，さまざまな法律の条文である。これについて，あとの各問いに答えなさい。 (4点×13−52点)

日本国憲法

第２条　皇位は，(　a　)のものであって，国会の議決した(　b　)の定めるところにより，これを継承(けいしょう)する。

第15条２項　すべて公務員は，全体の(　c　)者であって，一部の(c)者ではない。

第28条　勤労者の団結する権利及(およ)び(　d　)その他の団体行動をする権利は，これを保障する。

第96条　この憲法の改正は，各議院の総議員の３分の２以上の賛成で，国会が，これを(　e　)し，国民に提案してその承認を経なければならない。この承認には，特別の(　f　)又(また)は国会の定める選挙の際行はれる投票において，その過半数の賛成を必要とする。

民法

第731条　男は，(　g　)歳(さい)に，女は，(　h　)歳にならなければ，婚姻(こんいん)をすることができない。

労働基準法

第32条　使用者は，労働者に，休憩(きゅうけい)時間を除き１週間について(　i　)時間を超(こ)えて，労働させてはならない。

少年法

第２条　この法律で「少年」とは，(　j　)歳に満たない者をいい，「成人」とは満(j)歳以上の者をいう。

第３条　次に掲(かか)げる少年は，これを(　k　)裁判所の審判(しんぱん)に付する。

　１　罪を犯した少年

　２　14歳に満たないで刑罰(けいばつ)法令に触(ふ)れる行為(こうい)をした少年(以下略)

日本銀行法

第１条　日本銀行は，我が国の中央銀行として，(　l　)を発行するとともに，通貨及び金融(きんゆう)の調節を行うことを目的とする。

個人情報の保護に関する法律

第２条　この法律において「個人情報」とは，(　m　)であって，(中略)氏名，生年月日その他の記述等により特定の個人を識別することができるものをいう。

(1) 空欄(くうらん)(　a　)～(　l　)に入る適切な語句を答えなさい。(　a　)には「親の財産・地位などを代々受けつぐ」という意味の漢字２字の語句が入る。ここはひらがなで書いてもよい。また，(　g　)～(　j　)にはそれぞれ数値が入る。答えは算用数字で書きなさい。それ以外はすべて漢字で書きなさい。

(2) 空欄(　m　)に入る適切な語句を次の**ア**～**エ**から１つ選び，記号で答えなさい。

ア　生存する個人に関する情報　　**イ**　プライバシーの権利にかかわる情報

ウ　日本国民である個人全員に関する情報　　**エ**　情報事業者が取りあつかう個人の情報

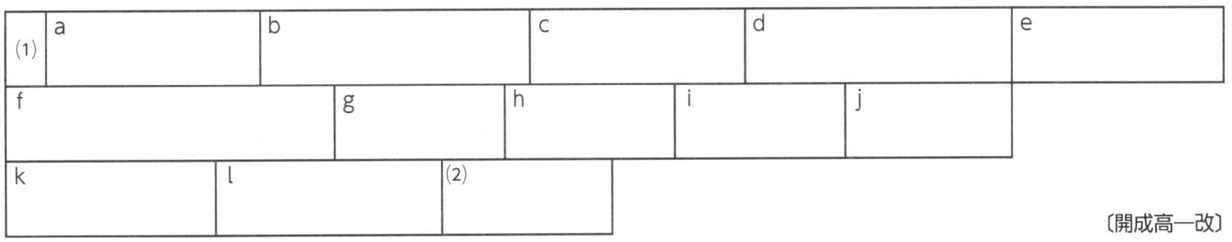

(1)	a	b	c	d	e
f	g	h	i	j	
k	l	(2)			

〔開成高一改〕

テーマ別問題② グラフ・統計

●時間 25分　●合格点 80点　●得点　　点

解答▶別冊27ページ

1 次の各問いに答えなさい。　(20点×5－100点)

(1) 次の表1から表3で示された3つの国の人口の特徴(とくちょう)について述べたものとして正しいものを，あとの**ア**～**エ**から1つ選び，記号で答えなさい。

表1

年齢別階級	性別人口構成比(%)	
	男性	女性
0－4	4.2	4.1
5－9	4.2	4.0
10－14	4.1	3.9
15－19	4.0	3.8
20－24	3.9	3.8
25－29	3.9	3.9
30－34	3.7	3.7
35－39	3.4	3.5
40－44	3.4	3.5
45－49	2.8	3.0
50－54	2.4	2.7
55－59	2.2	2.5
60－64	1.9	2.2
65－69	1.7	2.0
70－74	1.3	1.7
75歳以上	1.7	1.6

表2

年齢別階級	性別人口構成比(%)	
	男性	女性
0－4	2.0	1.9
5－9	2.1	2.0
10－14	2.2	2.1
15－19	2.4	2.3
20－24	2.6	2.4
25－29	2.5	2.4
30－34	2.8	2.7
35－39	3.1	3.0
40－44	3.6	3.5
45－49	3.9	3.8
50－54	3.3	3.3
55－59	3.0	3.0
60－64	3.0	3.0
65－69	3.6	3.8
70－74	3.1	3.5
75歳以上	5.5	8.6

表3

年齢別階級	性別人口構成比(%)	
	男性	女性
0－4	7.4	7.2
5－9	6.7	6.5
10－14	6.1	6.0
15－19	5.7	5.6
20－24	5.2	5.1
25－29	4.2	4.1
30－34	3.3	3.3
35－39	2.7	2.8
40－44	2.1	2.2
45－49	1.4	1.8
50－54	1.0	1.4
55－59	0.8	1.1
60－64	0.6	1.0
65－69	0.4	0.7
70－74	0.5	0.6
75歳以上	0.5	0.6

(2019年版「世界の統計」，なお表中の数字は四捨五入しているため合計が100%にならないものがある。)

ア　表1の国では，年少人口(15歳(さい)未満)の全人口にしめる割合が，3つの国の中で最も高い。

イ　表2の国では，生産年齢(ねんれい)人口(15歳から64歳)の全人口にしめる割合が3つの国の中で最も高く，経済発展に有利である。

ウ　表2の国では，老年人口(65歳以上)の全人口にしめる割合が3つの国の中で最も高い。

エ　表3の国は，3つの国の中で最も少子化が進んでいるため，子育ての支援(しえん)を充実(じゅうじつ)させる対策がとられていると予想される。

(2) 右のグラフは，日本の全世帯を3種類に分け，横軸(よこじく)に所得額，縦軸に全世帯平均所得金額以下の世帯の割合を示したものである。このグラフから読み取れることとして正しいものを，次の**ア**～**エ**から1つ選びなさい。

全世帯平均所得金額(552万3千円)

(%) 100 80 60 40 20 0
2019年調査
母子世帯 93.1
89.8 高齢者世帯
全世帯 61.1
35.2 児童のいる世帯
100(万円未満) 200 300 400 500 600 700 800 900 1,000 1,000(万円以上)

(2019年版「国民生活基礎調査」)

ア　全体として所得が高い傾向(けいこう)にあるのは児童のいる世帯である。

イ　全世帯のうち，半数以上は平均よりも高い所得の世帯である。

ウ　所得額が100万円未満の高齢者世帯は存在しない。

エ　母子家庭と児童のいる世帯の所得格差はほとんど見られない。

(3) 雇用(こよう)の問題について，右の表から読み取れることとして適当でないものを，次の**ア**～**エ**から１つ選び，記号で答えなさい。

年		労働力人口	雇用者数	完全失業者数	非正規職員数
2009年	合計	6,618	5,460	336	1,721
	男	3,847	3,149	203	526
	女	2,771	2,311	133	1,195
2019年	合計	6,886	6,004	162	2,165
	男	3,828	3,284	96	691
	女	3,058	2,720	66	1,474

（単位：万人）　（労働力調査統計）

ア　2009年に比べると，2019年には雇用者数は男女ともに増加している。

イ　2009年，2019年ともに，完全失業者の割合は男女ともに５％未満である。

ウ　2019年の完全失業者数は，2009年に比べ，半分以下になっている。

エ　2019年の雇用者全体にしめる非正規職員数の割合は，男性より女性の方が高い。

(4) 製造業と非製造業についてまとめた右の表から読み取れることとして正しいものを，次の**ア**～**エ**から１つ選び，記号で答えなさい。

	資本金	１千万円未満	１千万円以上５千万円未満	５千万円以上１億円未満	１億円以上10億円未満	10億円以上
製造業	企業総数（万社）	18.12	14.36	1.25	6.13	0.20
	総売上高（兆円）	12.84	60.54	36.01	66.08	230.79
非製造業	企業総数（万社）	164.06	73.59	5.02	1.88	0.31
	総売上高（兆円）	126.25	319.65	133.09	221.02	337.88

（2017年度）　（法人企業統計調査）

ア　企業(きぎょう)総数で見ると，製造業の方が非製造業よりも多い。

イ　製造業・非製造業とも，資本金１千万円未満の企業が最多だが総売上高は最小である。

ウ　製造業・非製造業とも，総売上高は資本金５千万円以上１億円未満の企業が最大である。

エ　資本金１千万円未満と10億円以上の企業の総売上高の差は，非製造業の方が大きい。

(5) 社会保障について，右の２つの図から読み取れることとして適当でないものを，次の**ア**～**エ**から１つ選び，記号で答えなさい。

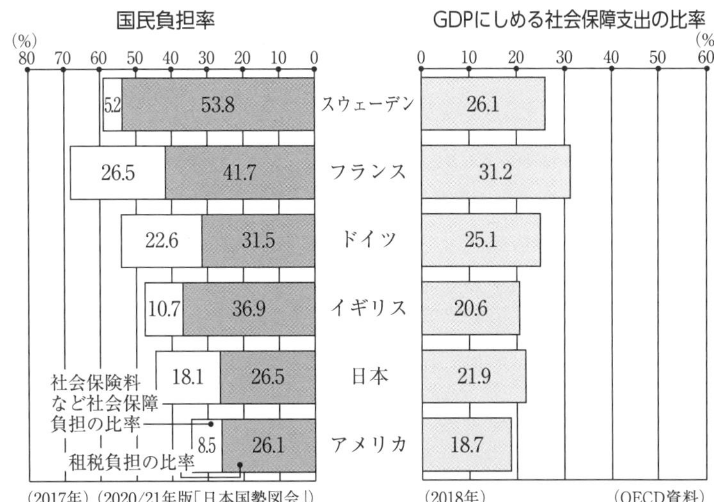

（2017年）（2020/21年版「日本国勢図会」）　（2018年）　（OECD資料）

ア　スウェーデンのGDP(国内総生産)にしめる社会保障支出の比率はドイツよりも高い。

イ　アメリカは，国民負担率とGDPにしめる社会保障支出の比率の両方が，図中の国の中で最も低い。

ウ　日本の租税負担の比率は，図中の国の中で２番目に低い。

エ　図中の日本以外の国は，国民負担率が50％をこえている。

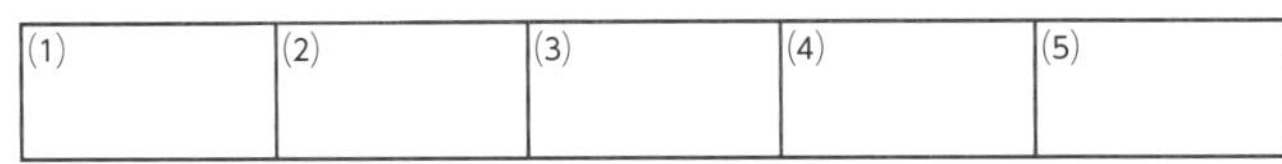

(1)	(2)	(3)	(4)	(5)

〔国立高専・大阪教育大附高(池田)・大阪教育大附高(天王寺)・清風高一改〕

●時間 60分　●合格点 70点　●得点　　点

解答▶別冊27ページ

1 次の文を読んで，あとの各問いに答えなさい。（(2)5点，他3点×6－23点）

日本の労働環境はとても変化している。今までは，学校を卒業して就職し，その働き先で60歳の定年を迎えて退職する，というライフプランを立てていた。しかし，最近では，会社を中途で退職させられてしまうか，自主的に変えてしまうという人も多いようだ。一方で，a 就職もしないし，職業訓練も受けない，という若者が増えてきた。また，男女平等の世の中でも，b 女性の労働環境はまだじゅうぶん整備されているとはいえない。

このような労働環境の変化は，日本が経済構造のみならず，社会構造まで変化してきたことによると考えられる。産業構造の高度化などにより，一生勤めようとした職場を失ったり，c 年齢が上がるにつれて賃金が上がっていく制度がいきづまったりしている。このような経済構造の変化に合わせ，労働者の働く権利を守る d 労働基準法などの法律も，さまざまな改正が行われている。

労働環境の変化の背景には日本人のものの考え方の変化もあるだろう。高度経済成長期を経て「豊かさ」を精神的なものから経済的なものに変革させてしまった日本人は，1990年代の不景気のショックから，さらなる効率至上主義，e 競争中心主義の社会への体制の変革をめざし，f 弱者保護を目的とした福祉社会の実現を後退させているようにも見える。学校を卒業したにもかかわらず，仕事も就職活動もしない若者の中には，競争社会によって生じた格差を埋めることに希望を失った者や，いったん就職したにもかかわらず，過酷な労働に疲れはてて退職してしまう者もいるのだ。

かつて，慢性的な物不足の社会の中を，右肩上がりの成長を信じてがむしゃらに働いてきた日本の労働者は，「豊かさ」を見失ってしまったようである。1919年のドイツでは，自由競争のみの社会を見直し，新しく g ワイマール憲法を採用した。日本も真の「豊かさ」を求めて，労働環境を見直す時期を迎えているのではないだろうか。

(1) 下線部aについて，このような若者を何というか，カタカナ３字で答えなさい。

(2) 下線部bについて，右のグラフは女性の年齢階級別の労働力人口比率を示したものである。2018年の調査と1970年の調査をくらべて，20歳代～30歳代における比率の変化の理由を簡単に書きなさい。

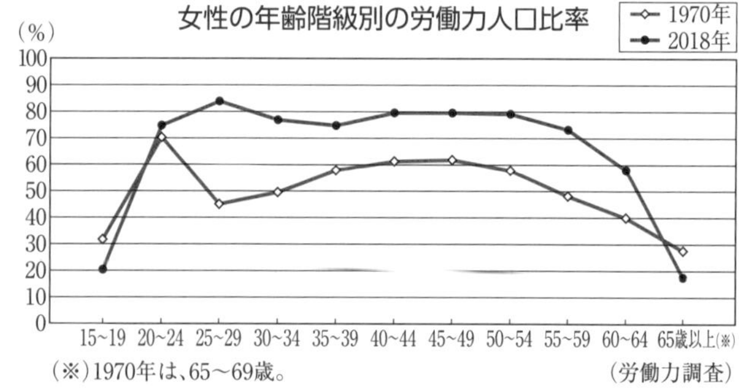

(※)1970年は，65～69歳。　（労働力調査）

(3) 下線部cに関して，このようなしくみと最も関連するものを，次のア～エから１つ選び，記号で答えなさい。

ア 年俸制　**イ** 年功序列　**ウ** 合理化　**エ** 社会的分業

(4) 下線部dの労働基準法について述べた文として最も適切なものを，次のア～エから１つ選び，記号で答えなさい。

ア 労働条件は，労働組合と使用者が対等な立場で決定する。

イ 労働時間は１日８時間，週48時間以内である。

ウ 休日は週２日与えなければならない。

エ 女性にも深夜労働させることができる。

(5) 下線部eについて，資本主義社会では，自由競争が行われると，適正な市場価格が決定すると考えられている。ある商品について，右の表のような関係が成立するとき，市場価格はいくらか，答えなさい。

単　位(円)	0	20	40	60	80	100
消費量(個)	100	80	60	40	20	0
生産量(個)	0	20	40	60	80	100

(6) 下線部fの弱者保護を目的とした政策について述べた文として適切でないものを，次の**ア**～**エ**から1つ選び，記号で答えなさい。

ア　所得と富の再分配を行う累進課税制度を行っている。

イ　3Rなどを含め，循環型社会の実現をめざしている。

ウ　高齢化が進むにつれて，医療費が大幅に増加している。

エ　40歳以上の国民に対して，介護保険制度を実施している。

(7) 下線部gについて，この憲法が世界で最初に保障した権利を何というか，答えなさい。

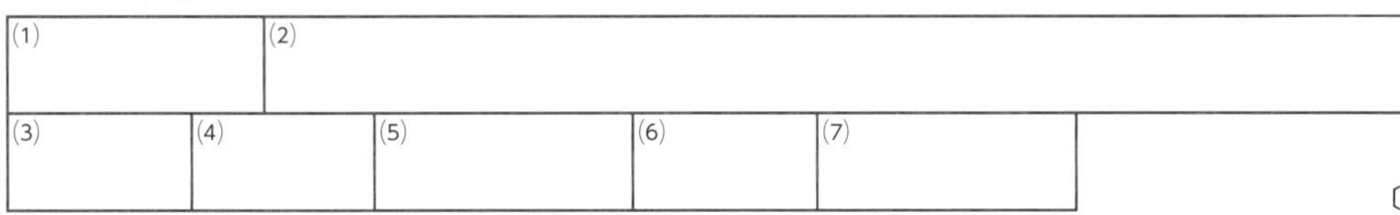

〔広島大附高－改〕

2 次の各問いに答えなさい。　(4点×3－12点)

(1) 日本国憲法に関する説明として適切でないものを，次の**ア**～**エ**から1つ選び，記号で答えなさい。

ア　日本国憲法が保障する自由権の主要な内容は，教育を受ける権利，勤労の権利などである。

イ　日本国憲法が保障する基本的人権とは，自由権，平等権，社会権，参政権，請求権などである。

ウ　日本国憲法が保障する社会権の内容は，生存権，労働基本権などである。

エ　日本国憲法の三大原則とは，基本的人権の尊重，国民主権，平和主義である。

(2) 日本の刑事裁判に関する説明として適切でないものを，次の**ア**～**エ**から1つ選び，記号で答えなさい。

ア　刑事被告人は，いかなる場合にも，資格を有する弁護人を依頼することができる。

イ　裁判員制度は，えん罪を防止するため，刑事裁判を対象としていない。

ウ　犯罪の嫌疑を受けて捜査の対象となった被疑者(容疑者)は，検察官により裁判所に起訴された後は，被告人と呼ばれる。

エ　強制・拷問・脅迫による自白や，不当な長期抑留・拘禁後の自白は証拠にできない。

(3)「衆議院の優越」に関する説明として適切でないものを，次の**ア**～**エ**から1つ選びなさい。

ア　予算について，衆議院が可決し，その後参議院が休会中を除いて憲法で定められた期日以内に議決しないときは，衆議院の議決を国会の議決とする。

イ　内閣総理大臣の指名については，衆議院が指名し，その後参議院が休会中を除いて憲法で定められた期日以内に議決しないときは，衆議院の議決を国会の議決とする。

ウ　内閣不信任の議決については，衆議院が可決し，参議院が否決したとき，両院協議会を開いても意見が一致しなければ，衆議院の議決を国会の議決とする。

エ　法律案は，衆議院で可決し，参議院で異なる議決をした場合，衆議院が出席議員の3分の2以上の多数で再び可決したとき法律となる。

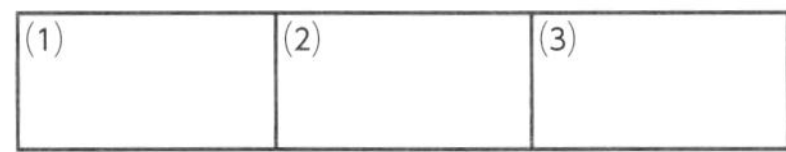

〔東京学芸大附高－改〕

3 次の文を読んで，あとの各問いに答えなさい。 （3点×9－27点）

現代では，a市場経済の中で政府が大きな役割をになうようになった。家計や企業から徴収した税金を政府が公共のために使う財政は，b歳入と歳出を通して大きな役割をはたしている。財政の機能は3つある。第1は，（ A ）機能である。c民間の経済活動ではじゅうぶんに供給されない司法・防衛・治安維持などの公共サービスや，道路・港湾・治山治水施設などの社会資本を供給する。第2は，（ B ）機能である。所得格差の是正のため，所得が高くなるほど税率が上昇する課税方式である累進課税制度やd社会保障支出で所得移転を行う。第3は，景気安定機能である。公共投資や税率を調整して需要を管理することで，市場流通通貨量を調整する。ときには，日本銀行が行うe金融政策と併用されることもある。

また，政府の財政活動については，民主主義国家である以上，f予算については国会の議決が，決算についても国会の承認が必要である。

⑴ 文中の（ A ）・（ B ）に適する語句を答えなさい。

⑵ 下線部aについて，「見えざる手」(価格の働き)が機能しているとはいえない例を，次の**ア**～**エ**から1つ選び，記号で答えなさい。

ア 干ばつのため農作物の価格が上がった。
イ 原材料費の価格は下がっているはずなのに，製品価格が下がらない。
ウ 技術革新の普及で，今までと同じ機能をもつ製品の価格は下がった。
エ 各地域で豊作だったため，キャベツの値段が下がり，農家は困っている。

⑶ 下線部bについて，正しいものを，次の**ア**～**エ**から1つ選び，記号で答えなさい。

ア 消費税が引き上げられたため，日本では間接税収入が直接税収入よりも多くなった。
イ 財政改革によって，国の国債依存度は1割未満になった。
ウ 国債を発行するとき，国民や金融機関ではなく，日本銀行に買いとってもらう。
エ 歳入にしめる租税・印紙収入の割合は50％以上である。

⑷ 下線部cについて，誤っているものを，次の**ア**～**エ**から1つ選び，記号で答えなさい。

ア 株式会社は，有限責任社員と無限責任社員から構成される。
イ 株式会社における株主総会の議決権は，1株について1票である。
ウ たがいに関連のある企業同士が合併することによって，さらに大きな企業になることをトラストという。
エ 公正取引委員会は，独占禁止法にもとづいて企業の活動を監視している。

⑸ 下線部dについて，正しいものを，次の**ア**～**エ**から1つ選び，記号で答えなさい。

ア 社会保険は，労働者災害補償保険をのぞき，被保険者が保険料を納めなければならない。
イ 景気の回復にともない，公的扶助の対象者の減少が見られるようになってきた。
ウ 国立病院は，病気の予防や健康相談，難病・感染症対策の中心的役割をになっている。
エ 身体障害者雇用促進法が制定されて，身体障害者は社会福祉の対象から外された。

⑹ 下線部eについて，不況時の対策として正しいものを，次の**ア**～**エ**から1つ選び，記号で答えなさい。

ア 増税と公共投資の縮小　　**イ** 減税と公共投資の拡大
ウ 売りオペレーションの実施　　**エ** 買いオペレーションの実施

⑺ 下線部fについて，先議権以外で予算案と同じあつかいをするものを，次の**ア**～**エ**から1つ選

び，記号で答えなさい。

ア　法律案の議決　　　　**イ**　条約の承認

ウ　内閣総理大臣の指名　　**エ**　内閣不信任案の決議

(8) 次の**ア**～**エ**で１つだけ性格のちがう権利がある。その記号で答えなさい。

ア　刑事裁判で無罪になった場合，拘束されていた日数に応じて国に補償を求めることができる。

イ　憲法改正を承認・否認できる。

ウ　基本的人権を侵された場合，裁判を受けることができる。

エ　公務員の不正行為によって損害を受けた場合，国や地方公共団体に対して賠償を求めることができる。

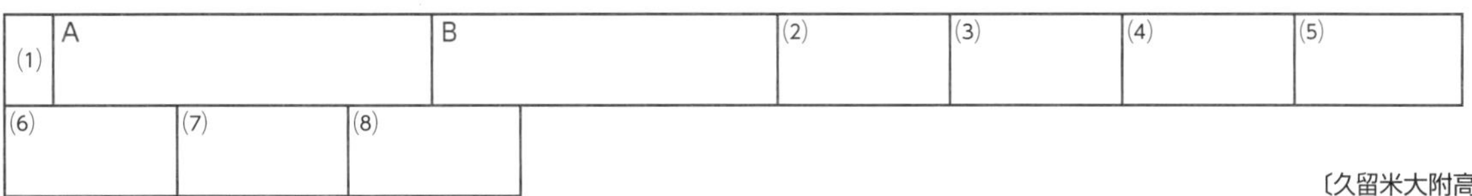

(1) A	B	(2)	(3)	(4)	(5)
(6)	(7)	(8)			

〔久留米大附高〕

4　中学３年生の花子さんがまとめた次の文を読んで，あとの各問いに答えなさい。

((5)6点×3，他4点×5－38点)

わたしたちが住む日本は，外国との貿易を通じて，製品やサービスを売買している。その際，a 円高や円安により，貿易が影響を受ける。日本の貿易金額では，近年は，東京電力福島第一原子力発電所の事故にともなう原発停止問題もあり，b 原油や天然ガスの輸入が急増しており，地球環境問題との関連を心配する声も大きい。

これら経済問題はわたしたちの生活と直結しており，最近も国際収支の問題がニュースになっている。c 外国との貿易を推進するために，国同士のつながりなどもうまれている。世界各国は自国で生産された商品のみで生活することが難しく，たがいに依存しあうようになってきている。このように，海外との貿易をめぐってさまざまな課題があり，d 社会的対立も存在する。

今日，他国との関係性を重視し，輸出のみでなく輸入にも力を注ぎ，健全な e 財政状況を保ち，世界の平和へと協力していく姿勢が重要である。

(1) 下線部 a に関連して，花子さんは図１のような円とドルの為替レートの推移を調べた。これについて，次の問いに答えなさい。

図1

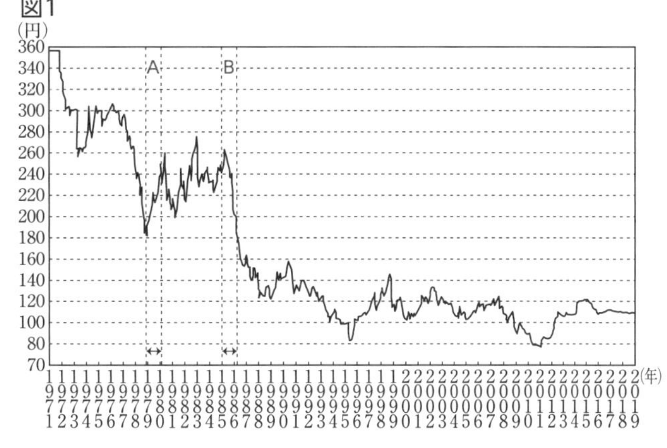

①Aの時期の為替レートに影響を与えたと思われる状況として最も適切なものを，次の**ア**～**エ**から１つ選び，記号で答えなさい。

ア　イランでおきた革命による混乱

イ　バブル景気の崩壊による混乱

ウ　リーマンショック後の経済の混乱

エ　高度経済成長の好況

②Bの時期の説明として最も適切なものを，次の**ア**～**エ**から１つ選び，記号で答えなさい。

ア　円安が急激に進んだ。　　**イ**　円高が急激に進んだ。

ウ　円安と円高で乱高下している。　　**エ**　円とドルとの為替レートは安定している。

(2) 下線部ｂに関連して，総発電量にしめる火力発電の割合が増えている。これにより懸念される地球環境問題として最も不適切なものを，次の**ア**～**エ**から１つ選び，記号で答えなさい。

ア　氷河がとけて海水の量が増え，海面からの高さの低い島国が水没するおそれがある。

イ　排出される排煙などにより，地域住民への健康被害が心配される。

ウ　気候変化によって，森林の減少や砂漠化などがおこる可能性がある。

エ　排出される二酸化炭素によって，成層圏に存在するオゾン層が破壊される。

(3) 下線部ｃに関連して，日本が加盟している組織を，次の**ア**～**エ**から１つ選び，記号で答えなさい。

ア　OPEC　　**イ**　CIS　　**ウ**　USMCA　　**エ**　APEC

(4) 下線部ｄに関連して，社会的対立を解決するための話し合いにおいて留意すべきこととして明らかに不適切なものを，次の**ア**～**エ**から１つ選び，記号で答えなさい。

ア　話し合いは重要な解決方法であり，その際にすべての当事者が話し合いに参加できることが重要である。

イ　解決策を見出す際，だれかの機会が不当に制限されていないかを考える視点が大切である。

ウ　どのような課題においても，効率的に解決策を見出すために，常に多数決によって意見を決めることが重要である。

エ　合意した内容を評価する観点として，特定の人が不利になっていないかを考えることが大切である。

(5) 下線部ｅに関連して，次の問いに答えなさい。

①下の図は，日本の国債残高の推移および一般会計歳出の主要経費別割合(2020年度)を示したものである。これらの図を参考にして，財政の健全化が求められる理由を書きなさい。

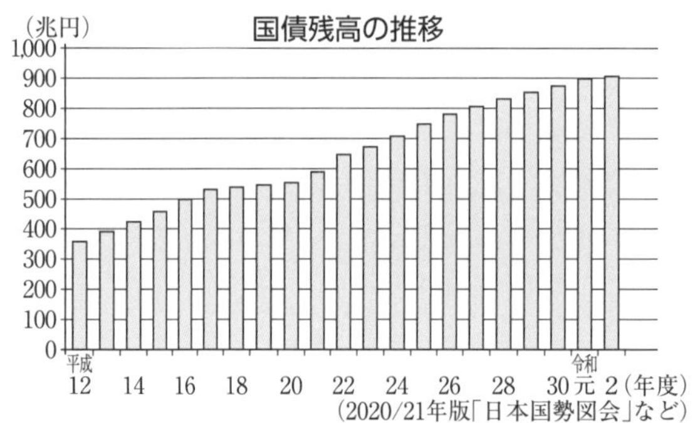

(2020/21年版「日本国勢図会」など)

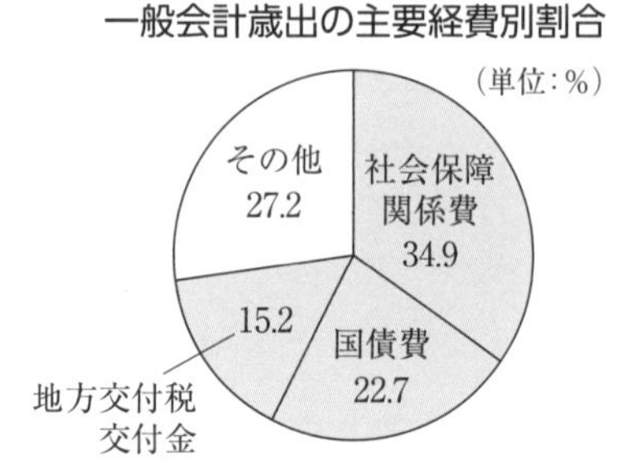

(2020/21年版「日本国勢図会」など)

②政府広報オンラインでは，「消費税は社会保障の財源を調達する手段としてふさわしい税金」とされている。一方で，消費税の問題点を指摘する声もある。次の問いに答えなさい。

(i)なぜ消費税が社会保障の財源としてふさわしいのか，その理由を書きなさい。

(ii)消費税の問題点を，公平性の観点から書きなさい。

<table>
<tr><td>(1)</td><td>①</td><td>②</td><td>(2)</td><td>(3)</td><td>(4)</td></tr>
<tr><td rowspan="3">(5)</td><td colspan="5">①</td></tr>
<tr><td rowspan="2">②</td><td colspan="4">(i)</td></tr>
<tr><td colspan="4">(ii)</td></tr>
</table>

〔東京学芸大附高・お茶の水女子大附高―改〕

ひっぱると，はずして使えます。

ハイクラステスト

中学 公民

解答編

解答編

地理・歴史の復習

1 世界と日本の地域構成

解答

本冊▶p.2〜p.3

1 (1) 本初子午線
(2) 例中心からの距離と方位
(3) エ (4) い

2 (1) A—南北アメリカ C—アフリカ
(2) ① アメリカ合衆国
② 国名—ナイジェリア 記号—エ
③ ドイツ
④ 国名—ロシア 領土問題—北方領土問題

3 (1) 日本
(2) 記号—エ 県名—沖縄(県)
(3) 例領海の外側で，海岸から200海里までの

解説

1 (1) イギリスの首都ロンドンを通る経線が基準になっている。日本の標準時は兵庫県明石市を通る東経135度の経線(**標準時子午線**)が基準。

(4) 地図Ⅰの正距方位図法では，最短距離(大圏航路)は中心からの直線で表される。地図Ⅱのメルカトル図法での直線は，等角航路(経線と常に同じ角度で交わりながら進む航路)になる。

2 (2) ② ナイジェリアの輸出総額の約８割は原油が占めている。
③ EU 加盟国は2021年現在27か国。そのうち，最大の農業国はフランスである。

> **ここに注意** アジアやアフリカの発展途上国における人口増加は著しく，人口爆発と呼ばれる。一方，ヨーロッパやアメリカ合衆国・日本などの先進国の人口は停滞している。

3 (1) 地図にはないが，寒流の千島海流は親潮とも呼ばれる。

(2) 表中の c は第３次産業(商業やサービス業など)の割合が高くなっているので，沖縄県だと判断できる。a は愛知県，b は福井県，d は宮崎県である。

2 世界の諸地域

解答

本冊▶p.4〜p.5

1 (1) A—オ C—ウ
(2) イ
(3) エ
(4) ① さんご礁 ② 南十字星
(5) エ

2 (1) B—スペイン D—フィンランド
(2) ウ・エ
(3) 人口—ウ 面積—ア

3 ウ

解説

1 (1) 日本との貿易額の順位から**エ**は中国(B)，**ア**はアメリカ(D)。**ウ**は，１人あたりの国民総所得の額から先進国と考え，オーストラリア(C)と判断。**イ**と**オ**は貿易額の順位から**オ**がアジアに属するタイ(A)，残った**イ**はブラジル(E)。輸出においても輸入においてもアジアと北アメリカとで日本の貿易額の7割以上を占めている。

(3) ヒスパニックは，メキシコやカリブ海の国々などから来た，スペイン語を話す移民のこと。ブラジルはポルトガル語が公用語。

(5) パンパ→セルバの誤り。

> **ここに注意** 南アメリカ大陸の国の多くはスペイン語を公用語としているが，ブラジルはポルトガル語が公用語である。

2 (1) 他はAがフランス，Cがドイツ，Eがノルウェーの地図。

(2) **ウ**．ドナウ川→ライン川の誤り。**エ**．スペインとドイツの間にはフランスがあるため，接していない。

(3) **ア**はアメリカ合衆国の数値が非常に大きい→面積と判断。アメリカ合衆国の人口は３億人強，日本の人口の約1億2,600万人は必要な知識。

3 **ア**．カラハリ砂漠など南半球側にも砂漠はある。**イ**．熱帯地域で見られる家のつくり。**エ**．経済的に豊かとはいえない。

3｜地域調査，日本の地域的特色と地域区分

解答

本冊▶p.6～p.7

1 B—オ　C—ケ　G—エ　I—キ　J—イ

2 (1) ウ　(2) ウ　(3) エ

3 (1) 25ha　(2) ア

解説

1 A．北海道と東北が上位→**カ**。

B．農業・水産業の生産額が日本一で，食料品の原料が豊富な北海道が1位・その他上位県は大消費地が近い→**オ**。

C．南九州と北海道が上位→**ケ**。

D．京葉工業地域の中心である千葉が1位→**ウ**。

E．人口の多い各地方の主要都市を有する県が上位→**ア**。

F．ももとぶどうの山梨，みかんの和歌山・愛媛，りんごの青森・長野→**コ**。

G．自動車工業の盛んな県が上位→**エ**。

H．野菜の促成栽培が盛んな高知と近郊農業が可能な県が上位→**ク**。

I．農業が盛んな県と耕地面積が小さい県が上位に混在→**キ**。

J．沖縄が1位→**イ**。

> **ここに注意**　統計をすべて把握する必要はないが，米の生産上位県，畜産の北海道・鹿児島・宮崎，石油化学の千葉，果実の産地，自動車工業の盛んな県，高い出生率の沖縄などは重要なので覚えておこう。

2 (1) 地熱のほか，太陽光・風力・水力・太陽熱・バイオマスなどのエネルギー源を，**再生可能エネルギー**という。

(2) 雨温図の**ア**は冬の降水量が多いので日本海側の気候，**イ**は年間を通して温暖で降水量が少ないので瀬戸内の気候，**エ**は寒暖の差が激しく降水量が少ないことから内陸の気候と判断できる。地図中の**あ**は太平洋側の都市なので，夏や秋に降水量が多い**ウ**となる。

(3) aは輸出総額が高く，自動車関連の品目が上位であることから名古屋，cは輸出総額の高さと半導体や光学機器などの品目から成田と判断できる。残る千葉と博多は，周辺地域の工業の特色から判断する。

3 (1) この地形図の縮尺は2万5千分の1なので，「実際の面積＝地形図上の面積×25000×25000」で求めることができる。実際の距離を求めるときには，地形図上での2点間の距離に縮尺の分母をかけるだけで求めることができるが，面積の場合には縦×横で2回かけなくてはならないので注意が必要である。また，1ha＝100m×100m＝10000m² なので，この問いの場合は単位の変換にも注意をしなくてはならない。

(2) 矢印1の方向は，道が左に向かってカーブしていることや，カーブした先の山が崖になっていることから判断できる。

4｜日本の諸地域 ①

解答

本冊▶p.8～p.9

1 (1) オ　(2) A—ア　B—ウ　C—イ　(3) c　(4) ア　(5) ウ　(6) イ

2 (1) ア　(2) コンビナート

(3) 例産業が盛んになれば雇用が増え，人口の流出を防ぐとともに，職を求めての人口流入も期待できるから。

3 (1) ウ

(2) ① ア　② 例大阪府の周辺に居住している人が，通勤や通学のために昼間に大阪府内へ入ることが多いから。

解説

1 (1) あ．出生率が高いため高齢者の割合が小さい→沖縄県，う．人口が多い→福岡県である。

(4) 北九州はかつて鉄鋼業を中心に発展し，四大工業地帯の1つであったが，九州北部の炭鉱が閉鎖されたことや鉄鉱石の輸入先が中国からオーストラリアに変わったことなどから，全国的な地位が低下した。

(5) あ．米の割合が小さい→沖縄県，う．畜産の割合が大きい→鹿児島県である。

> **ここに注意**　日本を通る経線で知っておく必要があるのは，秋田県八郎潟を通る東経140度と兵庫県明石市を通る東経135度（標準時子午線）。この2本の経線の間隔を使って，他の都市のおよその経度を知ることができる。

2 (1) 高松市は瀬戸内の気候に属するので，年間降水量が少ない**ア**とわかる。**イ**は冬の降水量が多い→日本海側の鳥取市，**ウ**は夏の降水量が多く，**エ**に比べて気温が高い→太平洋側の高知市，残った**エ**が仙台

市となる。

3 (1) 緯度は**赤道**を０度として北緯と南緯でそれぞれ90度まで，経度は**本初子午線**を０度として東経と西経でそれぞれ180度まであることを押さえた上で，地球の中心を対称の中心として点対称となる地点を考える。

(2) ① 図のＡは滋賀県，Ｂは三重県，Ｃは奈良県，Ｄは和歌山県。このうち，県名と県庁所在地が異なるのは滋賀県(大津市)と三重県(津市)。

5｜日本の諸地域 ②

解答

本冊▶p.10〜p.11

1 (1) ① **関東ローム** ② **近郊** ③ **輸送** ④ **抑制**
(2) **群馬―イ　千葉―ウ** (3) **イ** (4) **エ**

2 (1) **イ** (2) **福島市**

3 (1) **日高山脈** (2) **ハザードマップ**
(3) **例根釧台地は火山灰土なうえに夏には濃霧が発生し，稲作には不向きだから。**

4 (1)**日本アルプス** (2) **エ**

解説

1 (2) **ア**．印刷の割合が大きい→東京，**イ**．輸送用機械の割合が大きい→群馬，**ウ**．化学と石油・石炭製品の割合が大きい→千葉とわかる。

(3) さいたま市は東京都心への交通の便がよく，都心に比べて地価も安く住みやすいため，昼間は都心にある会社や学校に通勤・通学する人が多い。このように夜間(常住)人口が昼間人口よりも多い都市をベッドタウンという。

(4) 鉄鉱石のように重量のあるものの輸送には，船舶のほうが適している。

2 (1) 岩手県は東北地方で面積が最も大きい。

(2) 福島県の県庁所在都市である。福島市よりもいわき市や郡山市の方が人口が多い。

3 (3) 根釧台地では国がパイロットファームをつくり，大酪農地帯になることに成功した。

ここに注意　北海道で農業が特に盛んな地域は，石狩平野と十勝平野と根釧台地の３か所。石狩平野は客土と品種改良により稲作が盛んになった。十勝平野は根釧台地と同じく火山灰土で稲作には適さないため，広大な土地を利用した畑作が盛ん。

4 (2) 地図中のＡは新潟県，Ｂは石川県，Ｃは長野県，Ｄは静岡県，Ｅは愛知県。長野県は**高原野菜**とくだものの生産が盛んなことから**エ**と判断できる。また，**ア**は米の生産額から新潟県，**オ**は花きと野菜の生産額から愛知県，残った２つのうち，米以外の生産額が少ない**ウ**が冬の農作業が難しい石川県だと判断できる。

6｜原始・古代の歴史

解答

本冊▶p.12〜p.13

1 (1) **イ**
(2) **例九州から関東地方までの豪族を従えていた。(20字)**
(3) **都市名―西安　記号―ウ**
(4) **ウ** (5) **エ**

2 (1) **ア**
(2) **例寺院勢力を政治から切り離すため。**
(3) ① **寺院―カ　宗派―ア**
② **寺院―オ　宗派―ウ** (4) **エ** (5) **聖武**

解説

1 (1) Ａの「中国のある歴史書」とは『後漢書』で，１世紀に光武帝が奴国の王に金印を授けたことを伝えている。
アは紀元前６世紀，**イ**は１世紀，**ウ**は６世紀，**エ**は７世紀の出来事である。

(2) 問題文の「ワカタケル」の文字が刻まれた鉄剣は埼玉県出土，鉄刀は熊本県出土であるが，そのほかに前方後円墳の分布などから，５世紀には大和政権(ヤマト王権)の勢力範囲は九州地方から東北地方南部にまでおよんだと考えられている。

(3) 隋の都を大興城といい，唐の都である長安はこれを継承している。

(4) **ウ**について，「ある国政改革」とは大化の改新である。646年に出された改新の詔で，公地・公民の方針が示された。なお，**ア**は大和政権(ヤマト王権)の氏姓制度，**イ**は聖徳太子の冠位十二階，**エ**は日本で初めて律令がそろって成立したのは701年の大宝律令である。

(5) 遣唐使の派遣が停止されたころから約150年間続いた日本文化とは国風文化のことである。
Ｘ．遣唐使の停止後も貿易船の行き来は行われていた。また，平安時代中期の文化である国風文化も純日本的な文化ではなく，中国の文化をふまえて，日本人の感情や風土に合わせてつくり出された文化である。

Y．『古事記』や『日本書紀』は奈良時代に編纂された歴史書である。

2 (1) **ア**について，国司には都の貴族が派遣され，郡司にはその地方の豪族が任じられた。

(2) 奈良の寺社は大きな権力をもち，政治に口出しをするようになっていた。桓武天皇は遷都にあたって，奈良の寺院の新しい都への移転を認めなかった。

(3) **イ**の浄土真宗は鎌倉時代に親鸞が開いた宗派，**エ**の平等院は平安時代中期に，藤原頼通によって宇治に建てられており，阿弥陀堂である鳳凰堂が有名である。

(4) 藤原道長はこの歌で「わたしの人生は，満月のように足りないものはない」と自らの栄華をほこっている。

7 中世の歴史

解答　　本冊▶p.14〜p.15

1 (1) **藤原純友**　(2) **エ**　(3) **ア**　(4) **ア**　(5) **イ**
(6) **ア・エ**

2 (1) **足利義満**　(2) **X—倭寇　Y—勘合**
(3) **エ**　(4) **ウ**

解説

(1) ほぼ同じ時期に，関東では平将門が反乱を起こしている。

(2) X．源義仲は壇ノ浦の戦いの前年に，源範頼・源義経に討たれている。

Y．平治の乱ではなく，**保元の乱**である。**平治の乱**は保元の乱の３年後にあたる1159年に起きた，平清盛が源義朝を破った戦いである。

(4) ルターらによって始められた宗教改革は，16世紀の出来事である。

(5) **イ**の朱印状が発行されたのは，豊臣秀吉や徳川家康が行った朱印船貿易である。

(6) **イ**の前九年合戦・後三年合戦は11世紀に東北地方で起きた争乱である。**ウ**の『蒙古襲来絵詞』を描かせたのは肥後国(現在の熊本県)の御家人の竹崎季長で，楠木正成は後醍醐天皇に協力した河内の武将である。

2 (3) 綿花栽培は江戸時代に三河地方を中心として全国に広まった。

(4) **ア**の100年間自治を行った一向一揆は加賀の一向一揆。山城は国一揆で，８年間の自治が行われた。**イ**の水墨画を大成したのは雪舟。観阿弥は息子世阿弥とともに能を大成した人物で，足利義満に保護された。**エ**の川中島で武田信玄と戦ったのは越後の上杉謙信である。

8 近世の歴史

解答　　本冊▶p.16〜p.17

1 (1) **エ**　(2) **イ**　(3) ① **ウ**　② **ア**　③ **イ**　(4) **エ**
(5) ① **イ→ア→ウ**　② **間宮林蔵**

2 (1) **エ**　(2) **石高(制)**　(3) ① **蔵屋敷**　② **ア**

解説

1 (1) **ア**．武田氏を破ったのは長篠の戦い。桶狭間の戦いは今川氏を破った戦い。

イ．慶長遣欧使節ではなく，天正遣欧使節。

ウ．朝鮮水軍を率いたのは李舜臣で，李成桂は朝鮮の建国者である。

(2) **イ**について，コシャマインが乱を起こしたのは1457年のこと。松前藩との交易に不満をもち，乱を起こしたのはシャクシャインで，1669年のことであるため，内容・時期ともにあてはまらない。

(3) ② 元禄文化の浮世絵は肉筆画であった。**ア**は浮世絵を確立した菱川師宣による『見返り美人図』である。なお，**イ**は葛飾北斎，**ウ**は喜多川歌麿の浮世絵で，二人とも江戸時代後半の文化である化政文化の時期に活躍した。化政文化のころには，浮世絵は木版刷りによって大量に印刷され，庶民にも親しまれるようになった。**エ**は室町時代の東山文化の時期に活躍した雪舟の水墨画である。

③ **イ**のキリスト教に関係のない漢訳洋書の輸入を許可したのは享保の改革を行った徳川吉宗である。

(4) **エ**について，江戸・大阪周辺を直轄領にする命令を上知令といい，水野忠邦が天保の改革で発令したものである。上知令は大名や旗本の反対にあい，その結果，水野忠邦は失脚し，天保の改革は失敗に終わった。

(5) ① **イ**(1792年)→**ア**(1825年)→**ウ**(1837年)である。

② 樺太とユーラシア大陸の間の海峡は，間宮林蔵

の名をとって，日本では間宮海峡と呼んでいる（ロシアではタタール海峡）。

2 (1) **エ**について，ルターがドイツで宗教改革を始めたのは16世紀初めである。これに危機感をもったカトリックのイエズス会は海外布教に積極的に乗り出し，日本でも布教活動を行っている。なお，**ア**のピューリタン革命は17世紀半ば，**イ**のフランス人権宣言は1789年でいずれも江戸時代である。**ウ**の世界一周は1522年で，戦国時代ではあるが，世界一周を達成したのはマゼラン一行であり，コロンブスは1492年に西インド諸島に到達している。

(3) ② 江戸時代，なたねなどの商品作物栽培には，干鰯や油かすなどの金肥と呼ばれる肥料を購入して使用していた。なお，**イ**の二毛作や草木灰の利用が普及し始めたのは鎌倉時代から室町時代，**ウ**の田沼意次は株仲間を奨励した。

9 近代の歴史 ①

解答

本冊▶p.18〜p.19

1 (1) 例地方政治の実権を，府知事や県令を任命する中央政府がにぎることになったため。
(2) 富岡製糸場　(3) ア　(4) ① 鹿鳴館　② ウ
(5) ウ

2 (1) ア　(2) ア
(3) 例ポーツマス条約の内容が，日露戦争における犠牲の大きさに比べ，賠償金はなく，獲得した権益も少なかったから。
(4) ① 日英同盟　② ウ　(5) 新渡戸稲造
(6) X—甲午農民　Y—義和団

解説

1 (2) 富岡製糸場は，「富岡製糸場と絹産業遺産群」として，2014年に世界文化遺産に登録されている。

(4) ② X．井上馨が提案した改正案では，外国人を裁く裁判では外国人裁判官を任用するものとされていた。これを修正して，大審院での審理に限り外国人裁判官を任用することを提案したのは，井上の次に外務大臣に就任した大隈重信である。

(5) **ア**について，宣戦や講和，条約を締結する権限も天皇にあった。**イ**について，国民が選挙で選出できたのは衆議院議員のみであった。**エ**の国民の三大義務は現在の日本国憲法のものであり，大日本帝国憲法では国民の義務は納税と兵役であった。

2 (1) **イ**の韓国統監府を設置したのは1905年で，日露戦争後，**ウ**の与謝野晶子の歌は日露戦争に出征した弟を思って詠んだ歌である。**エ**について，日清戦争の賠償金で八幡製鉄所は建設されたが，賠償金の大部分は軍事費に用いられた。

(2) **ア**は遼東半島である。ロシアは日本が清に遼東半島を返還した後，遼東半島の旅順と大連を租借した。日本は，**イ**の朝鮮半島を1910年に併合，**ウ**の山東半島を第一次世界大戦後にドイツの権益を引き継ぐ形で獲得，**エ**の台湾を日清戦争後の下関条約によって獲得している。

(4) ② **ウ**の社会民主党は1901年（明治時代）に片山潜や幸徳秋水らによって結成されたが，結成直後に解散を命じられた。

10 近代の歴史②，現代の歴史

解答

本冊▶p.20〜p.21

1 (1) ウ　(2) エ
(3) ① エ　② ア

2 (1) ウ
(2) 例アメリカ軍が大量の軍需物資を日本で調達したから。
(3) 日米安全保障条約
(4) ① 高度経済成長(期)
② イ
(5) エ→ウ→イ→ア

解説

1 (1) **ア**の桂太郎内閣は，議会を無視した政治を行ったために，護憲運動によって退陣に追い込まれた。**イ**について，第一次世界大戦中，日本は非常に好景気であったが，大戦終結とともに輸出は落ち込み，不景気に転じた。**エ**について，関東大震災が起きたのは1923年で，情報不足のためにデマが広がり，多くの朝鮮人や中国人，社会主義者が殺害された。ラジオ放送は1925年から開始されている。

(2) Bのビラは，二・二六事件でクーデターを起こした部隊に投降を呼びかけたもの。選択肢a・cは五・一五事件に関するものである。

(3) ① **エ**について，ドイツは第二次世界大戦後，分割統治され，1949年に東西に分かれて独立した。**ア**の世界恐慌の影響をほとんど受けなかった国は，共産主義による「五か年計画」をとっていたソ連。**イ**のナチスを率いたのはビスマルクではなくヒトラー。**ウ**のポツダム宣言は日本に無条件降伏をうながした文書である。

② **ア**について，1931年に日本の関東軍が起こした鉄道爆破事件（柳条湖事件）をきっかけに**満州事変**がおこり，実質的に日本が政治の実権を握る満州国が1932年に建国された。**イ**の国民党の指導者は，当時は孫文ではなく蔣介石，**ウ**の北京とその周辺を占領したのは1937年に起きた日中両軍による武力衝突（盧溝橋事件）で，ここから**日中戦争**が始まっている。**エ**の三・一独立運動は1919年の出来事である。

ここに注意　1932年の五・一五事件によって，政党政治の時代が終わった。また，1936年の二・二六事件以降，軍部は政治への発言力を強めた。

2 (1) **ウ**は地租改正ではなく農地改革である。**地租改正**は1873年から明治政府が行った，地価の３%を税として土地所有者が現金で納税することとした政策である。

(4) ② **イ**について，国際連合に加盟するためには，安全保障理事会の勧告が必要であり，日本の加盟に関しては，ソ連が拒否権を発動していた。1956年，日ソ共同宣言が調印され，ソ連と国交を回復したことで，国際連合への加盟が実現した。

(5) **エ**（1993年）→**ウ**（2001年）→**イ**（2003年）→**ア**（2008年）である。

公民

第１章　わたしたちの生活と現代社会

1｜現代社会の特色と文化

Step A　解答　本冊▶p. 22～p. 23

① 情報　② グローバル　③ 株価
④ 為替　⑤ 少子高齢　⑥ 地球温暖
⑦ 節分　⑧ 七五三　⑨ パソコン
⑩ 国境　⑪ 競争　⑫ 分業　⑬ 自給率
⑭ 温暖　⑮ 感染　⑯ 格差　⑰ 持続
⑱ メディア（マスメディア）
⑲ インターネット
⑳ キャッシュレス　㉑ リテラシー
㉒ 出生率　㉓ 寿命　㉔ 社会保障
㉕ 高度経済成長　㉖ 白黒テレビ
㉗ 3C　㉘ 年中　㉙ 共生

解説

③ ニューヨークのウォール街は，銀行や証券会社などの金融機関が集中する地区。東京の兜町には東京証券取引所がある。

④ 国内通貨と外国通貨の交換比率のことを為替相場という。

⑮ ウイルスなどに感染することで引き起こされる病気を感染症という。2020年に世界中に広まった新型コロナウイルスによる新型肺炎は，その代表的なものである。

⑯ 先進国と発展途上国の間の経済格差も大きな課題であるが，国内の富裕層と貧困層の格差が広がっていることも，多くの国で問題となっている。

⑰ 1992年にリオデジャネイロ（ブラジル）で開かれた**国連環境会議（地球サミット）**で提唱された「**持続可能な開発**」という考え方がきっかけとなり，掲げられるようになった目標である。

⑱ メディアとは「媒体」のこと。新聞やテレビは大量の情報を伝達する媒体であることから，マスメディアとも呼ばれる。

㉒ 合計特殊出生率とは，１人の女性が一生の間に産む子どもの数の平均のこと。日本では1970年には2.13であったが，2018年においては1.42となっている。

㉘ 一年の決まった時期に行われる行事を年中行事という。桃の節句（ひな祭り），端午の節句，七夕はその代表的なものである。

Step B 解答 本冊▶p. 24〜p. 25

1 (1) 持続　(2) a—ウ　b—オ　c—エ　d—ア
(3) イ

2 (1) エ　(2) ウ　(3) メディアリテラシー

3 (1) 例それぞれの国が得意な産業に力を入れ，不得意な産業については外国からの輸入に頼ること。
(2) 例ベトナムは市場経済のしくみを取り入れ，工業化に努めるとともに，外国と経済的なつながりを強めることで，グローバル化に対応してきたから。

解説

1 (3) ディバイド(divide)は「分割，分裂」を意味する英語。インターネットなどを十分に使いこなせない高齢者などは，必要な情報を得にくい環境に置かれることになる。また，所得によってパソコンやインターネットに触れる機会が異なることで，格差が一段と拡がることも危惧されている。

2 (1) 10代の中での情報源としての重要度は，テレビ，インターネット，新聞の順となっている。
(3)「情報リテラシー」ともいわれる。

3 (2) ベトナムは社会主義国であるが，市場経済のしくみを取り入れた。また，工業化に力を入れたことで，工業製品の輸出が大きく伸びていった。

2 | 個人と社会生活

Step A 解答 本冊▶p. 26〜p. 27

① 合意　② 効率　③ 公正
④ 核　⑤ 配偶者　⑥ 血族　⑦ 姻族
⑧ 長男　⑨ 0　⑩ 200　⑪ 0　⑫ 0
⑬ 2　⑭ 均等(平等)　⑮ 1,200　⑯ 400
⑰ 400　⑱ 400　⑲ 遺言(遺言書)
⑳ 社会　㉑ 法(法律，規則)　㉒ 対立　㉓ 効率
㉔ 公正　㉕ 多数決　㉖ 少数意見　㉗ 核家族
㉘ 単独　㉙ 共働き　㉚ 高齢者　㉛ 介護
㉜ 個人　㉝ 平等　㉞ 同等(平等)　㉟ 配偶者
㊱ 均分　㊲ 育児・介護　㊳ 夫婦別姓
㊴ 男女雇用機会均等　㊵ 共同参画
㊶ 配偶者　㊷ 姻族　㊸ 18歳　㊹ 18歳

解説

⑥・⑦「親等」とは親子関係を1親等としてつながりの深さを表すもの。たとえば「わたし」と「おじ・おば」の関係は，「わたし」→「父・母」→「祖父・祖母」→「おじ・おば」となるので3親等になる。

⑧ 旧民法では長男が家督を相続した。財産だけではなく，戸主の権利のすべてを相続した。

⑭ 新民法では，相続は遺産だけで，子どもは均等に相続できる。

⑲ 法律に適格した遺言書がある場合は，均等にならない場合もある。法律用語では「いごん」という。

㉘ 若い人の単独世帯も増えているが，近年は65歳以上の高齢者の単独世帯の割合が増えている。

㊸ 2015年に公職選挙法が改正され，それまでは20歳以上とされていた選挙権の年齢が18歳以上に引き下げられた。これをきっかけに成人年齢も引き下げるべきではないかと議論されるようになり，2018年の民法改正により引き下げが決定された。

Step B 解答 本冊▶p. 28〜p. 29

1 (1) ① 核　② 1889　③ 個人　④ 家　⑤ 1947
⑥ 家庭　(2) ア

2 (1) 男女共同参画社会基本　(2) ウ

3 例単独世帯の割合が大きくなり，なかでも高齢者の単独世帯の数が倍以上に増えた。

4 (1) イ　(2) ① 多数決　② 少数意見

5 例奉仕活動の内容を決めたときには「ペットボトルの回収」に投票した人が全体の過半数を占めていたが，遠足の行き先を決める投票では，「水族館」に投票した人は全体の過半数に達していないから。

解説

1 (2) イ〜エは旧民法の規定。

2 (2) 日本の場合，女性は結婚や出産を機に退職するケースが多いので，30代で就労の割合が低下する。また，子育てが一段落して再び働き始める女性が多いことから，40代で就労の割合が再び上昇する。

3 2000年と2015年を比べると，核家族世帯の割合が少し減り，単独世帯の割合が増えている。また，65歳未満の単独世帯の数も増えているが，増加の割合では65歳以上の単独世帯の割合の方が大きい。

5 1回目の投票で過半数に達するものがなかった場合，上位2つの案(候補)で決戦投票を行うというやり方は，さまざまな場面で採用されている。

Step C 解答

本冊▶p.30〜p.31

1 (1) ① 高度経済成長 ② リーマン ③ バブル
(2) シェールガス (3) イ・オ (4) 4(親等)
(5) 核家族

2 (1) 例 少数意見をできるだけ尊重する。
(2) ① ウ ② ア

3 ① 例 6クラス中，4クラスで1位になっている
② 例 生徒数で見ると，投票した人の数が最も多い

解説

1 (1) バブル経済は1980年代後半〜1991年，高度経済成長期は1955年〜1973年。リーマンショックは，2008年にアメリカの大手投資銀行であるリーマン・ブラザーズが経営破綻したことをきっかけにしておこった世界的な株価下落，金融危機。

(2) シェールガスの開発によってアメリカの天然ガス生産量は急激に増加し，アメリカは天然ガスの生産量世界一の国となった。

(3) 3Cは、カラーテレビ，クーラー，自動車で，それぞれの英語の頭文字がCであることが由来である。なお，1950年代後半に「三種の神器」とよばれた電化製品は冷蔵庫，洗濯機，白黒テレビである。

(4) いとこは，おじ，おばの子なので，父母(1親等)→祖父母(2親等)→おじ，おば(3親等)→いとこ(4親等)と数える。なお，兄弟姉妹は2親等なので注意する。

(5) 親と子ども，あるいは夫婦だけの家族を核家族という。

2 (1) 採決の仕方としては，多数決のほかに全会一致(全員の意見が一致することによって決まる)などがある。

(2) 日本国憲法第98条に「この憲法は，国の最高法規であつて，その条規に反する法律，命令，詔勅及び国務に関するその他の行為の全部又は一部は，その効力を有しない。」とあるように，日本国憲法は，国が制定する法律や地方公共団体が制定する条例などよりも上位に位置しており，憲法に反する法律や命令は効力を持たない。

3 ② 生徒数の合計で見ると，玉入れ70人，綱引き90人となっている。

3 | 人権の尊重と近代民主主義

Step A 解答

本冊▶p.32〜p.33

① マグナ=カルタ ② ピューリタン(清教徒)
③ 名誉 ④ 権利章典
⑤ ロック ⑥ モンテスキュー
⑦ ルソー ⑧ 1776 ⑨ 人権宣言
⑩ マルクス ⑪ リンカーン
⑫ ドイツ ⑬ 普通選挙 ⑭ 1946
⑮ 世界人権 ⑯ 国際人権 ⑰ 法
⑱ 身体 ⑲ 生存 ⑳ 参政
㉑ 基本的人権 ㉒ ロック ㉓ ルソー
㉔ モンテスキュー ㉕ 福沢諭吉
㉖ 中江兆民 ㉗ 権利章典 ㉘ 人権宣言
㉙ アメリカ ㉚ ワイマール憲法
㉛ 世界人権 ㉜・㉝ 精神，経済活動(財産)
㉞ 平等 ㉟ 社会 ㊱ 生存
㊲ 労働基本 ㊳ 参政 ㊴ 裁判

解説

③ は，② のピューリタン(清教徒)革命のあと再び国王が専制政治を行ったため，議会が国王を追放して新しい国王を迎えた，流血なしの革命。

⑤ 名誉革命を理論的に支持した。

⑥ 三権を別々の機関がもつことで，専制政治が防げることを説いた。

⑦ アメリカの独立やフランス革命に大きな影響を与えた。

⑬ 日本の選挙権はそれまで，納税額によって制限されていた。

⑯ は⑮ の世界人権宣言が法的拘束力をもっていないため，条約化して各国に義務づけた。日本は，1979年に批准。

㉙ イギリスから植民地13州が独立を宣言した。

㉜・㉝ 平等権とともに最初に保障された人権である。

㉞ 基本的人権の中心で，土台となる権利である。

㊱ 社会権の1つで，人間らしく生きていくための権利である。

㊳ 国民主権を行使していく権利。

Step B 解答

本冊▶p.34〜p.35

1 (1) マグナ=カルタ(大憲章)
(2) ウ (3) オ
(4) ワイマール憲法
(5) A—オ B—カ C—エ D—ア E—イ
(6) ウ

2 ① 統治二論(市民政府二論) ② ロック
③ 法の精神 ④ モンテスキュー
⑤ 社会契約論 ⑥ ルソー
⑦ アメリカ独立 ⑧ フランス人権
⑨ 自由 ⑩ 資本 ⑪ 社会
⑫ ワイマール ⑬ 世界人権
⑭ 国際人権規約 ⑮ インターネット

解説

1 (5) それぞれの判断のポイントは，**ア**は「人間たるに値する生活」，**イ**は「創造主(＝神)」，**ウ**は「裁判または国の法律によらねば」，**エ**は「同胞の精神」「人種，皮膚の色」から全世界が対象であると，**オ**は「生まれながら，自由で平等」，**カ**は「議会の同意なしに」である。なお，**ウ**はマグナ=カルタの文章である。
(6) Xの「牢獄を…」は1789年のフランス革命に関する記述である。

ここに注意 権利(の)章典などの文章の特色ある表現は，他との区別で重要であるので，しっかり覚えておこう。

2 ② ロックは名誉革命を正当化し，抵抗権の考えは，アメリカ独立宣言に影響を与えた。
⑥ ルソーの思想はフランス革命に大きな影響を与えた。
⑨〜⑪ 自由権や平等権は，17世紀から18世紀にかけて獲得されていった人権である。一方，市民革命後の産業革命を通じて資本主義となり，労働者の生活を保障する20世紀的人権として社会権が誕生した。

4 日本国憲法の基本原則

Step A 解答

本冊▶p.36〜p.37

① 憲法 ② 条約 ③ 1946
④ 天皇 ⑤ 国民 ⑥ 象徴
⑦ 議院内閣 ⑧ 最高機関
⑨・⑩ 衆議，貴族 ⑪・⑫ 衆議，参議
⑬ 平和 ⑭ 臣民 ⑮ 基本的人権
⑯ 基本的人権 ⑰ 国会 ⑱ 国民投票
⑲ 代表者 ⑳ 主権 ㉑ 象徴
㉒ 主権 ㉓ 基本的人権 ㉔ 基本的人権
㉕ 国権 ㉖ 戦争 ㉗ 国際紛争
㉘ 放棄 ㉙ 戦力 ㉚ 交戦権
㉛ 象徴 ㉜ 間接 ㉝ 非核三原則
㉞ 自衛隊 ㉟ 平等 ㊱ 身体(人身)
㊲ 思想 ㊳ 言論 ㊴ 職業
㊵ 社会 ㊶ 生存 ㊷ 教育
㊸ 参政 ㊹ 請願 ㊺ 請求
㊻ プライバシー ㊼ 環境 ㊽ 知る

解説

⑦ 内閣が国会の信任にもとづいて成立し，国会に対して連帯して責任を負うしくみが**議院内閣制**。「輔弼する」とは助けるの意味。
⑮ 法律の範囲内で臣民の権利を認め，基本的人権を制限した。
⑲ 間接民主制を意味する。
㉗・㉘ 自衛のための戦力や交戦権はある，とするのが日本政府の見解である。
㉝ 国会で決議を採択した。

Step B 解答

本冊▶p.38〜p.39

1 ① 平和主義 ② キ ③ オ ④ ク ⑤ カ
⑥ ウ ⑦ セ ⑧ ア ⑨ エ ⑩ ソ

2 (1) エ (2) イ (3) ア (4) ① 表現 ② ア
(5) ウ (6) イ (7) イ
(8) ア—○ イ—× ウ—× エ—○ オ—×

解説

1 ②〜④ 憲法前文，⑤ 第11条・第97条，⑥〜⑩ 第9条から出題。

2 (1) 天皇に対して責任を負った。
(2) **ア**は大日本帝国憲法の内容，**ウ**は国会の指名，**エ**は各議院でそれぞれ総議員の3分の2以上である。
(4) ② **ア**は教育団体ではなく宗教団体である。
(5) **ア**は生存権，**イ**の男女共同参画社会基本法と**エ**は平等権に関するものである。
(6) 請願権は，基本的人権を守るための権利(参政権)に含まれる。

(8) **イ**は警察予備隊が正しい。保安隊に改編されたのは1952年である。**ウ**は1992年のカンボジアへの派遣以来，各地域での活動が行われている。**オ**の日米安全保障条約は1951年，国際連合加盟は1956年である。

ここに注意 大日本帝国憲法と比較して，日本国憲法の特色を理解しておくこと。

Step C-① 解答

本冊▶p.40〜p.41

1 (1) ① 個人　② 公共の福祉
③ 平等
(2) 男女共同参画社会基本法
(3) 国際人権
(4) 男女雇用機会均等法
(5) 児童の権利（子どもの権利）条約
(6) 21
(7) インフォームド=コンセント
(8) イ

2 (1) ア　(2) イ　(3) 個人

解説

1 (1) ② の**公共の福祉**とは，社会全体の幸福，利益という意味である。

(4) 男女雇用機会均等法は，1985年成立，1986年から施行された。女性労働者が男性と同じように，就職や賃金，昇給などの機会を得ることができるようにすることを目的とする。

(5) 1989年の国連総会で採択され，1990年に発効した。子どもを，大人に保護される人としてではなく，自らの権利を主張できる一人の人間としてとらえるものである。

ここに注意 男女共同参画社会基本法と男女雇用機会均等法の違いをおさえておく。

2 (1) Aは居住・移転・職業選択の自由，Cは財産権の保障についての規定で，ともに自由権のうちの経済活動の自由にあてはまる。Bはいわゆる労働三権，Dは生存権についての規定で，ともに社会権にあてはまる。なお，Eは刑事補償請求権と呼ばれるもので請求権に，Fは法の下の平等についての規定で平等権に，それぞれあてはまる。

(2) Ⅰは営業の自由と呼ばれるもので，職業選択の自由の一種と考えられている。Ⅱは「一票の格差」をめぐる裁判であり，法の下の平等に反するとして，国に改善を促す判決が各地で出されている。

(3) 個人の尊重は，法の下の平等とともに平等権の基盤となる考え方である。

Step C-② 解答

本冊▶p.42〜p.43

1 (1) イ
(2) ウ
(3) A—ウ　B—ア　C—イ
(4) エ
(5) ウ

2 (1) 思想家—ウ　著書名—カ
(2) ワイマール憲法
(3) 世界人権宣言
(4) ×
(5) 自然権思想
(6) エ

解説

1 (1) **イ**はワイマール憲法についての記述である。バージニア権利章典は，アメリカ独立戦争の際，他の植民地に先がけて人権の不可侵を採択した文書である。

(2) **ウ**は50％近くではなく約70％，沖縄本島の面積の約15％，沖縄県の面積の約８％が米軍基地となっている。

(4) **ア**は民間企業も対象，**イ**は明記されていない，**ウ**は了解が必要である，がそれぞれ正しい。

(5) **ウ**は財産権に関するものである。

2 (1)「生命・自由・財産」を自然権の内容ととらえたのはロック。

(2) 1919年にドイツのワイマールで開かれた国民議会で制定された。

(3) 1948年の世界人権宣言と，1966年の国際人権規約とを混同しない。

(4) 大日本帝国憲法に社会権の保障はない。女性参政権が認められたのは戦後の1945年。

(6) **ア**〜**ウ**は自由権で，**オ**は参政権。

ここに注意 自由権を確実に３区分できるようにしておくこと。

5｜選挙と政党

Step A　解答

本冊▶p.44〜p.45

①男子　②25　③20　④男女
⑤18　⑥小　⑦死　⑧比例
⑨与　⑩内閣総理大臣　⑪野
⑫投票　⑬小　⑭低(軽，小さ)
⑮高(重，大き)　⑯制限
⑰18　⑱公職選挙　⑲秘密選挙
⑳価値(重さ)　㉑１　㉒死
㉓大　㉔２　㉕比例代表制
㉖小選挙区　㉗選挙管理委員会
㉘戸別　㉙政党　㉚与党
㉛連立　㉜野党　㉝マニフェスト
㉞政治資金

解説

⑭・⑮有権者数が議員定数に対して多ければ多いほど，１票の価値は低く，軽くなる。

㉕比例代表制は，衆議院議員選挙と参議院議員選挙で採用されており，衆議院は立候補者の順位をつけた拘(こう)束名簿(そくめいぼ)式であり，有権者は投票用紙に政党名を書いて投票する。参議院は立候補者の順位をつけない非拘束名簿式であり，投票用紙に政党名または立候補者名のどちらかを書いて投票する。

> **ここに注意**　中央選挙管理会と㉗地方公共団体の選挙管理委員会に注意する。また，㉞政治資金規制法ではなく，規正法であることに注意する。

Step B　解答

本冊▶p.46〜p.47

1 (1)イ　(2)ア　(3)エ　(4)イ
2 (1)エ　(2)Ｂ党―２人　Ｄ党―０人
(3)Ａ氏・Ｂ氏・Ｅ氏
3 イ

解説

1 (1)普通(ふつう)選挙とは財産(納税額)による制限がなく，一定年齢(ねんれい)以上の国民に選挙権が与(あた)えられる選挙。直接選挙とは有権者が首長や議員などを直接選出する選挙。秘密選挙とは無記名で投票する選挙のことである。

(2)**ア**．合計の票数はＡ党が40万票，Ｂ党が52万票，Ｃ党が22万票であるが，当選者はＡ党が３名，Ｂ党とＣ党が１名ずつである。

イ．４区ではＣ党の候補者が当選している。

ウ．死票(当選者以外の候補者へ投じられた票)の数は，１区が８万票，２区が７万票，３区が６万票，４区が13万票，５区が15万票となっている。

(3)1955年から1993年までは，ほとんどの時期で自由民主党による単独政権が続いた。

(4)オンブズマン(オンブズパーソン)制度は都道府県や市町村でとり入れられている制度。1990年に川崎市が導入したのが最初である。

2 (1)**ア**．選挙区選挙では，原則として47都道府県がそれぞれ１選挙区となっている。**イ**．比例代表での復活当選があるのは，衆議院の小選挙区で落選した者である。

ウ．全国を１つの選挙区としている。

(2)比例代表選挙の議席配分は**ドント式**で行われるので，政党の得票数を１から順に整数で割っていき，得られた値(＝商)を大きい数値から順に議員定数になるまでとっていく。以下のようになる。

	Ａ党	Ｂ党	Ｃ党	Ｄ党
得票数	60,000	57,000	28,800	21,000
除数１	(60,000)	(57,000)	(28,800)	21,000
除数２	(30,000)	(28,500)	14,400	10,500

定数は５のため，商の大きい順に５つとると，60,000→57,000→30,000→28,800→28,500となり，当選者はＡ党から２人，Ｂ党からも２人，Ｃ党から１人，Ｄ党からは０人となる。

(3)１位のＡ氏は１人目として当選。２位のＢ氏とＣ氏のうち，Ｃ氏は小選挙区で当選しているため名簿(めいぼ)から除かれ，Ｂ氏が２人目として当選，４位の３人のうち，Ｆ氏は小選挙区で当選しているため名簿から除かれる。Ｄ氏とＥ氏のうち，惜敗(せきはい)率の高いＥ氏が３人目として当選する。

> **ここに注意**　衆議院と参議院の，議員の人数，選出方法や選挙区の違(ちが)いに注意しておくこと。

3 第二次世界大戦後の日本では，1955年の保守合同による自由民主党の結党以降，40年近くにわたる単独政権が続いた。

6 世論と政治

Step A 解答

本冊▶p.48〜p.49

①世論 ②報道 ③マスメディア
④与 ⑤議会制 ⑥署名
⑦請願 ⑧集団 ⑨圧力
⑩開示 ⑪テレビ(ラジオ)
⑫党首 ⑬世論 ⑭民主
⑮マス=コミュニケーション(マスコミ)
⑯調査 ⑰一方 ⑱操作
⑲民主主義 ⑳圧力団体
㉑オンブズマン(オンブズパーソン)
㉒市民オンブズマン ㉓無関心
㉔投票 ㉕期日前 ㉖議員定数
㉗重さ(価値)

解説

③情報伝達の媒体をマスメディアといい，情報を伝達することをマス=コミュニケーション(マスコミ)という。世論の形成にマスメディアのはたす役割は大きい。しかし，その情報伝達は⑰一方的であり，マスコミを使って政党によって⑱世論操作されるおそれもある。政治のあり方を国民・住民が正しく判断するには，まず，⑩情報が開示されていなければならない。

Step B 解答

本冊▶p.50〜p.51

1 (1) A―署名 B―請願
C―マスメディア
D―マス=コミュニケーション(マスコミ)
(2) 例多くの国民のまとまった意見。
(3) ウ (4) メディアリテラシー
(5) ① ア
② 例宮城県の有権者の1票の価値は，福井県の有権者の1票の価値の約3分の1であること。(福井県の有権者の1票の価値は，宮城県の有権者の1票の価値の約3倍であること。)

2 (1) エ (2) A―20 B―男女 C―18
(3) 無党派層
(4) 例(賛成の立場)政治のことを考えるきっかけになるのでよい。
例(反対の立場)強制されて，いい加減に投票する人が増えるのでよくない。

3 イ

解説

1 (1) Cは大衆伝達手段であり，Dは，Cを使っての大衆伝達である。
(3) インターネットを利用しての選挙運動はできるが，投票はまだできない。

2 (1) 一度に多くの人々に情報を伝達するものがマスメディアである。
(3) 近年の選挙は，無党派層の動向で左右されるといわれる。

3 インターネットの利用時間，広告費ともに増加して，インターネットが急速に普及している。

Step C-① 解答

本冊▶p.52〜p.53

1 (1) 普通選挙 (2) 地方公共団体 (3) エ
(4) ア・イ
(5) 例当選者以外の候補者に投じられた票はすべて死票になってしまうから。

2 (1) 多数決
(2) ① イ・エ
② 例国民の意見をより強く反映している
(3) A―直接請求権 B―ア (4) イ・ウ
(5) 例情報を批判的にとらえ，正しい情報であるかどうかを慎重に判断すること。

解説

1 (3) ア．衆議院では与党が，参議院では野党が多数の議席を占めるような，いわゆる「**ねじれ国会**」の状態は，法案の成立に時間がかかるといった問題点もあるが，衆議院の行き過ぎを抑えるという効果が期待できる。
イ．衆議院の解散中に開かれるのは，参議院の緊急集会である。
ウ．衆議院の再可決には，出席議員の3分の2以上の賛成が必要である。
(5) 小選挙区選挙では各選挙区から1名ずつしか当選しないため，比較的多数の票を集める大政党に有利となる。

2 (2) ① 内閣不信任を決議できるのは衆議院だけ。予算も衆議院に先議権がある。
(3) 地方政治においては，一定数の署名を集めることで，条例の制定や改廃，監査，議会の解散，首長や議員の解職などを求めることができる**直接請求権**が住民に認められている。
(5) マスメディアから発信される情報をさまざまな角度

から検証し，冷静に判断できる力であるメディアリテラシーが必要となる。

7｜国民を代表する国会

Step A 解答　本冊▶p.54～p.55

① 衆議　② 4　③ 参議　④ 比例代表
⑤ 6　⑥ 常任　⑦ 両院　⑧ 248
⑨ 解散　⑩ 30　⑪ 比例代表
⑫ 常(通常国)　⑬ 特別(特別国)
⑭ 緊急(きんきゅう)　⑮ 予算　⑯ 内閣
⑰ 衆議院総選挙　⑱ 予算　⑲ 衆議
⑳ 衆議院　㉑ 最高機関　㉒ 立法機関
㉓・㉔ 衆議，参議　㉕ 二院(両院)
㉖ 委員会　㉗ 公聴会(こうちょうかい)　㉘ 多数決
㉙ 3分の1　㉚ 2分の1
㉛ 常(通常国)　㉜ 150　㉝ 4分の1
㉞ 臨時(臨時国)　㉟ 特別(特別国)
㊱ 緊急集会　㊲ 法律　㊳ 国政調査
㊴ 弾劾(だんがい)　㊵ 両院協議会　㊶ 3分の2
㊷ 30　㊸ 10

解説

⑥ 国会内に常設されている委員会が常任委員会であり，特別の案件によって設置されるのが特別委員会である。
⑫ 総選挙が行われない年に開かれる国会は，常会と臨時会である。
㉙・㉚ 定足数とは会議を開くにあたっての最低限度必要な出席者数。
㊸ 他国との間で結ばれる条約の承認(批准(ひじゅん))の場合も，予算の議決のときと同様に，衆議院の優越(ゆうえつ)が認められている。

Step B 解答　本冊▶p.56～p.57

1 (1) ア
(2) ウ
(3) 総議員の4分の1
(4) エ
(5) a—イ　b—ア
(6) 例参議院と比べて任期が短く解散があり，国民の意思をより反映しやすいから。

2 (1) C—30　D—40
(2) イ・ウ
(3) イ
(4) (F)→D→C→B→(E)→(A)

3 ① 最高機関　② 立法機関　③ 国政調査権
④ 弾劾(だんがい)裁判所　(問い) エ

4 (1) ① 内閣
② 委員会
③ 公聴会(こうちょうかい)
④ 天皇
(2) 予算
(3) 過半数
(4) エ
(5) 両院協議会
(6) 比例代表制・選挙区制(順不同)

解説

1 (1) アは内閣の仕事である。
(2) 予算の審議(しんぎ)は衆議院に先議権があるが，条約の審議はどちらの議院が先でもよい。
(4) エの場合のほか，衆議院の議決後，国会休会中を除いて30日以内に参議院が議決しない場合，衆議院の議決が国会の議決となる。

> **ここに注意**　衆議院の優越(ゆうえつ)の種類と，参議院が議決しない日数の10日，30日，60日，その後の手続きを理解しておくこと。

2 (2) 内閣総理大臣の指名は，衆参両院でそれぞれ行われる。
3 (問い) エは各議院で総議員の3分の2以上の賛成が必要で，発議は両院対等である。
4 (1) ② 委員会には常任委員会と特別委員会とがある。常任委員会の中では予算委員会の委員の人数が最も多く，行政全般(ぜんぱん)にわたる審議を行う重要な委員会である。
(5) 両院協議会は，衆参両院の意見が一致(いっち)しない場合に各議院で選挙された各10名の委員で組織される。両院協議会が開かれ，それでも一致しない場合，法律案については衆議院で出席議員の3分の2以上の賛成で再可決すれば成立する。

8 | 行政をになう内閣

Step A 解答 本冊▶p.58〜p.59

① 人事　② 検察　③ 外務
④ 財務　⑤ 文部科学　⑥ 環境
⑦ 公正取引　⑧ 中央労働
⑨ 内閣総理大臣　⑩ 連帯
⑪ 国家公務員　⑫ 都道府県
⑬ 衆議院　⑭ 予算案　⑮ 政令
⑯ 助言と承認　⑰ 最高裁判所
⑱ 任命　⑲ 条約　⑳ 内閣
㉑ 議院内閣　㉒ 衆議　㉓ 解散
㉔ 総辞職　㉕ 40　㉖ 特別(特別国)
㉗ 国務大臣　㉘ 文民　㉙ 国会
㉚ 過半数　㉛ 閣議　㉜ 国事
㉝ 助言と承認　㉞ 条約　㉟ 予算案
㊱ 総務　㊲ 財務　㊳ 文部科学
㊴ 厚生労働　㊵ 国土交通
㊶ 防衛

解説

⑥ 1971年に環境庁が設置され，2001年に環境省に昇格(しょうかく)した。

⑧ 各都道府県に地方労働委員会が置かれている。

⑲ 国際慣習法とともに国際法であり，公布によって国内法としての効力ももつ。

㉗ 国務大臣の任免(にんめん)権は内閣総理大臣にある。

Step B 解答 本冊▶p.60〜p.61

1 (1) A—国会議員　B—国会　C—天皇
D—過半数　E—文民
(2) 閣議　(3) 国家公務員
(4) ア　(5) 議院内閣制　(6) ア

2 (1) イ
(2) 例 (内閣は，) 10日以内に衆議院を解散するか，総辞職しなければならない。

3 イ

4 (1) エ　(2) ウ

5 (1) ア　(2) ア・ウ　(3) イ

解説

1 (1) Eの文民とは，職業軍人の経験のない人の意味であり，そうした人々の下で進められる政治運営(軍隊管理)のことを文民統制(シビリアン=コントロール)という。

(2) 閣議は非公開で行われ，全会一致(いっち)で進められる。

(4) 金融(きんゆう)庁は内閣府に属する。

(6) 連邦(れんぽう)議会議員は国民の選挙で選ばれており，大統領に解散権はない。

2 (2) 実際には，憲法第7条にもとづき，内閣が国民に信を問うために衆議院を解散することの方が多い。(7条解散と呼ぶことがある。)

3 **イ**は天皇の任命権。

4 (1) A．イギリスは議院内閣制による首相が行政の最高責任者。

B．内閣は総理大臣と国務大臣のみで構成されており，各省庁の事務次官は関係しない。

(2) A．国務大臣は**過半数**が国会議員であればよい。

5 (1) **ア**．条約の批准(ひじゅん)書は天皇が認証するが，調印は内閣が行う。なお，条約は内閣が締結(ていけつ)し，国会が事前(事後)に承認しなければならない。その後，内閣がその条約を確認する行為(こうい)(批准)を行う。批准書はたがいに交換(こうかん)されて締結完了となる。

(2) **イ**は裁判所の権限，**エ・オ**は国会の権限。

(3) **イ**．衆議院の優越(ゆうえつ)の原則から衆議院の議決が国会の議決となる。内閣が総辞職しなければならないものではない。

9 | 裁判所のはたらきと三権分立

Step A 解答 本冊▶p.62〜p.63

① 原告　② 被告(ひこく)　③ 和解
④ 検察　⑤ 起訴(きそ)　⑥ 最高
⑦ 高等　⑧ 地方　⑨ 簡易
⑩ 裁判官　⑪ 東京都　⑫ 行政
⑬ 衆議　⑭ 解散　⑮ 立法
⑯ 最高　⑰ 違憲(いけん)　⑱ 弾劾(だんがい)
⑲ 司法　⑳ 最高　㉑ 地方
㉒ 民事　㉓ 行政　㉔ 刑事(けいじ)
㉕ 三審(さんしん)　㉖ 人権　㉗ 終審
㉘ 裁判員　㉙ 良心　㉚ 国民審査
㉛ 総選挙　㉜ 立法　㉝ モンテスキュー
㉞ 違憲立法審査(法令審査)
㉟ 弾劾　㊱ 天皇　㊲ 任命

解説

④ 不起訴処分に不服のとき，事件の関係者が地方裁判所にある**検察審査会**に申し出て検察庁の再考をうながすことができる。

⑳・㉑ 裁判所は，最高裁判所と下級裁判所に大別することができる。

㉘ 2009年5月より，地方裁判所で第一審が行われる重大な刑事事件の裁判で，国民の中から無作為に選ばれた裁判員が裁判官とともに審理を行う**裁判員制度**が行われている。

Step B 解答 本冊▶p.64～p.65

1 (1) ア

(2) ウ

(3) 司法権

2 (1) 議院内閣制 (2) ウ

(3) ① ア

② Y―権力の濫用 Z―人権を守る

③ ア

解説

1 (1) 刑事裁判は，検察官が被疑者を被告人として起訴することで裁判が始まる。また，刑事裁判，民事裁判を問わず，第一審の判決に不服で，より上級の裁判所に第二審を求めることを控訴，第二審の判決に不服で，さらに上級の裁判所に第三審を求めることを上告という。

(2) 裁判員裁判は重大な刑事事件の第一審で行われるものであるから，地方裁判所で開かれることになる。

(3) 裁判を行う権限を司法権という。司法権はすべて裁判所に属している。また，裁判所は他の機関などから圧力や干渉を受けない立場にあるが，これは**司法権の独立**と呼ばれ，裁判が公正に行われるための大切な原則となっている。

2 (1) 日本やイギリスなどで採用されている制度である。アメリカなどが採用している大統領制では，立法機関と行政機関がたがいに独立した関係にある。

(2) **違憲立法審査権**はすべての裁判所がもつが，最高裁判所は法律が合憲か違憲かの最終的な判断を下すことから，「**憲法の番人**」と呼ばれる。

(3) ① 内閣は最高裁判所の長官を指名し，その他の裁判官を任命する。

ここに注意 (1) 議院内閣制の下では，行政府の長である首相を議会(国会)が選出する。大統領制の下では，行政府の長である大統領を国民が直接選出する。なお，フランスや韓国などでは，大統領が任命する首相が内政の実務を担当する。

10 地方自治と住民の政治参加

Step A 解答 本冊▶p.66～p.67

① 首長 ② 知事 ③ 副市町村長

④ 地方 ⑤ 地方 ⑥ 条例

⑦ 教育 ⑧ 解散 ⑨ 不信任

⑩ 直接請求 ⑪ 18 ⑫ 25 ⑬ 4

⑭ 18 ⑮ 25 ⑯ 30 ⑰ 4

⑱ 50分の1 ⑲ 3分の1

⑳ 地方 ㉑ 地方 ㉒ 公債

㉓ 地方自治体 ㉔ 議決 ㉕ 行政

㉖ 首長 ㉗ 教育 ㉘ 4

㉙ 条例 ㉚ 23 ㉛ 地方自治

㉜ 30 ㉝ 解散 ㉞ 水道

㉟ 学校 ㊱ 運輸

㊲ イニシアチブ(住民発案)

㊳ 解職請求(リコール)

㊴ 住民投票(レファレンダム)

㊵ 地方税 ㊶ 地方交付税交付金

㊷ 国庫支出金 ㊸ 地方債

解説

④ 国の役所に勤める人々は国家公務員。

⑪・⑭ 選挙権は18歳以上となった。(公職選挙法が2015年に改正された)。

⑫・⑮ 被選挙権は少し社会経験を積んだ人にということ。

⑯ はより社会経験を積んだ人にということ。

⑱・⑲ 人の失職をともなう場合は3分の1以上と数が大きく，そうでない場合は50分の1以上と少なくしている。

⑳ 住民税や事業税，固定資産税などがある。

㉑ 国や地方公共団体の借金をまとめて公債といい，国は国債，地方は地方債ともいう。

㉕ 行政委員会のうち，公安委員会は都道府県のみ，農業委員会は市町村のみ設置されている。

Step B 解答

本冊▶p.68～p.69

1 (1) A—ウ　B—ア　C—ク
D—ケ　E—カ　F—キ
(2) エ

2 (1) イ　(2) イ

3 (1) ウ　(2) ア　(3) イ　(4) エ　(5) オ

解説

1 義務で最も大きいものはAの納税。Bの住民の権利にはC，D，Eなどがある。

2 (2) **ア**・**ウ**の首長や議員の解職は選挙管理委員会に請求する。

3 (1) 首長は議会を解散できる。

(2) **イ**．議員定数の12分の１以上が必要である。
ウ．２年以下の懲役や100万円以下の罰金などを科すことを認めている。**エ**．首長が公布する。

(3) 任期は議員も首長もともに４年である。

(4) 解職請求は選挙管理委員会に対して行われ，選挙区において住民投票を行い，過半数の同意があれば解職となる。

> **ここに注意**　選挙で選ばれた人の解職請求(リコール)は，署名数が有権者の３分の１以上，請求先は選挙管理委員会である。

Step C-② 解答

本冊▶p.70～p.71

1 ① 参政権　② 最高機関　③ 司法権の独立
④ 地方税　A—ア　B—イ　C—ウ　D—エ

2 (1) ① ウ　②国政調査権　(2) 比例代表制
(3) 国民審査　(4) 議員—b　理由—例衆議院の議決が国会の議決とされるから。
(5) 例権力が濫用されること

解説

1 A．国民審査は，任命後初めて行われる衆議院議員総選挙のときと，その後10年たってからの衆議院議員総選挙のとき，以降は10年ごとに，審査対象となる裁判官に対して行われる。毎回15人全員を審査対象にしているわけではない。投票者は，辞めさせたいと思う人の欄に×をつける。しかし，現在までこの国民審査で罷免となった人はいない。

B．予算の審議は，まず衆議院の予算委員会で審議し，公聴会が開かれてから委員会で採決し，その後衆議院の本会議で審議，採決する。そして参議院に送付し，同じ手順で議決される。

C．死刑囚の再審請求が行われ，再審の結果，無罪となった人もいる。

D．地方債は，原則として事前協議において総務大臣または都道府県知事の同意が必要である。

2 (2) 衆議院と参議院の両方でとり入れられている。

(3) 衆議院議員総選挙の際に行われ，不適任とする票が過半数に達した裁判官は罷免される。

(4) 衆議院と参議院で指名された者が異なり，**両院協議会**を開いても意見が一致しない場合は，衆議院が指名した者が内閣総理大臣となる。

11 価格のはたらきと市場経済

Step A 解答 本冊▶p.72〜p.73

① 給与 ② 事業 ③ 消費
④ 税金 ⑤ 社会 ⑥ 生命
⑦ 需要 ⑧ 供給 ⑨ 公共
⑩ 介護 ⑪ 鉄道 ⑫ 税金
⑬ 労働 ⑭ 賃金(給与)
⑮ 家計 ⑯ 給与所得 ⑰ 事業所得
⑱ 財産所得 ⑲ 消費 ⑳ 低(小さ)
㉑ 市場価格 ㉒ 均衡価格
㉓ 上がる(高くなる) ㉔ 寡占
㉕ 独占 ㉖ 公共 ㉗ 税金
㉘ サービス ㉙ 財(商品) ㉚ 代金
㉛ 労働 ㉜ 賃金(給与) ㉝ 公共
㉞ 利益(利潤)

解説

⑥ の保険料で満期になると保険金が支払われる生命保険や学資保険などは，貯蓄とみなされる。
⑳ **エンゲル係数**は消費支出に占める食料費の割合のこと。高所得になるにしたがってエンゲル係数は低くなる。

Step B 解答 本冊▶p.74〜p.75

1 (1) A—家計 B—消費
(2) P—エ Q—イ R—ウ S—ア
(3) ① エ ② X—ウ Y—イ Z—ア
(4) クーリングオフ
2 (1) 55万円 (2) ウ・エ (3) エ (4) イ

解説

1 (3) ② **エ**は消費者行政を統一して行うために2009年に設置された消費者庁についての説明である。食品の表示基準や悪徳商法による被害者の救済などを行っている。
2 (1) ある商品に対する需要量と供給量が一致するときの価格を，**均衡価格**という。この商品の場合，価格が10万円上がるごとにX(供給量)は20ずつ増え，Y(需要量)は10ずつ減っている。したがって，この規則どおりに動けば，価格が55万円のときに需要量と供給量は80で一致することになる。
(2) 価格が上がると需要量は減り，供給量は増える。一方，価格が下がると需要量は増え，供給量は減る。したがって，需要曲線は右下がりになり，供給曲線は右上がりになる。また，需要が供給を上回ると価格は上がり，供給が需要を上回ると価格は下がる。
(3) 国民の所得水準が上がれば消費に回すお金が増えるので，需要量は増加傾向になる。したがって，需要曲線が右に移動する**エ**が正解となる。
(4) 適正価格，利用者間の公平性，サービスの安定供給のために，鉄道運賃は国土交通省の認可が必要である。固定電話と違い携帯電話は認可が撤廃され，激しい競争があるので**ア**は正しい。2010年から公立学校の授業料は無償化されたので**エ**は正しい。私立高等学校授業料の実質無償化も2020年から始まった。

12 生産のしくみと企業

Step A 解答 本冊▶p.76〜p.77

① 労働力 ② 賃金 ③ 資本
④ 利潤(利益) ⑤ 商品
⑥ 資本金 ⑦ 利潤(利益)
⑧ 配当(金) ⑨ 私 ⑩ 株式
⑪ 公営(地方公営) ⑫ 株主総会
⑬ 取締役会 ⑭ 社長 ⑮ 監査役
⑯ 出荷 ⑰ 中小 ⑱ 大
⑲ 年収 ⑳ 従業員 ㉑ 資本
㉒ 資本 ㉓ 公企業 ㉔ 第三セクター
㉕ 利潤 ㉖ 株主 ㉗ 取締役
㉘ 自由 ㉙ 拡大再生産
㉚ GDP ㉛ 好景気 ㉜ 不景気
㉝ 景気変動(景気循環) ㉞ 恐慌
㉟ インフレーション(インフレ)
㊱ デフレーション(デフレ)
㊲ スタグフレーション ㊳ カルテル
㊴ トラスト ㊵ コンツェルン

解説

⑨ 私企業の中で，⑩ の株式会社に次いで有限会社が多かったが，2006年の商法改正でその後つくれなくなり，代わって合同会社が新たに設けられている。
⑰・⑱ 企業数では中小企業が圧倒的に多く，従業者数でも中小企業の方が多いが，⑯ 出荷額では大企業の方が大きくなっている。
㉚ 近年では，経済指標として以前のGNP(国民総生

産）に代わって，海外での生産活動による生産物の額を差し引いたGDP（国内総生産）が用いられている。

Step B 解答 本冊▶p.78～p.79

1 (1) 株主総会　(2) b―ウ　c―イ　(3) ア
2 (1) ① 家計　② 設備　(2) ウ　(3) 多国籍企業
(4) エ　(5) ア
3 例求められる人材や求人数は，企業の側が決めるから。
4 (1) 寡占
(2) 例商品の価格が企業に有利になるように設定されるから。
(3) 公正取引委員会
(4) イ

解説

1 (2) b．会社に利益が出た場合，株主はその一部を配当として受け取る。
c．株式の発行によって得られたお金は，会社の経営のための資金とされる。
(3) ア．株主の有限責任と呼ばれるしくみである。
イ．株式会社もさまざまな社会的責任を負っている。
ウ．株主は株式の売買によって利益を得ることができる。
エ．企業などの法人も株主になることができる。
2 (2) ウは日本銀行が不況時に行う政策である。
(4) ウ．働く意思はあるのに職を得ることができないのは失業者。ニートとは，働ける立場にあるのに働こうとしない人のことを言う。

ここに注意　(2) 政府が行う経済活動を財政という。財政のはたらきには，社会資本の整備，公共サービスの提供，景気の調整，所得の再分配（経済的格差の解消）などがある。

4 (2) 市場が寡占または独占状態になると，競争性がなくなり，商品やサービスの価格が企業にとって有利，消費者にとって不利になるように決められてしまう。

13 金融のしくみとはたらき

Step A 解答 本冊▶p.80～p.81

① 利子　② 金融　③ 発券
④ 政府　⑤ 銀行　⑥ 公開市場
⑦ 売る　⑧ 都市銀行　⑨ 証券
⑩ 商品・サービス　⑪ 銀行（金融機関）
⑫ 円高　⑬ 200　⑭ 90.9
⑮ 利子　⑯ 証券会社　⑰ 金融
⑱ 企業集団（企業グループ）
⑲ 中央　⑳ 発券　㉑ 銀行
㉒ 政府　㉓ 国債　㉔ 不景気
㉕ a―上がる　b―減る　c―下がる
d―増えてくる　e―最低　f―最低
g―最高　h―最高　i―上がってくる
j―減ってくる
㉖インフレーション（インフレ）
㉗減る（不足する）　㉘増える（余ってくる）

解説

③ 日本銀行が紙幣を発行するが，経済界の事情に応じて国が発行高を調整し，その通用を保証する**管理通貨制度**をとっている。⑥のほか，日本銀行の金利政策があるが，1994年に民間銀行の金利が自由化されて公定歩合で民間銀行の金利を操作することができなくなった。「公定歩合」は2006年に「基準割引率および基準貸付利率」と名称変更された。

Step B 解答 本冊▶p.82～p.83

1 (1) サービス　(2) 直接　(3) ア
(4) 例貸し出しに対して受け取る利子と預金に対して支払う利子の差が銀行の利潤となるから。
(5) Y―発券　Z―政府　(6) イ
(7) 例企業は物価が下がり，売り上げが減少するので，賃金を上昇させることが難しくなるから。
(8) ウ
2 X―為替相場　A―オ　B―イ　C―ア
D―カ

解説

1 (3) 消費生活センターは，消費者問題の解決のために地方公共団体などが設置する機関である。

(6) **ア**．好況時は物価が上昇する。

ウ．不況時は資金需要が減少するため，お金の量も減る。

エ．労働力の需要は増加する。

(7) デフレーションは，消費者にとっては安く商品を購入できるが，企業からすると，価格が下がっているため利潤が減り，従業員の賃金を引き上げることが難しくなり，場合によっては従業員を解雇することも発生する。すると，商品の購入量が減るので，また値下げ→利潤の減少→賃金上昇困難，という悪循環に陥る。この悪循環の現象を**デフレ=スパイラル**と呼ぶ。

(8) 日本銀行は，好景気のときには手持ちの国債を売り，資金を回収することで市場の通貨量を減らし，景気の行き過ぎをおさえようとする。不景気のときには企業などから国債を買って市場の通貨量を増やし，景気の回復を図ろうとする。

2 為替相場は，外国為替相場や為替レートという呼び方もある。

> **ここに注意** 円高は輸出に不利，輸入に有利，円安は輸出に有利，輸入に不利である。

14 職業の意義と労働者の権利

Step A 解答 本冊▶p.84〜p.85

① 農　② 製造　③ 若年
④ 非正規　⑤ 外国人　⑥ 労働基準
⑦ 労働組合　⑧ 労働関係調整
⑨ 労働組合　⑩ 組織　⑪ 勤労
⑫ 勤労　⑬ 職業
⑭ ハローワーク（公共職業安定所）
⑮ 男女雇用機会　⑯ 雇用（定年）
⑰ 団体交渉権　⑱ 労働基準法
⑲ 最低賃金法　⑳ 労働基準監督署
㉑ 過労死　㉒ 団結　㉓ 不当労働
㉔ 争議（ストライキ）　㉕ 労働関係調整
㉖ 労働委員会　㉗ 年功序列（型）
㉘ 終身雇用
㉙ リストラ（リストラクチャリング）
㉚ セクハラ（セクシャル・ハラスメント）

解説

③ 完全失業率は若い世代で高い。日本全体の失業率は高くないように思えるが，仕事を探さなければ，失業者にカウントされない。このような潜在失業者を含めれば，失業者はもっと多い。

④ 労働者派遣法をはじめとする労働法制の改正で企業の正規従業員は減り，派遣社員をはじめとする非正規の労働者が増えている。

⑨労働組合の組織率が年々低下の傾向にあるとともに，正規の労働者の労働条件も悪くなってきている。

㉑過労死は日本の労働条件の悪さを示すものとして，国際的に有名になっている。

㉔公務員の争議（ストライキ）権は，国家公務員法や地方公務員法で否定されている。

Step B 解答 本冊▶p.86〜p.87

1 a─義務　b─団体交渉　c─最低
(1) 労働基準法
(2) 人─警察官，自衛官など　機関名─人事院
(3) 不当労働行為　(4) 男女雇用機会均等法

2 (1) 1日─8時間　週─40時間
(2) イ　(3) EPA　(4) 育児・介護休業
(5) ワークシェアリング　(6) エ

解説

1 (2) 他に刑務所や海上保安庁，消防署の職員が労働三権をすべて認められていない。

(3) 昇給や昇進で不利益なあつかいをすることや，労働組合への経済援助，団体交渉の正当な理由のない拒否も不当労働行為になる。

> **ここに注意** 労働三権，労働三法については，名称と内容をしっかり結びつけておくこと。

2 (2) 非正規雇用労働者の加入を認める労働組合も増えているほか，非正規雇用労働者による組合も結成されるようになっている。

(3)「経済連携協定」の略語。FTA（自由貿易協定）が関税などの貿易制限の撤廃をめざすものであるのに対し，EPA はより幅広い分野で経済協力をめざしている。

Step C-① 解答

本冊▶p.88〜p.89

1 A—エ・管理通貨制度
B—ウ・カルテル
C—オ・デフレーション
D—カ・労働関係調整法

2 (1) A—ウ　B—キ　C—カ　(2) ウ

3 (1) ウ　(2) ① エ　② 独占禁止法　(3) エ

4 (1) 例資本金を小口の株式に分け，株券を発行して集めるしくみ。(27字)　(2) ウ

解説

1 A．金本位制度は，金を通貨の価値の基準とする通貨制度で，発行される通貨は金と交換できる兌換紙幣であるため，通貨の発行量は金の保有量により決まっていた。1930年代以降，金本位制度は次々と廃止された。

B．トラストは，同じ産業内の企業どうしが市場の支配を目的として合併し，１つの企業にまとまること。

C．スタグフレーションは，景気が停滞しているにもかかわらず物価が上昇すること。

D．労働関係調整法は，労働争議の調整手続きを定めたもの。この法律と労働基準法，労働組合法を合わせて**労働三法**という。

2 (2) 好況になると，企業は雇用を増やすので，D(=需要)が右へ移動する。その結果，賃金も上昇することとなる。

3 (1) **ア**は経済成長率の説明である。**ウ**のエンゲル係数は，この数値が小さいほど生活が豊かであるとされる。

(3) **ア**〜**ウ**は，現在の日本ではすべて私企業によって行われている。郵政事業は2007年に日本郵政株式会社として民営化された。

4 (2) **エ**は1985年に制定。

Step C-② 解答

本冊▶p.90〜p.91

1 (1) 利潤(利益)　(2) 例商品に関する情報を消費者に適切に伝えること。　(3) イ
(4) E—資金　F—例責任を負わない

2 (1) イ　(2) ア→ウ→カ
(3) 男女共同参画社会基本法

解説

1 (3) 価格がXの場合には供給量が需要量を上回るため，商品が売れ残る。その結果，価格が下がり，需要量と供給量が一致する均衡価格に近づくことになる。

> **ここに注意**　(3) 需要量・供給量と価格
> ・需要量＞供給量→価格は上昇
> ・需要量＜供給量→価格は下落
> ・価格が上昇→需要量は減少，供給量は増加
> ・価格が下落→需要量は増加，供給量は減少

2 (1) 内容としては**ア**も正しいが，ここでは下線部①の内容に対応したことばとあるから，**イ**の方が適切である。

(2) 円高になると，国内で生産した商品を輸出した場合，販売価格がそれまでより高くなるので売り上げが減少する。しかし，日本の企業が海外に工場を建て，日本より賃金の低い現地の労働者を雇って生産を行う場合には，人件費は割安になる。こうした事情から，円高になると日本企業が海外へ生産拠点を移す流れがいっそう強まり，**産業の空洞化**が進むことになるのである。

15｜社会保障制度の充実と国民の福祉

Step A 解答　本冊▶p.92～p.93

①社会保険　②公的扶助
③社会福祉　④公衆衛生
⑤医療　⑥年金　⑦雇用
⑧労災(労働者災害補償)　⑨介護
⑩生活保護　⑪社会保険料
⑫公費負担　⑬４　⑭高齢者
⑮社会保障　⑯生存　⑰墓場
⑱超高齢社会　⑲ホームヘルパー
⑳ボランティア　㉑児童手当
㉒社会保険　㉓社会福祉
㉔公的扶助　㉕公衆衛生
㉖給付　㉗健康保険
㉘国民健康保険　㉙国民年金
㉚厚生年金　㉛生活保護
㉜児童福祉

解説

日本の社会保障制度は①～④の４本柱で成り立っている。その中でも，いざというときのために掛け金を積み立てる社会保険が中心である。

⑱超高齢社会になって高齢者が多くなる一方で，社会保障制度を支える働き手の若い人が少なくなっていることが大きな問題となっている。

Step B 解答　本冊▶p.94～p.95

1 (1)エ　(2)ウ　(3)イ
(4)厚生年金
(5)①ノーマライゼーション
②バリアフリー

2 (1)イ　(2)エ　(3)ア

3 ア

解説

1 (1)**ア**．日本在住の外国人にも，各地方自治体の判断で適用することができる。
イ．「ゆりかごから墓場まで」はイギリスの制度を表したスローガンである。
ウは第25条の第２項で規定されている。

(2)ａ．保険料は労働者が前もって積み立てておいた掛け金，事業主の掛け金，国の税金，地方自治体の税金によってまかなわれる。

(4)自営業者は国民年金に加入する。

2 (2) Ａは年金給付費，Ｂは生活扶助等社会福祉費，Ｃは少子化対策費，Ｄは保健衛生対策費，その他は雇用労災対策費。したがって，**ア**がＤ，**イ**がＢ，**ウ**がＣ，**エ**がＡとなる。Ａの年金給付費は日本社会の超高齢化にともなって増加しており，医療給付費とともに国の財政を圧迫している。

3 社会福祉は障害者，児童，高齢者などの弱い立場の人たちを社会的に支援するもの。

16｜公害の防止と環境保全

Step A 解答　本冊▶p.96～p.97

①水俣　②イタイイタイ
③新潟水俣　④四日市ぜんそく
⑤足尾銅山　⑥神通　⑦水俣
⑧四日市　⑨水俣　⑩大阪国際
⑪環境アセスメント　⑫環境基本
⑬循環型社会　⑭環境　⑮騒音
⑯大気　⑰リサイクル　⑱地盤沈下
⑲騒音・振動　⑳大気汚染
㉑悪臭　㉒土壌汚染　㉓水質汚濁
㉔阿賀野　㉕三重　㉖富山
㉗熊本　㉘有機水銀　㉙カドミウム
㉚環境基本　㉛環境アセスメント
㉜リサイクル　㉝消費者
㉞製造者　㉟環境庁　㊱環境省
㊲PPP(Polluter Pays Principle)

解説

日本では産業の発展を優先した結果，①～④の四大公害に代表される環境汚染が各地でおこった。1967年に制定された**公害対策基本法**は公害防止のために，企業・国・地方公共団体の責務を明らかにしたが，「環境の保全と経済の発展の調和」という視点もあった。国は近年の環境問題に対応しきれなくなり，1993年に⑫・㉚環境基本法を新たに制定した。また，2001年には環境庁を⑭・㊱環境省に昇格させ環境保全のための国の責務を明らかにし，地球環境保全のため国際協調をめざしている。また，1995年には㉜容器包装リサイクル法，1998年には家電リサイクル法を制定し，資源の再生，再利用とごみの減少をはかっている。

Step B 解答 本冊▶p.98〜p.99

1 (1) エ (2) イ

2 エ

3 (1) 足尾(銅山)鉱毒事件 (2) イ

(3) A—イ・② B—エ・③ C—ウ・⑦

D—ア・⑧ E—オ・⑤

(4) ウ

解説

1 (1)ア．四大公害は，すべて1960年代後半に提起され，いずれも裁判でその発生源となった企業の責任が明確にされた。

イ．イタイイタイ病は，富山県の神通川流域にカドミウムが流れこんでおきた。足尾鉱毒事件は明治時代に栃木県でおこった。

ウ．水俣病の患者の増加は食い止められているが，それまでの患者の苦痛は今も続いている。

2 Pのリサイクル，Qのリユース，Rのリデュースの３つをまとめて３Rといい，リフューズ(ゴミになるものは買わないようにする)を加えて４Rという場合もある。

3 (1) 足尾鉱毒事件は，田畑が荒廃して魚が死ぬなどの被害を受けた地元の人々の請願運動で，1891(明治24)年以降，帝国議会でも問題となった。田中正造は，議会で政府を追及するばかりでなく，1901(明治34)年，天皇に直訴してその対策を求めたことでも知られる。

17 租税や財政のはたらき

Step A 解答 本冊▶p.100〜p.101

① 租税(税金) ② 公債

③ 社会保障 ④ 国債 ⑤ 直接

⑥ 所得 ⑦ 間接 ⑧ 消費

⑨ 国 ⑩ 公共サービス ⑪ 法人

⑫ 社会資本 ⑬ 賃金(給与)

⑭ 歳入 ⑮ 累進課税 ⑯ 消費

⑰ 都道府県 ⑱ 国債 ⑲ 地方債

⑳ 公債 ㉑ 一般会計 ㉒ 財政投融資

㉓ 歳出 ㉔ 教育文化 ㉕ 社会保障関係

㉖ 国土保全 ㉗ 産業経済

㉘ 防衛関係 ㉙ 地方財政

㉚ 財政政策 ㉛ 金融政策

㉜ 再分配 ㉝ 増 ㉞ 減ら

㉟ 減 ㊱ 増や

解説

② 公債金で歳入の不足をまかなう場合，償還の時期には，元本と利息(④ 国債費)を支払わなければならない。

⑤ 直接税と間接税の割合をヨーロッパの国々と比べると，日本やアメリカなどは，直接税の割合が高くなっている。

Step B 解答 本冊▶p.102〜p.103

1 (1) ① 直接税

② 割合—例年収の多い人ほど税率が高くなっている。

目的—例国民の所得の格差をできるだけ縮めるため。

(2) エ

(3) 例企業の生産活動を刺激し，景気回復を引き出そうとする。

2 例公債金は借金であり，期限までに利子を支払い，期限には元本も返済しなければならないから。

3 ウ

4 (1) a—ウ b—イ c—ア

(2) A—ア B—イ

(3) 例所得の低い人にとっては，自分の所得に対する税負担の割合が高くなる。

解説

1 (3) 政府が行う景気調整政策を財政政策という。公共事業への支出を増やすのは不景気時であり，好況時(景気の過熱時)には反対に支出を減らす。

2 国債の残高は増え続けており，国債の発行を減らすことが財政の健全化に欠かせない。

3 Aは所得税，Cは相続税，Eは公債金，Gは国債費，Hは地方交付税交付金，Jは防衛関係費。

4 (1) 法人税は企業の収入に対して課せられる税であり，所得税や消費税とともに国税収入の中心となっている。

(3) 消費税がもつこのような性質は，逆進性と呼ばれる。

Step C-① 解答

本冊▶p.104～p.105

1 (1) 例すべての人が行う消費に対して課税される
(2) ① ウ　② 例所得が多い人ほど税率が高くなる制度

2 (1) 労働基準法
(2) 雇用保険
(3) ハローワーク(公共職業安定所)
(4) 社会権　(5) ウ・エ
(6) 国民皆年金
(7) 国民年金
(8) 日本年金機構
(9) ア　(10) 年金(給付費)

3 ウ

解説

1 (1) 消費税には，所得税や法人税などより景気の変動による増減が少ないという性質もある。

2 (1) 労働条件は労働基準法に定められた最低基準を下回ってはならない。
(2) 失業給付金が支給される。
(3) 厚生労働省の機関。
(5) **ア**は新しい人権，**イ**と**オ**は人権を守るための権利。
(6) 健康保険に国民全員加入することをめざすことを国民皆保険という。
(7) 2階だて部分は厚生年金，3階だて部分は加算年金をさす。
(9) 日本の社会保障制度は，社会保険，社会福祉，公的扶助，公衆衛生の4つの柱で成り立ち，**ア**は公衆衛生に入る。

3 景気が過熱ぎみであるので，社会に出回る資金量を減らす政策を行う。日本銀行は国債などを一般銀行に売ることで，銀行の資金を減らす。また，政府は，増税によって社会から資金を多く徴収し，公共事業を減らす。

Step C-② 解答

本冊▶p.106～p.107

1 (1) エ　(2) ウ　(3) ア・イ・エ・オ
(4) (低)福祉・低(負担)
(5) ウ・エ・オ・カ

2 (1) ① 汚染者負担(の原則)　② 循環型社会
(2) a―医療　b―社会福祉
(3) 記号―ウ　語句―減税　(4) イ・エ
(5) 反対論―例税率は同じで公正であるが，低所得者にとっては負担が大きくなってしまう
賛成論―例税率が同じであるので，みんなにとって平等であり公正である

解説

1 (1) 過疎地域などでは，採算が取れないことから，民間企業による供給が減る可能性がある。
(3) **ア**．国の歳入の約3分の2は租税，残りの約3分の1が公債金であり，所得税の歳入にしめる割合は20%前後である。
イ．企業が求めるのは，企業に課せられる法人税率の引き下げである。
エ．は消費税の税率の説明である。
オ．所得税は税を負担する人と税を納める人が一致する直接税である。
(4) スウェーデンなど北欧の国々は，高福祉・高負担である。
(5) **ウ**．個人も購入できる。**エ**．税収は約63兆円であり，国債残高は，2020年度末には900兆円をこえる。
オ．歳出の約23%が国債費として返済にあてられている。**カ**．規模の縮小のためには，民間企業化しなければならない。

2 (1) ① PPP (Polluter Pays Principle) とも表す。
(2) 日本は超高齢社会であり，年金や医療費が大きく増加している。
(3) 不景気時であるので，減税を行い，世の中に出回る資金量を増やして，生産意欲，購買意欲を高めることが必要である。
(4) **イ**は大規模農家を増やし，競争力を高めることが期待される。**エ**は外国資本の国内参入を促進している。

18 国際社会と平和

Step A　解答　本冊▶p.108～p.109

①主権　②領空　③領
④12　⑤200　⑥公　⑦公
⑧貿易　⑨児童　⑩世界貿易
⑪労働　⑫教育　⑬保健
⑭通貨　⑮北大西洋　⑯ワルシャワ
⑰部分的核実験停止　⑱ベルリン
⑲冷戦　⑳日米安全保障
㉑バンドン会議(アジア・アフリカ会議)
㉒非同盟主義　㉓核拡散防止(核不拡散)
㉔多極化　㉕中距離核戦力(INF)全廃
㉖北方領土問題　㉗ニューヨーク
㉘持続可能な開発目標(SDGs)
㉙平和維持活動(PKO)　㉚常任理事国
㉛拒否権　㉜核兵器禁止
㉝テロリズム(テロ)　㉞ILO　㉟UNCTAD
㊱UNICEF　㊲WTO　㊳UNESCO　㊴WHO

解説

⑧・⑨ 国連総会で設立した機関には国連の略称 UN が頭についている。

㉚・㉛ 世界の平和と安全に責任をはたす国連安全保障理事会の５常任理事国には拒否権が認められていて，常任理事国のうち１国でも反対の立場をとると議決ができないことになっている。そこで国連総会でも，平和と安全の問題を議論する場を設け，決議が採択された場合には緊急措置がとれるようになった(平和のための結集決議)。

Step B　解答　本冊▶p.110～p.111

1 (1) a―ウ　b―イ
(2) c―総会　d―安全保障　(3) イ
(4) 国連教育科学文化機関
(ユネスコ，UNESCO)

2 (1) イ　(2) エ

3 (1) イ　(2) ア　(3) UNHCR　(4) WTO
(5) 部分的核実験禁止条約(PTBT)
(6) イ　(7) 南南問題

解説

1 (3) 2020年３月現在の加盟国数は193か国で，うちアフリカが54か国で最も多い。

2 (1) ア．１国１票で平等で，常任理事国の拒否権は適用されない。
ウ．通常は過半数で可決され，重要事項に関しては３分の２以上で可決される。全会一致の原則はない。
エ．加盟国ではなく，条約を署名し批准した国だけが守る義務が生じてくる。

(2) エ．UNESCO は文化や教育の普及に取り組んで，識字率の向上や文化遺産の保存など行う組織。戦争被災児童や発展途上国の児童への援助などは UNICEF が行う。

3 (1) ア．国際連合の本部は，国際連盟本部のあったスイスのジュネーブからアメリカのニューヨークへ移された。
ウ．非常任理事国の国々は，国連総会において選出される。日本はこれまでに11回，非常任理事国となっている。

(2) アメリカ同時多発テロがおこったのは2001年，PKO協力法は1992年に制定された。そして同年，国連のPKOとして初めて，自衛隊がカンボジアへ派遣された。

(3) この組織の高等弁務官を1991年から2000年まで務めた人物として，緒方貞子氏がいる。

(4) GATT (ガット：関税と貿易に関する一般協定) は，モノの自由貿易をめざす機関であったが，サービス貿易や知的財産権などもあつかう世界貿易の自由化をめざす WTO (世界貿易機関) へと，1995年に発展・再編された。

(6) ア．環太平洋経済連携協定(環太平洋パートナーシップ協定)のことで，例外を設けることなく関税を撤廃し，アジア・太平洋地域の貿易自由化を進めようとしている。
ウ．東南アジア諸国連合のことである。
エ．FTA (自由貿易協定) が，おもに２国間の自由貿易をめざすのに対し，EPA (経済連携協定) は，FTAの要素に加えて，投資やヒトの移動の自由までも認めようとするものである。

ここに注意　国際組織や協定の略称は，内容を含めて正確に理解しておくことが重要。

19 地球環境と資源・エネルギー問題

Step A 解答 本冊▶p.112～p.113

①国連人間環境 ②オゾン
③地球サミット ④(地球)温暖化
⑤酸性 ⑥砂漠 ⑦熱帯
⑧フロン ⑨紫外 ⑩石油
⑪原子力 ⑫砂漠 ⑬酸性雨 ⑭オゾン層
⑮温室効果ガス ⑯地球温暖化
⑰国連環境開発 ⑱気候変動枠組
⑲先進国 ⑳京都議定書 ㉑パリ協定
㉒石油 ㉓化石燃料 ㉔原子力 ㉕東日本
㉖福島 ㉗太陽光 ㉘再生可能エネルギー

解説

⑳・㉑京都議定書は先進国のみに温室効果ガスの削減を義務づけたのに対して，パリ協定は先進国だけでなく，途上国を含めたすべての国に温室効果ガスを減らす目標を義務づけたが，その達成を義務づけていない。

Step B 解答 本冊▶p.114～p.115

1 (1)ウ (2)国連人間環境会議
(3)イ (4)ウ (5)オゾンホール
(6)エ (7)エ

2 (1)ウ (2)エルニーニョ現象

3 イ

4 ①カ ②ウ ③ア ④エ
⑤イ ⑥オ

解説

1 (1)「生態系」のことを「エコシステム」という。なお，エスノロジーは民族学。エコノミーは経済。バイオロジーは生物学。
(3) UNCTADは国連貿易開発会議。UNEPは国連環境計画。UNHCRは国連難民高等弁務官事務所。UNDPは国連開発計画。
(4)国連環境開発会議では，先進国は環境保護を主張したが，発展途上国は自国の産業発展のためには開発の方を優先すべきと主張して，意見が対立した。そこで，両者の意見を合わせて「**持続可能な開発**」という理念がまとめられた。
(7)砂漠化は，降水量の減少，森林の過剰な伐採や放牧，焼畑農業などの後，自然植生回復能力がなくなった土地が荒廃することによっておこる。特にサハラ砂漠の周辺部(サヘル)では砂漠化が深刻となっている。

2 (1)ア．「環境人間宣言」ではなく「人間環境宣言」。
イ．横浜市ではなく川崎市。
エ．大阪ではなく京都。

3 ①は1973年，絶滅のおそれのある野生動物の種に規制をかけるもの。
②は1971年，水鳥の生息地となる湿地の保存をはかるもの。
③は1985年，オゾン層を守るもの。
④は1997年，温室効果ガスの排出削減枠を定めたもの。

Step C-① 解答 本冊▶p.116～p.117

1 (1)非核三原則 (2)難民
(3)例日本のODA(政府開発援助)支出金額は，世界の中でも多い方であるが，国民総所得に対する割合は，ヨーロッパの国々と比べて低い。
(4)化石燃料 (5)例温室効果ガスの排出量の削減

2 (1)①ソ ②ウ ③ク ④サ
A—安全保障理事会 (2)ウ
(3)アメリカ・フランス・イギリス・ロシア・中国(順不同) (4)エ

解説

1 (1)唯一の被爆国である日本が，核兵器に対して政府の方針としてとっている原則であり，国会でも決議されている。
(2)難民とは，政治的な迫害や自然災害などが原因で祖国に住み続けることが困難となり，国外に脱出せざるを得なくなった人のことをいう。
(3)日本のODA支出金額は，かつては世界で1・2位を争うレベルであったが，2000年代以降は国内の財政事情の悪化の影響もあり，その順位を下げてきている。また，グラフからわかるように，国民総所得に対する割合は高いとはいえない。
(4)いずれも多くの炭素を含んでいるため，燃焼させると大量の二酸化炭素が発生する。

2 (2)安全保障理事会の決定は，手続事項と実質事項に分けられる。前者は15か国のうち9か国の賛成で決定される。後者は平和に反する行為に対する処置を決めたりするので，5常任理事国を含む9か国以上の賛成が必要。

Step C-② 解答

本冊▶p.118～p.119

1 (1) X—国民　Y—国際慣習
Z—国際司法裁判所
(2) イ　(3) ウ　(4) イ

2 (1) 緒方貞子
(2) A—経済社会理事会　B—総会
C—安全保障理事会　(3) エ

3 (1) イ　(2) オ

解説

1 (2) 主権の主張は大気圏内までであり，それより上空の宇宙空間については主権を主張することはできない。

(4) 1960年にはアフリカで17か国が独立し，国際連合に加盟した。南アメリカ諸国の多くは，1945年の国連設立時に加盟している。

2 (3) 国連は，ODA の金額を「GNI の0.7%」と目標を設定している。日本は金額は多いが GNI 比が小さく，2019年度でこの目標を達成することができたのは，ルクセンブルク(1.05%)，ノルウェー(1.02%)，スウェーデン(0.99%)，デンマーク(0.71%)，イギリス(0.70%)の５か国のみである(2020/21年版「世界国勢図会」)。
また**ア**はアメリカ，**イ**はイギリス，**ウ**はフランス，**オ**はスウェーデンである。

3 (1) **ア**．イスラエルの核兵器保有は，国際的に認められていない。
ウ．地下における核実験の実施は禁止されていない。
エ．1996年の国連総会で採択されたが，アメリカなどの一部の国が未批准のため，いまだに発効していない。

> **ここに注意**　PTBT や CTBT，NPT，INF 全廃条約など核兵器をめぐる条約については，正式な名称を正しく覚えておくとともに，その内容や順序についても注意する。

テーマ別問題 ①

憲法条文・資料

解答

本冊▶p.120～p.121

1 (1) ① B・C・E
② 例社会権的基本権(社会権)を定めているから。
(2) A　(3) 生活保護法　(4) 国際人権規約
(5) ① 法律　② 自由　③ 社会

2 (1) a—世襲　b—皇室典範
c—奉仕　d—団体交渉　e—発議
f—国民投票　g—18　h—16
i—40　j—20　k—家庭
l—銀行券　(2) ア

解説

1 (1) A は1776年のアメリカ独立宣言，B は1946年公布の日本国憲法，C は1948年の世界人権宣言，D は1889年発布の大日本帝国憲法，E は1919年のワイマール憲法。

(2) アメリカ独立宣言のキーワードは「生命，自由，幸福の追求」。ロックの思想の影響を受け，日本国憲法第13条にも引きつがれている。

(3) 日本の社会保障制度は憲法第25条の生存権規定を具体化したものである。生活保護法は，その中の公的扶助に関するもの。

(4) 1966年の**国際人権規約**は，1948年の世界人権宣言に法的拘束力をもたせたもの。批准国は守る義務がある。日本は一部留保したうえで批准。

(5) 基本的人権の内容が，自由権的基本権から社会権的基本権に拡大された。

2 (1) b．皇位継承など皇室の制度について定める法律。
c．公務員は全体の奉仕者ということで争議権が禁止されている。
d．労働三権を定めた条文。
e．国会の発議は「出席議員」ではなく「総議員」であり，衆議院の優越がない。
g・h．未成年の婚姻については親の同意が必要とされる。2022年４月１日からは，男女とも18歳となる。
i．労働組合法・労働関係調整法と合わせて労働三法と呼んでいる。
j・k．少年のおこした犯罪は，更生の立場から考えるため通常の裁判手続きと異なり，非行少年の立ち直りを基本にすえた審判手続きが定められている。

ただ他方で，被害者の人権も問題になってきたため，家庭裁判所の判断により，検察へ送致して通常の刑事裁判手続きをとることもある。

(2) 氏名，生年月日，住所，電話番号など，個人が識別できる情報のことを個人情報という。**個人情報保護法**では「特定の個人を識別することができるもの」(他の情報との照合で個人が特定できるもの)と定めている。

テーマ別問題 ②

グラフ・統計

解答

本冊▶p.122〜p.123

1 (1) **ウ**　(2) **ア**　(3) **イ**　(4) **イ**　(5) **エ**

解説

1 (1) **ア**．年少人口の割合が最も高いのは，表３の国である。

イ．生産年齢人口の割合が最も高いのは，表１の国である。

エ．最も少子化が進んでいるのは，表２の国である。

(2) **イ**．平均より高い所得の世帯の割合は，平均所得金額(552万３千円)において，100%－60.1%＝39.9%である。

ウ．100万円の部分で０%になっていないので，100万円未満の高齢者世帯が存在する。

エ．折れ線グラフの差があることから，所得格差が存在する。

(3) 2009年の男は，完全失業率は約5.3%である。

(4) **ア**．非製造業の方が多い。

ウ．10億円以上が最大である。

エ．製造業の方が大きい。

(5) **エ**．イギリスやアメリカも50%をこえていない。

総合実力テスト

解答

本冊▶p.124〜p.128

1 (1) **ニート**

(2) **例育児休暇制度の普及や，未婚または子どもを産まない女性が増えたため。**

(3) **イ**

(4) **エ**　(5) **50円**　(6) **イ**　(7) **社会権**

2 (1) **ア**　(2) **イ**　(3) **ウ**

3 (1) **A―資源の適正配分　B―所得の再分配**

(2) **イ**　(3) **エ**　(4) **ア**　(5) **ア**

(6) **エ**　(7) **イ**　(8) **イ**

4 (1) ① **ア**　② **イ**　(2) **エ**　(3) **エ**　(4) **ウ**

(5) ① **例歳入不足を補うために国債が発行され，その残高が年々増加しており，それを返済するための国債費が，歳出の中で20%以上をしめ，他の歳出を圧迫しているから。**

② (i) **例景気に左右されにくく，一定の税収が見込めるから。**

(ii) **例みんなが同じ税率なので公平であるが，低所得者には負担が重くなり，負担割合では公平でなくなるから。**

解説

1 (2) 女性の年齢別労働力率は結婚や出産の年齢で一時減少し，育児の時期を一定期間過ぎるとまた増加してくるM字型であった。近年は，この谷の部分が小さくなってきている。

(4) **ア**．労働組合ではなく労働者である。

イ．48時間でなく40時間である。

ウ．休日は最低週１日，与えなければならない。

エ．1997年の労働基準法改正で女子保護規定を撤廃し，女性も深夜労働ができる。

(6) **イ**は弱者保護が目的ではなく，環境保護が目的の政策。

(7) ワイマール憲法で初めて**社会権**が規定された。

2 (2) **イ**．**裁判員制度**は，重大な刑事裁判の第一審にとり入れられている。

(3) 内閣不信任決議は衆議院のみにある権限。

3 (2)「見えざる手」とは，資本主義経済の自動調節作用をさすことばで，『国富論』の著者アダム=スミスが説いた。自由競争では社会の予定調和が守られ，「見えざる手」に導かれていくが，**イ**は機能していない。

⑶ **ア**．国税収入のうち，直接税収入は約58%をしめている。

イ．国債依存度は３割程度である。

ウ．日本銀行による政府からの直接の購入は，通貨が増発されてインフレーションがおこるおそれがあるため，原則として認められていない。民間銀行や証券会社が政府から購入した国債を，その後，それらの企業から日本銀行が購入する。

⑷ **ア**．株式会社は，出資額の範囲内で責任を負う有限責任社員(出資者，株主)で成り立つ。

⑸ **ア**．業務中の災害に対する災害補償保険の保険料は全額，事業主が負担する。

イ．景気とは関係なく，高齢化が進んだことなどから，高齢者世帯を中心に公的扶助の対象となる世帯が増えている。

⑹ **イ**の税金や公共投資による景気調整は，政府の財政政策であり，日本銀行は買いオペレーションにより，資金を市場へ注ぎ込む。

⑺ **イ**．衆議院で議決してから30日以内に参議院が議決しなければ，衆議院の議決が国会の議決となることが予算の議決と共通。

⑻ **イ**だけが参政権。**ア**は刑事補償請求権，**ウ**は裁判を受ける権利，**エ**は国家賠償請求権の説明で，いずれも請求権に含まれる。

4 ⑴ ① **イ**．1990年代初めのできごとである。

ウ．2008年にアメリカの大手証券会社リーマンブラザーズが，サブプライムローン問題をきっかけにして経営破綻したことからおこった，世界金融恐慌の説明である。

エ．1950年代後半から1973年までである。

⑵ **エ**．オゾン層の破壊は，スプレーや冷却に使用される**フロンガス**によるものである。

⑷ 効率は無視できないが，全員一致という議決方法をとることもあり得る。

⑸ ②(i) 消費という利益に預かる者が税を負担しているので，公平性があるから，といった視点から解答することもできる。